从文学到哲学

爱默生
超验主义研究

汪冷 著

U0367944

From Literature to Philosophy：
Criticism on
Emerson's Transcendentalism

上海交通大学出版社
SHANGHAI JIAO TONG UNIVERSITY PRESS

内容提要

爱默生不但为中国大众读者所青睐，学界对其也有不少研究，但这些研究多限于外国文学研究，或是传统的比较文学研究。本书将爱默生的文学作品及其哲思置于跨文化的双重视域和视域融合中加以考量，在中西文化的复杂关系中发现爱默生文学的思想来源和独特修辞。本书的研究发现独到而新颖，很多判断建立在确凿理据和深入推证的基础之上，读来颇有说服力和启迪性。本书所做的探索性研究超越了一般的比较文学范式，彰显出跨文化研究的新气象。本书适合英美文学爱好者及研究者使用。

图书在版编目(CIP)数据

从文学到哲学：爱默生超验主义研究／汪冷著. 一
上海：上海交通大学出版社，2023.6
ISBN 978 - 7 - 313 - 28507 - 2

Ⅰ. ①从… Ⅱ. ①汪… Ⅲ. ①爱默生(Emerson,
Ralph Waldo 1803 - 1882)-哲学思想-研究 Ⅳ.
①B712.41

中国国家版本馆 CIP 数据核字(2023)第 055467 号

从文学到哲学：爱默生超验主义研究
CONG WENXUE DAO ZHEXUE：AIMOSHENG CHAOYAN ZHUYI YANJIU

著　者：汪 冷

出版发行：上海交通大学出版社　　　　　　地　址：上海市番禺路 951 号
邮政编码：200030　　　　　　　　　　　　电　话：021 - 64071208
印　制：上海万卷印刷股份有限公司　　　　经　销：全国新华书店
开　本：710 mm×1000 mm　1/16　　　　印　张：15
字　数：227 千字
版　次：2023 年 6 月第 1 版　　　　　　　印　次：2023 年 6 月第 1 次印刷
书　号：ISBN 978 - 7 - 313 - 28507 - 2
定　价：88.00 元

序

近年来,爱默生可谓是国内读书界的热门人物。只要对国内出版的各种版本的爱默生著作稍加统计,便可以看出读者们喜欢爱默生的程度。一个在时空上离我们如此之远的 19 世纪美国作家,他的文字对今天的国人有何启悟?中国读者为何流连于爱默生那充满魅力的文字?前贤们已给出了许许多多的答案。据说圣雄甘地曾提到,爱默生的文学作品旨在鼓励我们去达成我们希望看到的世界变化;而英国作家弗吉尼亚·伍尔夫反思爱默生时则认定,爱默生不可能被我们所拒,因为拒绝他的思想就是拒绝我们自己!百多年来,爱默生的文学作品在给人带来阅读快感的同时,也促使人们思考诸多社会面相和人生冷暖。

爱默生不仅为中国大众所青睐,学界对其也有不少研究,但这些研究多限于外国文学研究,或是传统的比较文学研究。汪冷教授的新作《从文学到哲学:爱默生超验主义研究》另辟蹊径,建构了一个爱默生文学与中国道家哲学智慧的跨文化参照,尤其这一研究基于文学却又不限于文学,从文学进入哲学,所以读来更像是一次跨文化的中西哲学对话。

从学术发展的趋势来看,文学研究早已越出了比较文学的"法国学派"和"美国学派",进入了更为深广的跨文化研究。在我看来,所谓跨文化研究,首先是要建构一种双重视域,一方面是本土视域,另一方面则是他者视域。就爱默生文学研究来说,先要进入美国 19 世纪的社会和文化语境,搞清楚爱默生在其时说了什么和为什么这么说;其次,又要回到中国本土语境,从一个中国学者的问题意识出发,思考爱默生与中国可能有的复杂关联。这一进一出其实就是跨文化之"跨",然而说来容易做起来难。一般而言,研究外国文学很容易跟着西方学者的话语说。一旦进入西方语境,学者自己的主体性和本土问题意识便会受到抑制,因为无论从材料掌握还是认知理解,西方学者都对西方文学研究占尽天时地利。用冯友兰先生的话来说,外国文学研究常会落入"照着说"的窘境,很难形成跨文化的思想碰撞和深度对话。冯先生认为只"照着说"是远远不够的,还需要"接着说",说出研究者自己的独特想法,这对爱默生研究来说显得尤为重要。跨文化研究要求我们回归本土语境,寻找中国学者对西方文学的中国问题和中国理解,这就是建构一个本土视域来审视西方作家及其作品。

进一步,"接着说"的意义不只是回归本土来审视他者,一个更高的学术境界是跨越前两者的新视域——"视域的融合"。道理很简单,囿于自我与他者的视角终归还是有其局限性。晚近跨文化心理学发现了跨文化交往的四条基本原则:其一,人们总是从自己的文化视角来看其他文化;其二,有些心理学原理是普遍的,有些则具有文化特殊性;其三,一些文化的核心维度有助于我们对跨文化现象的理解;其四,尽管跨文化研究者发现了许多文化差异,但不同文化的共通性要多于差异性。这些原则对于我们理解跨文化研究很有启发,它们既点出了以本土视角来观他者的必然性,也指出不同文化间的差异性与共通性同时存在,尤其值得注意的是,还道出了不同文化间的共通性多于差异性的事实。如果囿于他者和自我的视角,往往很难发现文化间的共通性。因此,将他者与自我的不同视域进行融合,乃是跨文化研究更高的内在要求。用德国哲学家加达默尔的话来说,"视域融合"构成了一个更大的视域,它超越了局限性而可纵览全局,把握总体。"视域融合"也是"接着说"的应有之义,是跨文化研究追求的更高学术境界。

汪冷教授的新作在这些方面做足了功夫,她将爱默生的文学作品及其哲思置于跨文化的双重视域和视域融合中加以考量,在中西文化的复杂关系中发现爱默生文学的思想来源和独特修辞。她的发现独到而新颖,很多判断是建立在确凿理据和深入推证的基础之上的,读来颇有说服力和启迪性。我以为,汪冷在本书中所做的探索性研究,超越了一般的比较文学范式,彰显出跨文化研究的新气象。

是为序。

周　宪

2023 年 1 月 29 日于金陵寓所

前　言

　　一个人若执着地追问一个问题，历经生活和时间洗礼，不断地在真实存在与知性成长中寻找答案，所得到的答案往往是意料之外的惊喜。

　　笔者对爱默生的研究始于在上海外国语大学读三年级时的一次文学课。当时担任美国文学课的方慕君老师讲解爱默生散文《自助》时的语气、声音多年来不断地回荡在我耳际，至今清晰如初。我也奇怪为何这次课在我心灵中留下如此持久的印记，但是我清楚地知道一点，这堂课照亮了我的心智，仿佛爱默生的演讲也是对我的激励和启迪。在追求知识的道路上，谁会告诉你"相信你自己，你内心深处的真实的东西具有普遍意义"呢？我当时只是一介冠以南京市高考第三名的天之骄子，但是对自己和世界的经验认识堪称一枚"小白"。

　　我在直觉上认定了爱默生是一位精神导师，他了解青年人追求知识的片面，了解深度知识不可测量的价值功能，至于个体与集体之间如何通过深度联结，获得对自我和世界整体上的新知则是后来的功课。然而我必须承认，大学老师方慕君的这堂课在我心中播下了一颗智慧的种子。这颗种子后来又变成若干追问的问题，爱默生为何如此信奉和高扬人的潜在神性？在他的关键术语"超灵"中究竟综合了多少智能技术和博大精深的思想资源？他通过什么方式进行身份重构和身份确立？其实，这些问题关涉的不仅仅是一个新生民族所思考的问题，也是每一个新人在面对悠久历史与文化习俗时所思考的问题。而爱默生的魅力在于把个人主义与共同体的价值观置入更大的维度——超验主义的场域重新观看、重新构建以及重新阐释。

　　1997 年至 2001 年，我在南京大学外国语学院在职攻读研究生，师从张冲教授。张教授对我研究爱默生的论文给予了充分肯定，并对我的论文从文学向哲学跨越给出了指导性的评语："跨界研究需要深厚的阅读功底和宽广的视域,在此基础上的批评方显科学说服力。"张老师的指点提醒我做学术研究的一个原则:大胆设想,小心求证,既然选择研究爱默生超验主义,那么就需要阅读与超验主义关联的大量资料,其研究困难会在深谙自己文化与掌握西方文化的双重视域的融合中得到解决。学术兴趣是破除万难的利器,真正懂得研究细部,提出探究问题,用对合适的研究方法,才能够取得研究成果。在南京大学外国语学院学习的经历无疑是一次宝贵的学术训练。

2007年至2008年,我获得江苏省教育厅留学基金去美国南方的北卡罗来纳大学英语系访学一年。其间撰写的研究论文《从道家视角研究爱默生修辞风格》刊载在人文核心杂志《道:比较哲学杂志》2008年第3期。回国之前,我的指导教授Jane Thrill Killer组织了一次研讨会,专题讨论了爱默生综合德国、希腊与中国思想来源的实用价值、历史影响和深远意义。这一年访学的收获主要有以下几点:首先,阅读爱默生研究资料使我认识到德国17世纪的莱布尼茨就进行了文化综合与阐释的先期事业,18世纪晚期与19世纪早期德国浪漫主义思想运动都有中国超验思想的身影,这无疑增强了我对中国文化作为宝贵资源再认识的信心;其次,文化互鉴互照使我意识到研究爱默生超验主义思想无异将中国文化宝贵资源纳入世界文化的视野去关照,作为思想源头活水的价值与作为思想生产的价值在文化视域交融中显现互补相济与共生并存的意义。

国内爱默生研究热持续了30多年,其中代表性力作是钱满素教授的《爱默生与中国:对个人主义的反思》。钱满素在这本书里介绍了爱默生综合运用中国儒家思想来改造西方文化对人性恶的偏见。但是我认为爱默生超验主义思想是发生在18世纪晚期与19世纪早期德国浪漫主义思想运动的延续,在这个思想运动的大框架下理解爱默生思想的实用主义策略与超验主义视角,可以考察到德意志民族思想运动对民族身份的寻找和确立深刻地影响了美国文化身份的识别与确立的历史进程。中国古典儒道思想的现世超验性与实用包容性为文化身份的寻找与确立提供了思想资源,因此,本书既探究了新生美国何以发展成为世界大国,又在研究中加深了对中国古典思想的宝贵资源的认识。然而,这一学术抱负大且艰难,只有在深耕细作、持久不懈的追问中才得以实现。在此,我要感谢南京大学艺术学院教授何成洲于2017年4月与12月两次邀请我参加他举办的"文学、言语行为与事件学术研讨会"。我在第一次研讨会上作了"事件与《道德经》"主题发言，在第二次研讨会上作了"论齐泽克事件观"主题发言。正是在第二次学术研讨会上，我结识了南京大学哲学系的蓝江教授，我十分感谢他在哲学概念和资料方面给予的无私帮助。值得一提的是，在第一次研讨会休息期间，我与南京大学外国语学院院长杨金才聊天，流露出畏难情绪时，他的一句话"权当为国家做点贡献"点醒了我——作为一名学者的责任和义务就是贡献有意义的研究成果。最后，我要感谢南京大学艺术学院博导、人文社会科学资深教授周宪给予我新书的大力支持，感谢他为我这本新书作序以及对书名的遴选。

汪　冷

2023年3月21日于南京仙林金陵家天下逸飞园

目 录

目 录

绪 论

　　爱默生是 19 世纪初叶美国文化的奠基者。作为开创者，爱默生几乎在所有的作品中都表达了一种"开端"，一种发现的结构，而不是传统。爱默生的使命是将批评用作活跃的思想，他把作品的主题置于一个尽可能宽广也尽可能相关的知识框架内。他相信"起源"是神秘的以及有特权的，而"开端"是人造的、不断得到检视的。为了活跃的思想，爱默生赋予他的"开端"能动的结构：从"起源"到"开端"之间的文化批判运动。爱默生的散文《自助》《历史》《经验》与《圆》都在以这种能动的结构表达人、历史、经验和超验的关系。对于爱默生而言，开端之重要在于它意味着一种选择、立场、态度和思维。

　　这种象征开端的能动结构赋予爱默生思想一种意趣，一种超验主义的实用主义，即以形式上与操作上的互见方式进行的开端，而超验主义意味着模糊不确定的观点，实用主义意味着参与行动、重新考察和定位方向。这两点的结合使爱默生的作品迷人而又复杂，阅读他的作品仿佛走进了一个时而清晰、时而模糊的迷宫。爱默生让阅读变成一种激越的行动，一种线性思维的阻断，一种习惯与规则的改变过程，从而实现他的超验主义之火的传递工作。结果，阅读他的作品会经历智能思辨与激情之火、冷静批判与神秘沉思的交替力量的影响。还有修辞风格。适宜演讲的短言警句与似是而非的句子结构交互出现在超验主义哲学的话题中，更显示了爱默生所主张的独特性的开端是一种从本身开启的思想以及写作行动。

　　爱默生在美国文化中投下了长远的影子。首先，爱默生的文本创造了一个又一个共同体与读者分享。这种共同体本质上不可视，但是可以通过信仰和忍耐达到一种认识。例如《自助》中迷人而令人费解的句子："相信你自己的思想,相信你内心深处真实的东西对一切人都真实——这就是天才。"①《圆》让共处一体的作者与读者相信一种生长的真理:"我们一生都在学习这样一个真理:围绕每一个圆可以再画一个圆;自然没有终结,而每一个终结就是一个开端。"爱默生对不可视见的共同体的相信使自己区别于欧洲前辈,如柏拉图、康德、歌德、柯勒律治等。其次,爱默生的写作以迷人与拒斥的双重性吸引并激励读者,阅读的良好感觉与拒绝清晰的解释并存。爱默生发明了一种对反句式使语词行动而不是传递确定意义,例如,"我是自然中的神;我也是墙边上的草"。这种对反句式让处于不同空间的句子产生戏剧张力。戏剧来源于生活,语言反映生活矛盾,正如爱默生在《经验》中坦诚所说:"我知道我在城市所谈论的世界与在农场谈论的世界并不是我思考的世界。"城市、农场与思想世界属于人的双重或多重世界,不属于一个共同空间的世界相互隐没,有的带来绝望,有的带来疯狂。写作呈现不同空间带给自我与自我分离的感觉,爱默生的写作让这种分离的感觉产生自反式冲力,相互转换并且改变语词意义。

爱默生对本土文化创造的方向与道路有着清醒的意识,他对创造的起源和发生的兴趣远大于对继承遗产的兴趣。由于文化创造带有民族性与政治目的,爱默生写作的动机是站在美国立场批判西方传统文化。文化批判的有机原型来自观看,正如斯洛特代克(Sloterdijk)对眼睛与哲思的关系作出的批评,"眼睛是哲学的有机原型。它们的神秘之处在于,不仅能够观看,而且能看到自身在观看。这让它们在身体认知器官中非常突出。哲学思想的大部分事实上只是眼睛的反思,眼睛的辩证法,观看自身在观看。"②爱默生的写作涉及观看不可视见的超验之物,实际上是把有限的观看与无限的发生场域结合,忍受并且接受事物转化成新事物的过程。爱默生的写作强调了不可言说的东西的作用,这使得他强调不确定性和过程而不是确定性与结果。

超验主义几乎是爱默生所有作品的主题和方法。然而,这一术语不可界定,因为所言说的东西不可视见,但却是作为构成整体的一个基础部分。超验主义兴起于美国独立之初的文化成长期,显示了超验主义拒斥概念定义的价

---

① 爱默生:《爱默生随笔》,蒲隆译,上海:上海译文出版社,2010年,第74页。
② 马丁·伊杰:《低垂之眼》,孔锐才译,重庆:重庆大学出版社,2021年,第2页。

值。超验方法就是根据物本身的方法观看，并且是重新看或者说第一次看，这一方法的不确定性构成美国文化的基础。传记作家理查森称爱默生思想汇合了中国孔子与老子的思想、印度的宗教教义，以及柏拉图的思想。① 无疑，美国学界承认爱默生从中国道家借鉴了新的认识路径用以重新阐释传统文化。然而，学者们对爱默生思想中的道学大多采取回避的态度，或者以传统理性思维方式看待爱默生的超验主义方法。因此，国外爱默生研究留下了诸多疑难问题有待研究和阐释。一些学者的尖锐问题实际上涉及超验主义中拒斥语言的特性。

美国哲学家斯坦利·卡维尔(Stanly Cavell)承认爱默生的超验主义来源于康德的术语，但是认为爱默生从康德理性模式迈出了"不可估量的一大步"。之所以说这一步不可估量，卡维尔意指找不到可测量的位置，换句话说，他认为爱默生"挑战了纯粹理性批判的基础"。卡维尔认为不确定性是爱默生挑战哲学的手段，也是构成美国哲学基础的成分。在论证爱默生哲学家身份的说明中，卡维尔比较了爱默生与海德格尔(Heidegger)惊人的相似之处，他们共同发现中国道家思想对于"继续上路，继续思"具有重要意义，并且宣称爱默生预见了海德格尔的存在主义哲学。卡维尔对于哲学的非传统方法给出这样的解释：如果哲学承认存在思想有终结之地，哲学也就出让了自主自发的权利。无疑，卡维尔在论证爱默生作为哲学家身份的同时，指出爱默生通过中国道学挑战了传统理性哲学形式，同时承认爱默生通过直觉方法来创造精神自由。卡维尔对爱默生的超验研究发现说明了超验主义的构成成分中的中国思想的创造性作用。中国道家的信仰及其能够产生的道路和方法，有着"继续上路，继续思"的价值。当然，超验主义在美国文化奠基的构成成分还有古希腊的柏拉图主义、康德和他的追随者们的唯心观念论以及玛丽姨妈(Aunt Mary)与斯塔尔(Madame de Staël)夫人女性主义来源等等。本书的研究重点是爱默生如何在文化奠基过程中因信奉"道"的力量而开启思想道路，如何使不同文化强调的理性兼容不悖地融贯一体。

爱默生的超验主义思想相信人的潜在神圣性，这种超越自我的信念体现

---

① 小罗伯特·D·理查森：《爱默生：充满激情的思想家》，石坚等译，成都：四川人民出版社，1995年，第261页。理查森根据爱默生在图书馆阅读的文献以及爱默生的书信日记作品做此判断。

了一种非西方的神学观点,正如评论家哈罗德·布鲁姆(Harold Bloom)所声称的,爱默生宗教思想的变化具有革命性意义,即从对"上帝"的信仰转向对自然"神"的信仰。布鲁姆在《现代批评阐释》(2006)中指出:"爱默生思想就是美国思想,其思想的核心是被称为《自助》的美国宗教。"布鲁姆对爱默生的批评包含信仰的两种模式:确定的上帝无限性与不确定的上帝无限对称性。对于爱默生来说,信仰的重要意义在于激发生命潜能与天赋才智,这些是来自生命存在的整体道德感而不是语词上的道德概念。这反映了信仰从确定不变的概念向存在整体的延伸道路。

近年来,美国学界开始关注爱默生作品与道家的关联性。理查德·格罗斯曼(Richard Grossman)在《爱默生之道》(2007)前言中声称:"爱默生以一种神秘而卓越的方式发展了类似于《道德经》的世界观与哲学立场,以至于他的全部作品都包含了《道德经》文本的精髓。"遗憾的是,格罗斯曼仅仅停留在把爱默生作品与《道德经》部分章节并置对照,并没有展开学术研究。但是必须承认,《爱默生之道》为本书研究做了预备工作。

20世纪90年代以来,爱默生与中国文化的关系逐渐受到国内研究者的关注。我国学术界代表性研究力作是钱满素的《爱默生与中国:对个人主义的反思》(1996)。钱满素论述了爱默生吸收儒家思想中人性善的观念来抵御西方传统文化中人性恶的观念,开启了国内学界对爱默生与中国文化的比较研究。现有成果偏重爱默生与儒家的比较研究,较多地关注孔子对爱默生的影响,而对爱默生的反权威与创新精神则没有从道家影响展开深入研究。

本书聚焦于爱默生中晚期主要代表作品,从道家视阈考察爱默生写作手段的机理与功能,指出爱默生对美国文化奠基性的开端是将西方传统文化置入更宽广的知识范围去考察与阐释,即从超验主义的视角考察确定的真理有效性,突出真理与真正经验的关联。这种基于自然生命对既往真理的批判以及新的真理的事件发现,使爱默生思想处于"起源"与"开端"的思辨运动中,而这种不确定朝向未来的观点是针对确定朝向过去的记忆,正是希望与先辈享有同样的创造权利与表达的权利。本书的主要观点是爱默生的"超验主义"术语来自康德的超验观念,然而,正如卡维尔所说,超验主义从康德到爱默生迈出了"不可估量"的一步,这是爱默生超验主义区别于康德思想的关键点。可以估量与不可估量作为两种不同的方法,即数理逻辑的方法与生命核心的方法在爱默生的作品中构成两种开端的模式,互见互照。爱默生借鉴道家整体意识对局部焦点发现、消解或修订的功能,进而实现以生命本体构成方法,拓展并重构思想资源。本书通过中西文化互照互鉴,分析爱默生的逆向思维特点和发生机理;分析其超验主义方法不确定的生态环境,考察处于隐性地位的语言如何抵抗强势地位的语言暴力的生态作用,以及表面语言逻辑受到内在生命逻辑对失真语言的瓦解与真值的追求。

本书的第一章考察了爱默生的修辞风格。语言之所以是爱默生最初的和最终的工具,在于语言对于所表征的事物的妨碍。爱默生散文语言所呈现的不连贯、似是而非和否定的特征根本上是让语言追随自然事物的运动,这使读者难以把握其散文的意义。美国学者朱莉·艾略森(Julie Ellison)、芭芭拉·帕克(Barbara Parker)和劳伦斯·布尔(Laurence Buell)曾经对爱默生的语言风格做过评论,但很少有学者从中国道学角度研究过他的作品。将爱默生和老子进行比较有以下两个原因。首先,尽管两者存在差异,但是,他们的作品表现的主题和语言风格有着重要的可比性。其次,关注中国道学思想和语言风格能够帮助解释爱默生思想之所以让西方读者感到困惑,正是因为他运用了不太符合西方人思维习惯的修辞策略。这种散文风格试图通过不连贯、似是而非和否定的修辞手法启发读者,使之通过文本寻找真理,而不是直接告诉读者真理是什么。第一部分对爱默生与老庄在修辞上刻意使用不连贯的哲学可比性进行讨论。第二部分考察了爱默生与老庄似是而非的矛盾修辞策略,促使读者走出狭隘的认识习惯。第三部分考察了爱默生与老庄修辞上的否定策略,目的是促使读者通过放弃固定的思维习惯和教条框框参与构建意义。本章考察结果为:爱默生通过修辞上刻意使用不连贯、似是而非和否定的手法,从而摆脱西方分析思维的束缚,与关联思维结合并从根本上用直觉感悟自然的丰富多样以及自我调适带来的趣味。

第二章考察了爱默生散文《自助》中人与神的关系。美国与中国学界分别从不同视角对这篇散文的核心内容做过研究。中国学者钱满素把爱默生信奉人的潜在神性与中国儒家的人性本善进行比较。她认为,爱默生强调了世俗层面而不是宗教层面的超我和个人主义的关系。因此,爱默生把世俗与宗教精神结合在一起，在这一点上，爱默生与儒家思想具有共同之处。美国评论家哈罗德·布鲁姆评价爱默生对美国宗教改革所做的贡献时说："爱默生的思想就是美国的思想，而这个思想的核心是被称为'自助'的美国宗教。"①尽管爱默生把神助与自助等同起来，布鲁姆认为自助中自我的根基不是神，而是神创造宇宙万物之前的原始深渊——自然。斯坦利·卡维尔发现，散文《自助》中的否定态度隐含着强烈的逆反性。② 芭芭拉·帕克则分析了《自助》中的自然、本能和直觉与自助的关系。③ 显然，爱默生研究者察觉《自助》把追求道德完善与自然联系起来考察的方法，这种方法是一种思想的转向，即向事情本来发生的根源之处的返回。爱默生为什么认为"自助"的根源是自然，而不是"上帝"？这种转向有着怎样的意义和目的？追问这些问题将我们引向对三个方面的探究：①《自助》中的自我与神的关系；② 自助要求放弃狭隘自我，抵达更广泛的自我；③ 自然作为爱默生探寻真理之路的多重意义。

　　第三章考察了爱默生的思辨方法。大多数爱默生的研究者都认为，某种意义上，辩证法是爱默生散文结构特点。学者们对于爱默生的辩证思想从不同侧面进行分析，他们仅仅从西方人的思维视角和方法来解释，而不是把他的作品作为永恒的智慧范本来解读。因此，学术界对爱默生辩证思想折射出的复杂性、神秘性以及实用性仍然需要进一步的研究与认识。本章指出爱默生的辩证思想不是一种非此即彼的二分法，而是彼此相依、相互渗透、相互转化的一种模式，这是一种能够激活或补充思想的方法。这一章第一部分考察爱默生辩证思想与中国"道"的辩证方法的近似，即注重实践的辩证法的特点。第二部分考察爱默生辩证法的实用性，凸显了作为永恒推动力的中心生命的辩证运动，它具有"比创造优越一点，比知识和思想也优越，所以把它所有的圆都包含进去"的特点。第三部分考察作为"科学中的科学"的辩证法与哲学的关联性，从根源上揭示了辩证法的力量来源与形式关系，以及爱默生的辩证思

---

① Harold Bloom, *Modern Critical Interpretations: Emerson's Essays*, USA: Chelsea House, 2006, p. 95.

② Stanley Cavell, *Emerson's Transcendental Edudies*, USA: Stanford University Press, 2003, p. 141.

③ Barbara L. Packer, *Emerson's Fall: A New Interpretation of the Major Essays*, New York: Continuum, 1982, p. 138.

想方法如何为美国实用主义哲学做了预备工作。

第四章考察了爱默生《斯芬克斯》（Sphinx）一诗所涉及的语言、知识与真理之间的关系。《斯芬克斯》是爱默生创作的一首诗，这首诗最初发表的时候，人们难以理解其含义，因为诗的内容晦涩难懂。直至该诗发表60年之后，才有学者开始阐释它的含义。爱默生本人把这首诗摆在1847年诗集的首位。这足以体现该诗在爱默生心目中的位置。从中国道家视角解读这首诗不失为一种尝试，可以帮助理解"斯芬克斯"这个古老谜题。这一章第一部分考察了爱默生通过诗人与斯芬克斯的对话重新考察人的意义。第二部分考察爱默生理解的斯芬克斯之谜中隐含的知识与未知的平行关系，即真理的有限问题。第三部分考察爱默生从文化比较的视角审视"名"与"实"的关系，西方文化"倒名为实"与中国文化强调"名符其实"的观点代表两种文化追求真理的不同路径与方法。本章结论为：爱默生真理观与中国老庄真理观的近似，是其摆脱西方传统思维框架束缚并对西方真理观进行补充的刻意所为，尤其在知与不知、名与实和语言的关系上来阐释古希腊神话"斯芬克斯"，表达了爱默生实用主义审美观。

第五章考察了爱默生经验的多元面相。爱默生把个体经验视作突破西方传统哲学追问普遍意义的场域，因为个体特殊的经验意味着每一刻的感受包含着熟悉与陌生、相同与差异、旧的和新的相互关系。爱默生散文《经验》是标志其思想从早期浪漫的超验主义过渡到中后期实用主义的一个转折点。由特殊到普遍、由当下到永恒是中国哲学探求真理的方法，中国方法结合个体生命经验使真理因富于人道主义而显得真实可信。《经验》一文呈现了超验主义思想从理论与实用主义经验行为的结合，同时体现了爱默生对不同文化的吸收和智慧利用。这一章的第一部分考察东西方对经验的定义；第二部分考察生命经验对于文化批评的重要性；第三部分考察超验的经验与创新的关系。本章考察结果为：爱默生通过超验方法洞见个体深度思想具有普遍意义，认为维护自身天性是实现超越的条件。

第六章考察了怀疑主义的代表人物蒙田。蒙田是爱默生代表人物中的一位特殊者。爱默生花了较多的篇幅说明自己从"萌发"喜爱到"选择他作为怀疑主义代表"，这在其他代表人物的文章中并不多见。爱默生为什么作这样的解释说明？这说明爱默生对蒙田的喜爱不乏几分谨慎。这一章第一部分考察了蒙田独特的文风如何成为爱默生决定选其作为代表人物的原因。第二部分比较蒙田"个人主义"与爱默生"个人主义"观念的相似性与差异性，以及爱默生如何以此作为出发点探索新的超越路径。第三部分通过蒙田"坠马事件"揭示心灵经验无意识的向度，从而为爱默生批判传统文化提供了新的阐释空间。第四部分考察了爱默生在寻求信仰之路中吸收中国古典"道"的信仰作为超验思想的可行性。

第七章考察了爱默生新人文宗教信仰。1838年，爱默生在哈佛神学院做了一次演讲，即后来编入卷册的《神学院致词》。爱默生的新神学观念与传统教义相去甚远，因而引起教会愤怒和强烈抗议，从此爱默生被拒绝回母校演讲。《神学院致词》成为爱默生个人以及美国文化史上的重要事件。正如劳伦斯·布尔在《文学超验主义》一书中写的："超验主义史上突出的象征性事件是爱默生在1832年辞去波士顿（一神教）牧师职务，成为宽泛意义上的一名学者。"①爱默生在日记中越来越确信这一点：宗教在其源头、本质与显现方面首先是关于人的生命与体验，而不是僵化的经文与仪式对灵感的限制。这一章第一部分考察爱默生《神学院致辞》事件中对宗教改革的影响。第二部分考察爱默生新的信仰来源——施莱尔马赫（Schleiermacher）神秘的神学影响。第三部分考察爱默生超越信仰的中国来源。本章考察结果为：爱默生吸收中国自然宗教的超越方法，批判基督教神人分离的教条弱化信仰的原因，为美国宗教改革指出新的救赎之路。

第八章考察了爱默生的历史观。"历史"一词包含西方经典文本以及非历史与超历史的成分。爱默生让"历史"这个词语在多维视域中交汇，从而重新考察历史对个人的影响以及个人对历史的贡献，这导致过渡优先于结果。爱默生1841年创作的《历史》运用超验主义的方法理解历史伟人业绩，从而使历史的纵轴收缩为轴心的心灵事件。在这一视域下，阅读历史就构成双向行动。第一部分考察了爱默生历史中的两个要素——灵魂与自然，以及历史与这两个要素之间的关系。第二部分考察了爱默生"同一心灵写历史，同一心灵读历

---

① Laurence Buell, *Literary Transcendentalism: Style and Vision in the American Renaissance*, USA: Cornell University Press, 1973, p. 21.

史"的主张中所隐含的超验方法及其在阅读与写作中的想象作用。第三部分考察爱默生以"生命作文本，历史作注疏"的行动策略，揭示这种策略能够使意识焦点从过去向今天的读者转移，并且在过去、现在和未来的交汇中生成新的意义。第四部分论述爱默生构想未来历史的出发点与可行性。

第九章考察了爱默生散文《圆》中的两种永恒模式以及相互关联。爱默生通过揭示"中心生命"这个"永恒创造者"不断追求完美，预示了一个有生成功能并且涵盖多重意义的开端。卡维尔认为《圆》明显受中国道家影响，因为爱默生相信内部真实的真理引导和激发超过预设的真理，"'我们的生活遵循这样一条真理：在任何一个圆周外都可以画出另外一个圆。'……懂得如何继续上路是道的思想意象。"①问题是东西方两种开端循环模式是否具有兼容性与互补性？爱默生如何在不同开端模式下进行文化批判？本章第一部分考察圆的象征；第二部分考察实体圆的模型；第三部分考察永恒的循环；第四部分考察永恒的创造者"中心生命"否定和开启道路的功能；第三部分考察两种永恒方式的关系和系统模态的实用性与互补性。

第十章考察了爱默生对柏拉图的创意解读。柏拉图是欧洲文明开端的奠基者。爱默生创造性地想象这位古希腊哲人综合欧洲精神与亚洲精神，从而通过想象移植来重新阐释柏拉图，并通过话语重构拥抱欧亚两种思维模式，奠定美国实用主义基础。第一部分考察爱默生对柏拉图欧亚精神的想象阐释。第二部分考察了亚洲概念的含义。第三部分考察了爱默生通过融合两种思维方法获得潜在的自我力量。本章考察结果为：爱默生通过对柏拉图的想象阐释，达到重构目的，从而为美国实用路线奠基。

第十一章考察了超验主义的来源、定义及其对于实用主义的指引作用。爱默生超验主义思想之所以成为美国文化和传统意识中的重要成分，在于超验主义作为一种方法激活了人的自主创新意识。然而，爱默生超验思想的形成过程受到本国历史短暂、资源匮乏的逼促，从而转向德国的康德(Kant)、费希特(Fichte)、谢林(Schelling)等思想家的唯心观念学习，同时向东方中国的孔子和老子深邃的哲学思想学习。通过超验主义的宽阔视角，通过从自我直

---

① Stanley Cavell, *Emerson's Transcendental Edudies*，p.18.

觉的体悟和发现,对于涌现出的真理进行选择、决断与重构;通过超验主义的路径和方法进入多元视角与多种策略的实用主义阶段。因此,超验主义者为美国后来的实用主义哲学奠定了基础。本章第一部分考察康德的超验观念如何令爱默生着迷与执着追求。第二部分考察谢林超验理性生机能力如何让爱默生感到真实的同一。第三部分考察柯勒律治的中介影响。第四部分考察爱默生对中国道家的深邃思想感兴趣的原因。第五部分考察超验主义的女性来源。

第一章　道路与纸路

　　爱默生散文语言所呈现的不连贯、似是而非和否定的特征使读者难以把握作者想要传达的意义。这个特点引起了很多学者的关注,朱莉·艾略森、芭芭拉·帕克和劳伦斯·布尔都曾经对爱默生语言风格做过评论,但从来没有学者从中国道学角度研究过他的作品。对爱默生和老庄进行比较有以下两个原因。首先,尽管两者存在差异,但他们的作品表现的主题和语言风格有着重要的可比性。其次,关注中国道学思想和语言风格能够帮助解释爱默生思想之所以让西方读者困惑,正是因为他运用了不太符合西方人思维习惯的修辞策略。这种散文风格试图通过不连贯、似是而非和否定的修辞手法启发读者,使之通过文本寻找真理,而不是直接告诉读者真理是什么。"爱默生刻意使他的哲学思想令人难以捉摸"以及"他有意通过不给结论让读者失望"①,这个事实说明爱默生拒绝把自己纳入西方传统哲学家的行列。美国哲学家斯坦利·卡维尔指出爱默生作为直觉哲学家预见了维特根斯坦(Wittgenstein)与海德格尔的哲学思想。而这两位 20 世纪的思想家都曾读过老庄哲学,受到过中国道家哲学的影响。本章第一部分对爱默生与老庄修辞上刻意使用不连贯的哲学的可比性进行讨论。第二部分考察爱默生与老庄似是而非的矛盾修辞策略如何促使读者走出狭隘的认识习惯。第三部分考察爱默生与老庄修辞上的否定策略使读者通过放弃固定思维习惯参与构建意义的过程。本章考察结果为:爱默生通过对中国古典道学思想的吸收,修辞上刻意使用不连贯、似是而非和否定的手法,从而摆脱西方分析思维模式的束缚,与关联思维结合并从根本上用直觉感悟自然而丰富多样的阐释方法。

---

① George Kateb, *Emerson and Self-Reliance*, New York: Rowman & Littlefield Publishers Inc., 1995, p. 3.

一、不 连 贯

读者对爱默生作品的态度是矛盾的。一方面,他们会受到爱默生中心主题——独立、自由——的激励。另一方面,他们为爱默生的语言风格感到困惑。正如芭芭拉·帕克评论所说的:"爱默生竭其所能使阅读他作品的人产生困难,因为他省去了传统文章中的导言和过渡部分,他把散文内部结构之间的关系和文本与外部世界的关联性全部交给读者来解决。"[1]例如,爱默生在散文《圆》里说:"我是自然中的神;我也是墙边上的草。"[2]两句之间没有过渡与解释,从大胆地声称自我具有神的荣耀到卑微地将自我与小草等同,象征着情绪的瞬息变化。一个人的思想怎么会同时产生这两种对立的情绪? 对此,评论界往往解释说:爱默生的哲学没有理论系统。这种解释只是在重申他的作品缺乏连贯性,却没有对产生这种修辞现象的原因作出解释。

尽管爱默生的散文带给读者的是勇气与希望,但是要准确地领悟他的文本并非易事。因为爱默生赋予词汇的含义不是单一的、固定不变的,而是灵活多变的。这造成了阅读上的困难。例如,下面这段引文隐含着"自我"的不同含义:

> 原初的自我是什么? ……追问把我们带到问题的源头,它是天才、美德和生命的源头,我们把它叫作自然或者本能。我们把这个原有的智慧定义为直觉,而所有后来有的智慧都是交学费获得的。分析不能解答这个源头深奥的力量,它是万物的根源。当我们内心宁静的时候,我们的心灵感受到它的存在……[3]

西方读者无法从文本中寻找到原初自我含义的答案。西方学生更熟悉"神是万物的源头"。爱默生把"自然或本能"放在特殊位置,提出信靠自我,超

---

[1] Barbara L. Packer, *Emerson's Fall: A New Interpretation of the Major Essays*, New York: Continuum Press, 1982, p. 6.

[2] Ralph Waldo Emerson, *The Complete Writings*, Vol. I., New York: WM. H. WISE&CO., 1929, p. 218.

[3] 同上, p. 144。

越了读者的期待并令他们感到惊讶,"因为对于那些读者来说,本能意味着某些动物性的东西,自然代表着不负责任,直觉隐含着非理性"。[1] 爱默生在解释原初自我的根据时这样说:"这个深奥的力量是人的理性分析无法解释的最终现象。"爱默生的真理观与方法论已经脱离了西方传统真理观。根据柏拉图的真理观,真理涉及真实存在与表象世界,属于理念范畴,是常在的静态世界。而表象属于感觉世界,它复杂多变,容易朽坏。在西方文化里,自然代表着不可预测的、非理性的、不好的一面,是人控制的对象;理性分析是认识真理最可靠的途径。[2]

爱默生把自然或本能作为超我的终极原因,从而抵制了分析解答对源头深奥力量的封堵。爱默生在《自然》中借用神秘诗人的歌唱直觉说:"我们先是如万物那样参与生命的过程,之后将生命的转化过程视为自然中的表象,忘记我们也曾参与了生命的过程。"对于爱默生的直觉论,芭芭拉·帕克解释说:"对人的本性进行理论定义代表着这种遗忘(我们曾参与生命过程);因此才出现了这句似是而非的话语——直觉是比意识思维更接近真理的途径。"[3]爱默生强调直觉比逻辑分析更接近真理,十分接近老子思想。老子在《道德经》第一章中写道:

> 道可道,非常道;名可名,非常名。无,名天地之始,有,名万物之母。……此两者同出而异名,同谓之玄。玄之又玄,众妙之门。[4]

老子提出道是人与自然的终极原因。道,既可被言说,又不能被言说;道,既是有,又是无,概括了存在与非存在的转化过程,所以不能用固定的名称定义道,也就是说词语不能包含道的完整的含义。

尽管道难以把握,但回到一种直觉认识状态可以帮助人们悟道。老子指出,抛弃主见,包容天地,承载万物,也就明白大道。道,不能够用概念解释,却

---

① Barbara L. Packer, *Emerson's Fall: A New Interpretation of the Major Essays*, p. 143.
② 柏拉图:《柏拉图的智慧》,刘烨译,北京:中国电影出版社,2007年,第33页。
③ Barbara L. Packer, *Emerson's Fall: A New Interpretation of the Major Essays*, p. 143.
④ Roger T. Ames and David L. Hall, *Daodejing: Making This Life Significant*, New York: The Ballantine Publishing Group, 2003, p. 77.

可以通过虚静自我来洞察道的幽微玄妙。因此,虚静自我就为认识道提供了宽广的视野、最大的认识与反应的灵活度,而概念因为先入为主的意识活动限制了它们。老子在《道德经》第十六章中描述:"致虚,极也;守静,笃也。万物并作,吾以观其复也。夫物芸芸,各复归其根。"①实际上,虚静自我的过程是逐渐去除概念的自我认识,回到一种直觉认识状态,内心与万物化合玄同,失去的是狭隘的小我,得到的是与自然万物化合玄同的大我。这是个体认识道的审美过程。这个过程取决于对自然大道的信靠,否则,不可能实现、进入大道的境界。

爱默生的原初自我——自然——与道家的道有许多的相似。首先,对于爱默生来说,自然"是人的才能,美德与生命的根源",自然不是独立于人而存在的实体,而是构成完整的人的根本。既然超我的根源——自然——就在人的生命和思想活动中,信靠自我就成为一种思维方式。老子认为,道,作为万物存在的终极原因,不是独立于万物存在的实体。道,既是本,也是末,本末同于一体。老子强调道是认识真理的方法。爱默生与老子的共同之处在于他们都把自然视为万物循环的终极原因,都认为本体与现象不可分割。由此可以看出,爱默生与老子在对待最高真理的认识问题上,纳入了个体的生命参与,强调的是直觉认识的重要性。而自柏拉图以来,西方传统哲学在认识最高真理、追求道德完善时,强调的是个体内部理性与情感的抗争。爱默生强调自然是道德完善的依据,这是对西方传统哲学强调的二元分离、自我理性与情感抗争的批判。

通过把爱默生的原初自我——自然——与老子的道学思想进行比较,我们可以明白爱默生的语言缺乏连贯性反映了他的真理观与语言观。在这一点上,爱默生与老子也有许多共同的认识。首先,爱默生与老子都怀疑语言的充分性。爱默生在《自然》一书中写道:"语词是无限思想的有限器官,语词不能涵盖真理的整个范围。语词对真理的完整与丰富性断章取义,以偏概全"。②老子在《道德经》第五十六章中对语言的局限性也有类似的观点:"知之者弗

---

① Roger T. Ames and David L. Hall, *Daodejing: Making This Life Significant*, p. 99.
② Ralph Waldo Emerson, *The Complete Writings*, p. 28.

言,言之者弗知。"①在第二章与第四十三章中又说,"不言之教,无为之益。"在认识终极真理这点上,爱默生与老子都保持着审慎的态度,不作断言意味着承认人对于宇宙认识的局限性。

尽管存在以上提到的相似性,但是爱默生的原初自我——自然与老子的道有着明显的差异。对于老子,道,只能在虚静中见证。对于爱默生,当安静时,凭借虔诚与信靠,人才能感觉到一种更大生命能量的涌动——超我的存在。尽管爱默生与老子都强调宁静是认识最高真理的条件,然而,爱默生仍然使用西方传统的话语——自我。不过,自我在爱默生的眼里只能被感知,不能被分析和把握。如此看来,爱默生的自我概念已经脱离了西方传统的二元分离,带有东方传统的整体概念——自我与自然不可分离的综合思维。此外,爱默生运用"上升"来描述接近原初的自我——自然。而老子用"返回"来表达接近道时的状态。"上升"与"返回"代表着东西方两种宇宙观。"上升"意味着从低处向崇高的理想的升华过程,强调自我具有潜在的崇高感。"返"表明回到故乡,回到原来归属之地,意味着道与万物的固有关系。"返"的第二层意思是指对立双方朝相反的方向转化。

不连贯是指缺少常规写作中的过渡与衔接。但是,对爱默生而言,真正的过渡与衔接应在读者的生命感悟之中去寻找,这是一种审美连贯。简而言之,爱默生用不连贯来暗示真理是在个体参与中逐渐展示的,而不是直接被揭示。因此,不连贯是爱默生用语言追踪自然的一种修辞策略。

二、似 是 而 非

爱默生的两篇散文《补偿》和《圆》的一个显著特征是运用似是而非的语言。比如,在《补偿》中,爱默生将两种不同观点放在一个句子中:"满即为损,损既是满。"②爱默生在《圆》中说,"一个人的公正是另一个人的不公;一个人的美是另一个人的丑;一个人的智慧是另一个人的愚蠢。"③似是而非也是老子语言特征。老子在《道德经》第二十二章中说:"曲则全,枉则正,洼则盈,敝则新,

---

① Roger T. Ames and David L. Hall, *Daodejing: Making This Life Significant*, p. 164.
② Ralph Waldo Emerson, *The Complete Writings*, p. 156.
③ 同上, p. 220。

少则得,多则惑。"①在第五十八章中,老子又说:"祸兮,福之所倚;福兮,祸之所伏。"②爱默生与老子的似是而非的语言充满着智慧,透露着深奥的思想,展示着自由的心灵姿态。要了解他们二人的隽语,势必先深切透视其思想根源。

根据《韦氏国际英语词典》:似是而非是一种修辞手段,它把一个事理的传统观点和价值与相反对立的观点和价值并置一处;它指看上去矛盾、不符合逻辑,实际上可能隐含了真实性的说法。③ 爱默生与老子的作品最初给人的印象是困惑,然而,这是二人刻意所为,目的是让读者放弃逻辑思维,取而代之以直觉思维。因此,似是而非的语言就产生了阅读的内在张力,即读者在困惑与探寻之间的张力。读者时刻意识到语言之间没有连贯性,跳跃式地表达事物。爱默生与老子运用似是而非的语言所要达到的效果就是:困惑、找寻、再思索。

究竟是什么思想使爱默生发展了一套似是而非的矛盾论呢?

林语堂认为,爱默生的散文《圆》与老庄有着同样的思想体系——宇宙循环论。④

爱默生在《圆》中强调:"自然没有终极,因为终点又是一个新的起点;黑夜之后必有黎明;大洋之下另有深渊。"同样,庄子也说道:"在太极之先而不为高,在六极之下而不为深。"爱默生又说:"自然无定。宇宙是流动的,变幻的,'永恒'这个词不过是表示程度大小而已。"⑤庄子认为,道之深,像大海一样,反复推送,永无止境,运转万物,永不疲乏。⑥ 爱默生的宇宙是不朽循环的宇宙;生命呈现交互兴衰现象。用宇宙循环论来检验人类对真理的认识,因为"每个真理的揭示过程蕴含了只能在一定时间内,在圆形轨道上得以实现的真理"。⑦ 从宇宙循环论,爱默生发展了一套类似老庄的似是而非的反论。爱默生说:"失之东隅,得之桑榆;有得必有失。"庄子说:"所谓成就是毁,毁就是成。"⑧爱默生

① Roger T. Ames and David L. Hall, *Daodejing: Making This Life Significant*, p. 22.
② 同上,p. 167。
③ David B. Guralnik and Joseph H. Friend, eds., *Webster's New World Dictionary*, Toronto: Nelson, Foster&Scott, 1962, p. 1060.
④ 林语堂:《老子的智慧》,长春:时代文艺出版社,1991年,第14页。
⑤ 爱默生:《爱默生散文选》,姚暨荣译,百花文艺出版社,1995年,第196页。
⑥ 林语堂:《老子的智慧》,第50页。
⑦ 爱默生:《爱默生散文选》,第202页。
⑧ 林语堂:《老子的智慧》,第137页。

说:"贫穷便是福""事情越糟越妙"。① 老子说:"祸兮,福之所倚;福兮,祸之所伏。"

如何理解这些似是而非的反论?

爱默生认为自然万物不可避免地被双重性平分为两半,因而每一事物都意味着与其相配的另一半的存在,二者合并才是完整的。这是自然的"无所不在"法则。站在认识的更高境界看问题始终看到的是两方面,而不是一面。爱默生的"得"是指财富的增多,"失"是指财富的增多会使欲望增大,烦恼增多,因此失去心灵清静和行动上的自由。爱默生的"有得必有失"与老子的"少则得,多则惑",主要是指人品和处境是两重性,老子的"少"是指一个人不自以为是、谦虚,"得"是指得到别人的肯定。一个人所求甚少,重视内在修养,反而能实现自己价值。反之,一个人不重视修养,要求很多,则会困惑。爱默生所说的"贫穷便是福""事情越糟越妙"与老子的"祸兮福所伏,福兮祸所倚"也是把两种截然相反的价值观放在一起形成矛盾,读上去不可思议,但却隐含着现实中的真理。贫穷通常被视为一件坏事,但是贫穷会激励人改变处境。例如,爱默生认为美国文学界在美国建国初期遇到的是创作题材和手法上的匮缺,是一种贫穷,爱默生将它视为美国文学复兴的契机,在这个意义上,贫穷便是福。

此外,爱默生的似是而非反论代表着统一与差异的相对关系。他说:"一个人的公正是另一个人的不公;一个人的美是另一个人的丑;一个人的智慧是另一个人的愚蠢。"②由于审美观不同,评价的标准不同,就会有差异。追问爱默生这个反论的意图是什么? 他强调的就是价值判断的差异,美与丑、智慧与愚蠢的差异说明:统一建立在多元和差异的基础上,没有差异就没有统一。强调差异实际上是强调变化。爱默生强调变化是永恒的,即便是价值观也应顺应时代的变化而有所调整。爱默生说:"一切都在更新、生长和跳跃。为什么要在新的时间里引进破烂和遗物呢? 自然界憎恶陈腐。"③

老子用美丑为例,来说明事物相反相成的辩证关系。老子在《道德经》第二章里说:"天下皆知美之为美,斯恶已;皆知善之为善,斯不善已。故有无相

---

① 爱默生:《爱默生散文选》,第205页。
② 同上,第178页。
③ 同上,第207页。

生，难易相成……是以圣人处无为之事，行不言之教。"①老子认为世间一切都是相对的，所以才有彼此分辨。彼此以对方为对象来说明自己。从道的高度来看，"彼此"相对应，相互说明。强调一方，言语就有了偏见，就背离了自然大道，这对社会安定和个人的福祉都不利。老子从万物相互关联、相互对立来告诫统治者，在强调社会同一性时，应以保持个性的多样性、丰富性为前提。

爱默生与老子虽然都爱用反论，两人都用自然循环变化来反对社会的限制，但是爱默生强调用试验和创新来代替保守和惰性，老子强调生命的完整性，用顺应自然来反对人为的限制。

似是非而的修辞功能是什么呢？

爱默生和老子都刻意使用似是非而的语言，其目的是制造理解上的困难，产生矛盾与困惑感。反过来，阅读时遇到极大困惑与挫折感又能激发换种思维看问题。当一个读者用心思考那些似是而非的话语，他有时候觉得它们好像能够被理解，尔后，转念一想，原先的答案不符合逻辑，之后，所有的答案都试过以后仍然没有结论。此时，读者陷入一种僵局，用任何常规的思维方法都无法打破这种僵局。解释无效，语言丧失功能。然而，这正是似是而非的语言所要制造的效果。②

简而言之，似是而非的语言具有解决认识论问题的功能。首先，似是而非违背了西方自亚里士多德以来形而上学基本的逻辑原则——语言没有矛盾。没有矛盾的原则在有效的辩论中排除了可变性、偶然性和不确定性。然而，宇宙万物始终处于动态变化中，逻辑语言并不能描述这种过程和变化。所以，刻意选择似是而非的语言能够弥补逻辑语言的不足。用老子的话说，正言若反——适当的表达就是运用似是而非的语言。其次，似是而非的语言把读者从传统的思维方式中解放出来，不再仅仅依赖概念和逻辑推理进行认知，而是通过并置相反的观点，形成不确定的似是而非的状况，刻意制造概念的混乱和意义的差异，使读者用直觉进行认知。因此，运用似是而非的语言挑战了读者认知活动中那些未受质疑的观点，从而使他们从固定概念和传统

---

① Roger T. Ames and David L. Hall, *Daodejing: Making This Life Significant*, p.79.
② Grigg, *Tao of Zen*, Boston: C. E. Tuttle Co., 1994, p.271.

教条中解放出来。

三、否　　定

　　"否定"是爱默生散文《圆》中的又一个明显特征。爱默生认为世界万物遵循着变化和发展规律。用黑格尔的话说："否定是生命和精神自身运动最内在的源泉和灵魂。"①圆，作为一种意象，代表着万物辩证运动的深刻含义。用爱默生的话说："圆是世界之谜最高的象征。""象征"和"谜"这两个词的语意关系似乎令人费解。"象征"是指一样东西是另一样东西的象征性的意象；而另一样东西是一个"谜"。我们怎样理解爱默生的圆形之谜？芭芭拉·帕克在她的《爱默生的下落》(1982)中对于这个谜给予了解释："爱默生在散文《圆》中所要表达的意义，事实上很像研究威廉·布莱克(William Blake)的学者所说的神秘的循环———一种把历史视为由秩序与能量的对立运动所产生的无止境的辩证统一的历史观。"②在爱默生看来，这种对立的力量就是"思想的力量"与"生命的力量"之间的张力。在圆的隐喻里，思想构成圆的边缘，一种划分范围的界限；生命位于这个圆的中间。爱默生说"开启每一个人的钥匙是他的思想"。而"人生是一个自我进化的圆，从一个无限小的圆环向各个方向爆发，扩展成新的、更大的圆，如此循环往复地辐射出去"。③思想与生命的相互运动构成了圆形运动，更准确地说是一种螺旋式的运动。爱默生在散文《圆》中写道：

　　　　自然界的每个时刻都是崭新的；过往岁月总是会被吞咽、被遗忘；只有即将来临的时间才是神圣的。除了生活、变迁和奋发的精神，没有什么是安全的。④

　　这段话的核心就是否定。过去被未来淹没，新事物否定旧事物，未确定的将取代确定的，无形的将取代有形的，真理的崇高在新思想面前也变得落后。否定在这里既是爱默生的表述方式，又是事物内在运动的规律。世界既然是

① 邓晓芒：《黑格尔辩证法讲录》，北京：北京大学出版社，2005 年，第 79 页。
② Barbara L. Packer, *Emerson's Fall: A New Interpretation of the Major Essays*, p. 133.
③ Ralph Waldo Emerson, *The Complete Writings*, p. 216.
④ 爱默生：《爱默生散文选》，第 208 页。

永远的循环过程,无论多么短暂,都是一个否定的过程。

老子爱用否定。林语堂说老子爱唱反调,几乎成了怪癖。"无为而无不为"是老子的经典话语。实际上,在《道德经》里,老子主张培养用无的形式洞察世界和真理,而不是通过哲学训练,掌握哲学原理来探索真知。用老子的话说,就是运用无为、无知、无欲、无言来体验真理。庄子将老子的否定话语推向哲学追问的更高层面。庄子在"齐物论"一章运用了大量的否定:

> ……有始也者,有未始有始也者,有未始有夫未始有始也者。有有也者,有无也者,有未始有无也者,有未始有夫未始有无也者。俄而有无矣,而未知有无之果孰有孰无也。今我则已有谓矣,而未知吾所谓之其果有谓乎,其果无谓乎?①

庄子认为,追溯宇宙最高的本质,得出的结论就是没有"无有"。庄子讲"无有"时,是将作为动词的"无有"当作本原来理解的。抽象的"无有"就是一种否定的行动。否定的结果是所有二元对立——在与非在、初始与终结、言说与沉默之间的界线被打破,变得模糊。于是,对立双方不是被区别对待而是被平等看待。这点说明了老庄平等看待万物的宇宙观。

此外,老庄的作品中有时出现的否定之否定并不代表着对立面——肯定,而是否定二元对立概念中的任意一方。老庄思想在宇宙观中并没有预先假定一个有或无,而是认为道既是有也是无,道是有与无的运动。庄子同老子一样,把世界看作自我与他者交互运动的过程。在成为他者的动态过程,我们对阴阳与有无对立双方相互转化持开放的态度,而不是仅仅对能够被言说的"有"给予重视,同时,应该承认和关注不能被言说的动态过程。

爱默生的圆形象征隐含着与老庄同样的否定。爱默生在散文《圆》中说:"我是自然中的神;我也是墙边上的草。"乍一看,两句话代表着情绪的起伏波动,仔细研究,爱默生赋予两句话否定的能动功能。如果把这两句视为一个圆,"我是墙边上的草"是圆的外围,而"自然中的神"则是能动的、创造性的中

---

① Chuang Tzu, *The Complete Works of Chuang Tzu*, trans., Burton Watson, New York: Columbia University Press, 1968, p. 43.

心。该句话以其结构上的平衡赋予两种情绪平等地位,神与杂草代表着人的崇高与平凡两种感觉。两种感觉相互依存,相互否定,一个半圆中留下的就是虚空,另一个半圆中则是暂时的"有"存在感。

爱默生的散文《圆》隐含的否定类似于道学中的阴阳互相转化。阴阳相互关联、相互否定是致使阴阳转化的永恒的推动力。对于爱默生,圆形运动永恒的推动力是"超越创造,超越了知识与思想,包含所有圆的中心生命"。[1] 对于老子来说,阴阳合为一个圆。阳代表着已经形成的、确定的东西,而阴则代表着无形的、未确定的东西。阴阳相生,相互转化。老子在《道德经》第二章中说:"有无相生也。"假如我们把老子的这个概念运用到爱默生的圆形意象中,就能够理解圆形之谜内在推和拉的张力。爱默生《圆》中的"精神力量"不断画着圆周界线,而圆内的"生命力量"不断打破这些界线。无论是老子的阴阳相生,还是爱默生的圆形运动,他们都强调,否定不仅是修辞手法,更是万物本体内在运动的根源。

对比老庄哲学思想有助于我们理解爱默生散文《圆》中一段著名的令人费解的自嘲:

> 我不过是个试验者,不要丝毫拔高我的所作所为,也丝毫不要贬低我不为之事,不要以为我在装模作样地评判是非,其实我对什么都没有定论……我不过是在尝试,不过是个不背历史包袱的、奋斗不息的探索者。[2]

这段话与庄子的有无论极为相似。意识到语言的缺陷,庄子自我解嘲说:"俄而有无矣,而未知有无之果孰有孰无也。今我则已有有谓矣,而未知吾所谓之其果有谓乎? 其果无谓乎?"[3]庄子怀疑言说的可靠性与真实性,认为言语本无机心,一旦有了机心,就生出是非的名称,因此想再加详辩就不容易了。所以不如除去机心和是非的念头,顺其自然,这样不会背离大道。所以,老庄所说的"言之无益"是指语言容易使人背离大道。老庄不重视不断探索与不断

---

① Ralph Waldo Emerson, *The Complete Writings*, p. 221.
② 同上,p. 221。
③ 邵汉明:《名家讲解:庄子》,长春:长春出版社,2007 年,第 20 页。

总结的积极作用。尽管爱默生意识到语言不能涵盖整体,但是爱默生既重视表述,同时意识到表述的暂时性,在他看来,不断地探索真理、重新阐释真理就变得十分重要。

否定的修辞意义是什么呢?

作为修辞手段,否定有以下一些功能。首先,否定拒斥了读者熟悉的东西,造成意义上的空缺。正如沃夫冈·伊瑟尔(Wolfgang Isr)所说:"读者不得不培养一种态度,使自己能够发现否定所指的但还未形成的东西。"①因此,由于否定造成熟悉的内容空缺,读者的注意力被高度调动起来。其次,否定干预并打断了常规思维与期待:否定作为积极的能动力量,推动读者构建潜在的、尚未成形的意义作为想象的对象。借助于把否定作为一种修辞策略来否定自身,爱默生与老子向读者显示了语言是怎样发挥其作用的。如果语言用来阻断它的内涵,同时又不提供它的外延意义,就变成了纯粹的一种言说。

从某种程度上来说,爱默生模糊的语言风格很接近传统中国老庄语言风格。老庄学说同样也以其模糊的特征著称。选择使用不连贯、似是而非、否定等修辞手法不仅是哲学家刻意所为,更重要的是哲学主题的需要。首先,不确定的语言制造了深深的阅读困惑和挫折感,这种感觉能在思想上产生解放与自由。其次,这样的语言技巧打破了我们对于知识的固定概念。在爱默生看来,知,不仅仅包含着知性的理解,而且包含着直觉感悟。尽管爱默生意识到语言的缺陷——言说不能涵盖整体,但是爱默生并不像老庄一样主张言之无益、辩之无益。正是由于爱默生模糊的语言风格导致了美国哲学界一部分人对他的否定。然而,爱默生不是西方传统意义上的哲学家,而是一位关注生命、有着东方智慧的哲学家。

---

① Wolfgang Iser, *The Act of Reading: A Theory of Aesthetic Response*, Baltimore: The John Hopkins University Press, 1978, p. 213.

第二章 自助的悖论

　　爱默生在散文《自助》中重新阐释了人与神的关系,使该文备受学者的关注。爱默生自助的观念几乎是革命性的,它综合了东西方的宇宙价值观。美国与中国学界分别从不同视角对这篇散文的核心内容做过研究。中国学者钱满素把爱默生信奉人的潜在神性与中国儒家的人性本善进行比较。她认为,爱默生强调了现世中个体超越的可能性,强调世俗层面而不是宗教层面的超我和个人主义的关系。因此,爱默生把世俗与宗教精神结合在一起。在这一点上,爱默生的思想与儒家思想是共通的。美国评论家哈罗德·布鲁姆评价爱默生对美国宗教改革所做的贡献时说:"爱默生的思想就是美国的思想,而这个思想的核心是被称为'自助'的美国宗教。"①尽管爱默生把神助与自助等同起来,布鲁姆认为自助中自我的根基不是神,而是神创造宇宙万物之前的原始深渊——自然。斯坦利·卡维尔发现,在散文《自助》否定的态度下隐含着强烈的逆反性思维。②芭芭拉·帕克则分析了《自助》中的自然、本能和直觉与自助的关系。③显然,爱默生的研究者察觉到《自助》把追求道德完善与自然联系起来考察的方法,这种方法对于西方读者来说是一种思想的转向,是向事情本来发生的根源之处的返回。爱默生为什么认为"自助"的根源是作为基础的自然,而不是作为根据的"上帝"? 这种转向有着怎样的意义和目的? 追问这些问题将我们引向对三个方面的探究。本章第一部分考察了《自助》中的自我与神的关系;第二部分讨论自助实际上包含放弃狭隘自我、抵达超我的辩证关系;第三部分考察了自然作为爱默生探寻真理之路的双重意义。

---

① Harold Bloom，*Modern Critical Interpretations: Emerson's Essays*，p. 95.
② Stanley Cavell，*Emerson's Transcendental Edudies*，p. 141.
③ Barbara L. Packer，*Emerson's Fall: A New Interpretation of the Major Essays*，p. 138.

一、自　我　与　神

读者看完爱默生的散文《自助》之后都会留下一种印象：某种神秘的东西存在于人的内心，同时也超越于人而存在。"相信你自己，你内心认为真实的对于所有人来说也是真实的——这就是天赋。"①爱默生的"自我"概念已经超出传统文化定义范畴，同时也很难用确定的语言对其定义。美国学者皮斯（Pease）认为，爱默生的"自我"从来不仅仅是个别的主体，而是代表自然法则占据着的主体，主体是自然法则在个体中的显现。② 早在古希腊时期，哲学家们就探讨人与自然关系。苏格拉底提出"认识你自己"标志着人类探寻的对象从自然转向人。"认识你自己"是认识人的本质和普遍性。实际上，所谓"自己"指的就是思想自身。③ 爱默生在散文《自助》里重新审视哲学话题"认识你自己"，并且把这句古代箴言与现代箴言"研究大自然"视为同一个命题。爱默生重新阐释人与自然的关系是他所处的时代提出的要求。

19 世纪初的美国社会正经历着巨大的变化。工业化第一次带来了工厂单一的、重复的劳动的模式，使城市居民迅速增长。城市化的推进反过来造成一种共同价值观的丧失和失去自我精神家园的失落感。启蒙时期延续下来的信仰科学反对教会以及有组织的宗教，使世俗化日益得到发展。正是城市化、工业化和世俗主义的综合发展，使人们开始对善的定义感到困惑。由于失去了道德方向，个人越来越感到失落、孤独和痛苦，对未来充满了不安和恐惧。自我的同一性成为当时美国公众的一大问题，自我的定义成为困惑与不安的源头。爱默生认识到，在信仰危机的时代，传统的基督教已经不能适应新时代的要求，重新阐释新土地上的人的身份变得十分紧迫。在爱默生看来，美国文化的重新构建与美国当时的社会情况和自然环境有着紧密关系，新的信仰应该把人的自然性与人的超验性结合起来。整体联通带来真正坚实的信仰，这意味着回到自我的源头——自然。

爱默生视自然而不是传统意义上的神为万物的根源有以下几个原因。

---

①　Ralph Waldo Emerson，*The Complete Writings*，p. 138.
②　Jonathan Levin，*The Poetics of Transition*，Durham：Duke University Press，1999，p. 28.
③　柏拉图：《柏拉图的智慧》，第 24 页。

首先,传统基督教的教义过于严酷,更重要的是它将人类获得救赎的希望寄托于理性认识的上帝,信仰过于依赖理性而显得冰冷,缺乏热情。教会过于强调经文上的信条而使信仰变得僵化,缺乏鲜活的生命精神。爱默生认为,人无法按照经文上的启示来接近神。脱离了经文去往何方呢?爱默生劝诫人们去面对自然。因为"任何自然过程都是道德格言的版本。道德法则位于自然的中心,朝它的周围辐射。这是一切物质、一切关系、一切过程的核心和骨髓……自然对每个人的道德影响就在于向他阐述事实的真相。"①爱默生在散文《超灵》中表达了一种新的神学观:"我们赖以存在的伟大属性……就是统一,就是超灵,每个人的存在都被这种统一和超灵所包容……我们都生活在片断中、部分里,但与此同时,人都拥有完整的灵魂。"②可以说,超灵是连接人与神之间关系的核心,它是抽象的、无形的,存在于所有人的心灵之中,它是人的心灵发展的最高阶段,而人只能通过直觉的内省达到与"超灵"沟通的境界。爱默生在《随笔一集·论超灵》中这样解释道:

> 在人的心灵之中,存在着一个整体的灵魂;它是默不作声的智慧,是普遍的美,(人的)每一部分都同它相连,它是永存的一。③

既然"超灵"存在于每一具体的心灵中,那么人人都有潜在的与"超灵"沟通的可能性。有了"超灵"思想,人的部分与整体、有限与无限得到了统一。

其次,爱默生不能接受《圣经》里强加给人的原罪理论,认为它给人带来罪的负担。对于爱默生来说,人的堕落不是由于亚当和夏娃悖逆上帝的意志而造成的,而是由于不相信自我或者否定自身所造成的,同时,"堕落"感也是由于自我意识造成的。④ 爱默生的这种观点与浪漫主义的观点相符。诺斯罗普·弗莱(Northrop Frye)在重新阐释人的堕落感与人的意识之间的关系时说:

---

① 爱默生:《爱默生散文选》,第 25 页。
② 同上,第 177 页。
③ 同上,第 177 页。
④ Martin Bickman, *American Romantic Psychology*, New York: Spring Publications. Inc., 1988, p. 44.

与其说人"堕落"到他的罪中,不如说人堕落到自我意识的原罪中,堕落到他目前与自然的主体和客体的关系中。意识使他背离自然,这个基本的意识感就是背离感。①

根据浪漫主义的观点,"自然"不是被视为存在于心理之外的某样东西,而是包含了意识所无法理解的思想的那些方面。自我在发展自己和加强自己的同时,制造了个体与外部世界以及个体自身内部的分裂。爱默生认为回到自然即回到神秘的自我的源头,是恢复个体与世界以及个体内部统一感的救赎之路。对"堕落"进行重新解释后,爱默生拒绝《圣经》上的凭借意志作用与通过劳苦来获得救赎之路。他说:"有一种高于意志的法则规定着万物;痛苦的劳作是没有必要的,也不会有结果;只有在轻松、简朴、自然而然的行为中,我们才会变得有力量,自我借助于顺服这个法则,就会变得有神性。"②这个最高的法则就是爱默生在散文《自助》中提到的自然法则,它是自助的根源。

因此,爱默生相信只要"自我借助于顺服自然法则,就会变得有神性"。而获得神性并非依靠意志,而是依靠放弃自我、顺服自然法则,它是人"彻悟所有的美德"而后"产生新的能量的时候"。爱默生的自我论发出了与文化倡导的价值不同的声音。社会倡导的是本质的人,所谓本质的人是建立起来的人的观念,它是对作为自然存在的人的一种颠倒,或者扬弃。在爱默生看来,实际存在的人不可能成为社会所期待的本质的人。因为这种观点是通过理性方式把人作为认识对象考察的结果,认识强调规范人的"一贯性",却忽视了人的实际存在的真实性。换句话说,人的个性被人的本质所代替,实存的人被概念的人所代替。爱默生批判文化观念对人的误读。在爱默生看来,人的思想并非前后一致,而是前后矛盾,矛盾反映基础的真实。诚然,矛盾在逻辑概念主导的思维方式下被视为不可思议而必须加以规避,因此思维方法规定前后连贯一致,不连贯的情况受到连贯思维的规定与限制。但是,矛盾的确是事物发展的规律和主要动因。此外,个体存在必定遭遇生存中前后不一致的境况,人以变化来适应新的境况,这是外部条件引起内部的变化。由此而引发服从的问

---

① Northrop Frye, *A Study of English Romanticism*, New York: Random House, 1968, p. 17.
② Ralph Waldo Emerson, *The Complete Writings*, p. 167.

题：面对新的生存境况，人是服从观念性的东西，还是根据现实服从事实？即便这个观念被认为是正确的，对此正确的领悟仍需要经历认识过程。认识总是通过返回自然本身、经历一种行动获得经验后抵达见识。对于后来者，对真理的理解需要结合实际情况去综合领悟，因为事物是观念的真正的根源，观念是在一定条件下在事物的基础上建立起来的概念的东西。当作为概念的观念被创立之时，原初的事物伴随观念的出现而消失了。[①] 因此，爱默生以文化批判的方式重新解释传统文化的意义，承认个体的成长首先经历不连贯的自然性东西，个体对规定的连贯的不服从应被视为行动本身对于概念表述的观念的否定，而作为概念的观念是对原初事物的否定，观念性的东西是在原初事物基础上建立起来的思想，作为后来者首先是经历实际存在并获得经验，从而找到自我并确立自我，为此对观念性的否定就表现为爱默生所说的"不连贯"与"不服从"。

由于将信仰的根基恢复到自然——宗教的源头，爱默生的宗教就成了一种没有仪式、没有崇拜、没有牧师、没有教堂，甚至无须《圣经》教义的东西，只有一位无形无体但却无处不在的上帝，而这个上帝就是生命。爱默生说道："哪里有生命，哪里就有上帝，在那儿宇宙扩展着自身，如同从一个中心向外无限扩散。"[②]把生命与上帝、自我与神联系起来使得爱默生的"上帝"已经不是一个永恒的实体概念，而更加接近道家那化生万物的道。首先，"上帝"与"道"是一切存在的终极基础，是超越一切相对的绝对。其次，"道"是自然法则，爱默生把"上帝"解释为自然法则，作为事物产生的根源，无论"上帝"还是"道"都不是某种实体。"上帝"与"道"是有区别的，"上帝"代表着道，言说代替沉默，"要有光"驱散黑暗，人管理自然。"道"代表着自然法则，言说与沉默、光明与黑暗共处于一体，天、地、人、神共同服从自然法则。以自然法则作为终极原因，其用处是，作为真正的根源，它具有创造性。对于爱默生，本体论的思想就有两个选择："道"具有本末一体性，这使得人、自然和社会之间建立起了内在的关联性和统一性；"上帝"作为绝对权威，超越于人之上并且远离于人。"道"保持了作为终极根源的创生性和神秘性。而"上帝"作为造物者，一次性地完成了

---

① 黑格尔：《逻辑学》（下卷），杨一之译，北京：商务印书馆，2017 年，第 114 页。
② 张冲：《新编美国文学史》第一卷，上海：上海外语教育出版社，2000 年，第 281 页。

创世工作,人除了崇拜"上帝",期待获得救恩,一切似乎被预先规定了,自我和世界的重新创造已是不可能的事情。

爱默生深信人不可以被一种数学尺度测度,正如赫拉克利特所说,"人的灵魂不可测度。"爱默生相信人具有潜在的神性与道德完满性。他的"一粒原子,或一瞬之间窥见整个宇宙"的观点为自助提供了依据。既然人具有潜在的神性,在他看来"自助"就等于"神助"。爱默生的自助观拒绝了基督教"原罪",暗示人单靠自己并不能臻于道德完善,拒绝了人通过耶稣获得救恩的经验。自助与道家思想却很近似。老子认为,道不在外,乃是人人本身秉承的天地未分的一点性灵。如此,便为修道、得道提供了内在的依据。

二、放 弃 自 我

爱默生在散文《自助》中一个令人困惑的命题是:信靠自我取决于放弃自我。让读者感到困惑不解的是,信靠自我何以依赖放弃自我? 如何理解爱默生的"放弃"? 卡维尔在《思考爱默生》中对爱默生的"放弃"概念作了如下描述:

> "放弃"有多种含义。作为传道人的爱默生称之为激情,在他身上保留的新英格兰人称之为忘记自己,连同其他称呼,如离开、释放、松开、躲避或者解放。
>
> ……
>
> "放弃"的观念还意味着相信受苦的东西(如同旅行者"迷失了方向后,扔下马脖子上的缰绳,任凭动物凭借着本能去找到道路")。①

仅仅运用诸如"离开、释放、松开"这类概念来解释"放弃"的概念难以令人达到真正的理解,但是卡维尔接下来所用的一个比喻似乎可以帮助我们理解"放弃"。"放弃"如同"旅行者迷失了方向后,扔下马脖子上的缰绳,任凭动物凭借着本能去找到道路"。这句比喻包含着对西方传统理念的颠覆。西方自柏拉

---

① Stanley Cavell, *Emerson's Transcendental Edudies*, p. 18.

图建立的形而上学把理性视为思维的准则,本能的东西被视为混杂有灵魂低劣的成分。不仅哲学崇尚理性,基督教教义也强调理性对于生命的指引作用。根据基督教教义,人在这个世界上犹如迷失的羔羊,人需要牧羊人指引方向,跟随耶稣,聆听神的教诲和指引,从而能够重新找到人生的方向。在卡维尔看来,爱默生告诫人们在迷失方向的时候不是听从理性,而是凭借本能,换句话说,在这个世界上能够帮助我们寻找方向的是那富有神性的本能。乍一听来,放弃理性、凭借本能完全违背传统规范。可是,爱默生的"自助"思想是写给长期受西方传统文化熏陶和影响的美国知识分子的,他们面临着美国社会经济的快速发展,思想文化却沿袭古老的欧洲文化,贫瘠、苦闷和绝望困扰着当时的美国人。爱默生在《自助》中指明了一条出路:放弃自我,而后信靠自我。换句话说,放弃理性认识的自我,凭借本能或自然,重新发现自己的能量,进而重新发现自我的价值,重新找到人生的方向。爱默生的方法是一种逆向返回原初的方法,正如芭芭拉·帕克说的"下落"或"沉没"。引领进步的文化在建构完成之时,所建构的东西就取代了原初的东西,或者原初的内容被纳入建构起来的结构范式之中。爱默生所说的"放弃自我"就是向原初自我的转向。作为一种意识行动,它不是"上升",而是"沉没"到未建构之前的生存状态。

爱默生在《自助》中的一段话有助于清楚地理解"放弃"的含义:"当天才呼招我的时候,我避见我的父母、妻子和兄弟。我会在门楣上写上'心血来潮',我希望它比'心血来潮'更好,但是我们无法解释它。"[1]隐含在这句话中的是对《圣经》中一段经文的改写。根据《圣经》,耶稣告诫那些希望寻找上帝的人离开父母、妻子和兄弟,跟随他寻找道路。人在绝望、困惑或贫弱的时候会寻求神的帮助,爱默生用自我"天才"代替耶稣,用自然本能代替理性,因为爱默生相信只要"自我借助于顺服自然法则,就会变得有神性"。而获得神性并非依靠意志,而是依靠放弃自我、顺服自然法则,这是人"产生新的能量的时候"。

爱默生信仰上帝是来自内在的超越欲求。最初,这种欲求是和人本身紧密联系在一起的。但是,过去延续至今的宗教呈现为教义中的观念和形式的崇拜,内在事件性在观念形式的主导下消逝了。爱默生相信,真正的信仰不应

---

[1] Ralph Waldo Emerson, *The Complete Writings*, p. 143.

该是对自我的否定。然而,"放弃自我"同样是一种否定,如何理解? 爱默生的放弃意味着放弃理论,回避思想对思想的限制和约束。长期以来,西方传统文化强调理性对自我的控制力量。爱默生认为理性与非理性是相互补充、不能分割的整体,分割两者会导致自我的力量丧失,生命将成为无源之水,无本之木。爱默生认为人需要恢复自身的完整性,才能洞察神性,这不是凭借意志,而是服从灵魂——生命。爱默生描述人意识到神圣存在到来时的特征,"有时是一种狂喜,一种恍惚,或者,一种预感,有时则是道德情感最微弱的闪光"。[①]这些是感知的东西,与意志控制下的感受神圣不一样。前者是自发地、自然地在心灵出现的瞬间强烈感受,后者是教义启示的向着崇高的理性认识。

因此,放弃自我意味着去除概念自我,捕捉人潜在的稍纵即逝的神性,它存在于生命之中,存在于自然法则之中。爱默生在散文《圆》里说:"生命的方式奇妙无比:奇妙意味着放弃。"如果不是抱着概念不放,就会发现生命是一个自我创造、自我成长的过程。正如芭芭拉·帕克所说:"生命的方式要求放弃过去僵化的思想,去迎接超越过去思想的新的真理;这要求接受生命的原则。生命高于理性,甚至高于信仰,因为生命反抗所有对它的限制。"[②]

由于把追求道德完善与强调以生命为原则结合起来考虑,爱默生的"放弃自我"与道家思想的虚静自我有异曲同工之处。老子认为在追求道德完满的过程中,世人往往用语言描述道德,结果伤了本性;用知识概括道德,结果丢失了道德的真谛;用意志刻意实践道德,结果使道德变成伪道德。崇高的道德不能用概念总结,不能用意志控制,只能在自然而然的修道中让生命接近"道",而修道的过程即回归固有的天性,从合乎仁义的社会化"我"返回合乎天性的个体之"我"。修道的最终目的是上升到一种超越自我的境界。在此,天高地阔,视野顿开,万物自在自为;此时,个体的"我"转化为无限创生之境遇,"我"与万物同在。因此,老子用修道与求知作对比说:"为学者日益,闻道者日损。损之又损,以至于无为;无为而无不为。"[③]老子认为追求道德完善与追求知识不同,普通的知识追求方法,方法限制了知的范围,受限制的知难以开启道境,

---

① 爱默生:《爱默生散文选》,第 185 页。
② Barbara L. Packer, *Emerson's Fall: A New Interpretation of the Major Essays*, p. 137.
③ Roger T. Ames and David L. Hall, *Daodejing: Making This Life Significant*, p. 151.

更不用说使真实从遮蔽之中显露。道德知识不是主体再现客观实在,而是体悟生命在场的实在。因此,追求道德完善是一种去伪存真的过程,真实的显露就是去除概念、教条的东西,心无杂念,同时自然而然地含德,这是最高的道德境界。

老子强调"虚静自我"等否定性方法,通过不断否定、层层剥离、剔除外化之物,最后回归本真状态。爱默生强调放弃自我才能信靠自我,并且主张采用凭借神性的本能,凭借自然法则的运作,在一种简朴、自然而然的行为中找到力量。老子的虚静自我与爱默生的放弃自我都是追求道德完善的路径。首先,他们共同运用否定方法。老子运用"损、虚、无为"等词语来表达否定加之个体的外在思想;爱默生采用"放弃、离开、遗忘、自然而然"等词语表达否定思想。其次,他们共同把个体对道德完善的追求放到生命本体中,认为个体只有回到静观生命之流的自然状态,才能走出狭隘自私的、被概念捆绑着的小我,进入道德完善的真我状态。"放弃"与"虚静"都意味着"去除"外物,只有内心自由,个体才能明察万物的奥妙。爱默生在《自助》中说:"分析不能穿透万物的根源,我们却可以接受这个最高真理。"这种认识真理的方法与柏拉图的以凭借意志和忽视生命来把握真理的方法不同,而与老子重视生命个体性的真理观非常接近。

然而,爱默生的思想与老子的思想存在明显差异。爱默生的自我概念沿袭了西方传统的语汇并对此加以修正,用自然或本能修正片面的理性,强调整体性。而道家的自我不是作为认识概念,而是作为认识与感知的整体来被看待的,因此没有理智与情感、身体与灵魂的二分造成的冲突,只有自我与外物冲突造成的内心的躁动与不安。老子强调寂静无为作为一种实践方法是对儒家思想用条条框框压抑生命自然的反驳。

三、经 验 自 我

爱默生在《自助》中把自然或本能视为思想、美德和生命的根源,这是革命性的提法。在西方传统文化里,自然或本能是理性的对立面。自然与本能的分离始于古希腊柏拉图思想的确立。自然的方法是相对于理性方法而言的,是一切未经过谋制的人的综合思维与行动方式。然而,这种方式被视为不能带来文明进步,因此理性至上的观念把整体的人划分为人与非人部分。在基督教信仰中,对于人的理性的强调是把人自己的意志与上帝的意志作区分,上帝的意志是对人的意志的规范。亚当和夏娃被逐出伊甸园的事件象征人为个体意志行为担负起责任,这个事件的后果是人要面对自己的现世今生,通过终身劳动和忏悔来恢复与神的关系。在西方文化里,无论是哲学还是宗教,人的自然本性都被置于较低位置。这也说明为什么爱默生研究专家芭芭拉·帕克在解读爱默生的《自助》时说:"对他们(指西方读者)来说,本能代表动物性,自然而然代表不负责任,知觉意味着非理性。"①既然传统文化已经给自然、本能下了定义,为何爱默生把它们提升到自助根源的高度呢?

爱默生《自助》的目的是恢复人的本性,使人真实地存在于世。西方二元分离的方法导致非真实的存在。在爱默生眼里,宗教与哲学把自然放在次要位置上,提倡自然对精神的依赖,甚至于"根本没有把自然放在眼里"。人类被定义为外在于自然的存在,自然与人类的距离是如此遥远,以至于人根本无法与之进行道德上的融合。这导致了在阐释人类本质当中,自我被隔离在自然之外,人与自然紧张的二元关系也是人类无家可归感的关键。爱默生追本溯源,思索人与自然的原初关系,在《自然》中启示道:

> 人是废墟中的神……人是他自己的侏儒。他曾经被精神所渗透和溶化。自然间充沛着他满溢出来的热流。从他身上升腾起太阳和月亮……自然一度与他配合,现在却在远远地同他呼应了。人怯生生地敬畏他自己的作品。如今,男人是太阳的追随者,女人则追随月亮。②

爱默生借助神秘诗人传递这样的信息:古代人在自然中凭借的是完整的力量,即用理性与非理性合为一体的力量生活、创造。而现代人仅仅用他一半的力量——理解力来生活。结果,人们以偏概全,因偏狭和固执而看不到人生的真相,成为物质的奴隶、思想的奴隶、集团的奴隶,首当其冲的是自我的奴隶。人在劳碌、疲累和厌倦之中逐渐迷失自我,失去生存家园。爱默生指出:"世界

---

① Barbara L. Packer, *Emerson's Fall: A New Interpretation of the Major Essays*, p.138.
② 爱默生:《爱默生散文选》,第43页。

之所以缺乏统一，呈现出破碎混乱的状况，原因就在于自我与自我的分裂。"19世纪的人们表现出理性与感性的分裂、意识与无意识之间的分裂，理性成为工具主导着人的思维和生活，结果造成现代人异化。爱默生认为消除异化意味着从"罪的负担下解放出来"，自然而然地、真实地生活。

　　究竟自然而然意味着什么？爱默生认为，基于人的整体充实的观念，顺从外来帮助或者服从自我自我性。但这不意味着把自助视为不受一切约束的自由权利，也不等于肤浅的冲动。自然作为构成人的理性与情感的根源，它对于人的自我认识是必不可少的基础。如果一个年轻人用被划分的理性部分认识和指导生活，他是没有根基的。这表明理性提供给人们确定的认识，自然而然的本性提供给人对关系中的不确定的认识——或许在关系中产生的不是认识，而是一种交互产生的力量。因此，爱默生强调自然而然作为"自助"的根源，这就把以理性作为根源向真实的本体追溯。自然而然是人的本性中自发的东西，它将理性的主动与情感的受动统为一体，呈现出双方的过渡状态，保持一种动态的平衡，处于意识与无意识的互动与互补的趋势之中。爱默生在他的日记中说明了自然而然的自发流动状态："对于我们来说，存在着一种真实的存在，一个合适的地方……答案就是：人必须使自己处于生命河流的中间地带，使生命的大能与智慧流向我们。"之后，"他就会毫不费力地来到真理面前，获得适当的、圆满的满足。"[1]这些句子充满了东方思想的色彩，"处于生命河流的中间地带"关照思维，意识的焦点不再是一个固定的点，而是在生命的场域中的观点。在焦点与场域之中的自我感知和认识与点对点的线性认识截然不同。爱默生正是以东方的生命观照方法的中观协调抵御理性方法的僵硬。

　　自然而然包含着整体观，即以事物的关联与互动来平等地看待对立双方的立场，以此获得一种超验的视角看待道德和世界。爱默生的散文《补偿》表达了超验视角："人的力量来自软弱……伟人总是甘于渺小。"在爱默生看来，世界是一个不可分割的整体，我们却总是追求片面，分割整体，孤立它。然而，自然超越人的意志，我们不可能分割事物的两面性，而只取取悦人的一面，因

---

[1] Ralph Waldo Emerson, *The Complete Writings*, p. 167.

为"驱出自然，她将疾奔而回"。借助于整体思维方法，爱默生给19世纪初遇到伦理冲突问题的美国人，指明了解决问题的关键，即顺从超越意志的自然法则。

由于自然而然是一种过渡的方法，它所起的作用与道家的修道思想更加接近。

在老子五千言的《道德经》中，"自然"一词反复出现，这反映了老子对于自然的尊重。自然作为老子哲学的中心主题贯穿整本书。例如，第五十一章描述了自然的原理是行而上学的基础："道生之，德蓄之，物形之，势成之。是以万物莫不尊道而贵德。"①这几句表明，自然是道与德的根源。世上的尊贵与权贵相连，而权贵都不能长久，道和德的尊贵虽然与官衔无任何关联，却遵循自然。道和德的地位是自然赋予的，不是人赋予的。自然的概念成为老子思想的核心价值。《道德经》第二十五章清楚地解释了人、天、地、道和自然的关系："道大，天大，地大，王亦大。国中有四大，而王居其一焉。人法地，地法天，天法道，道法自然。"②因此，道是万物存在的根源，道遵循的就是自然法则。换句话说，自然体现了道的最高价值原则。自然在这里是超越一切人为控制的，同时又存在于万物与人自身的法则中。

爱默生强调自我的根源是自然，这一观点违背了基督教关于上帝是造物主的教义，也打破了西方读者把理性视作自我根源的习惯。但是，爱默生认为西方文明是从认识自我开始的。苏格拉底把认识自然转换为认识自我，当人类文明进程走过了两千多年，到了19世纪，认识自我的方法应该向人的存在推进，包括人的情感、知觉、意志和欲望。

爱默生写作《自助》有其时代思想氛围的激发因素。德国唯心主义观念开始了现代人的主体批判，康德认为理性不仅为自己建立了规范，而且还有未被规范的属于构成性的理性能力。虽然这后一种理性不能够对事物作确定的把握，但是却能够知道事物之间的联系与力量的来去。前一种理性运用的是知性理解力，后一种运用的是理性的直觉综合力。费希特认为自我无法认识自身，但是自我通过超验的绝对知识展开各种行动，这些行动就是自我的本质。

---

① Roger T. Ames and David L. Hall, *Daodejing: Making This Life Significant*, p. 156.
② 同上，p. 115。

爱默生从德国思想家了解到超验主义的广阔，基于新的超验方法对古希腊思想遗产进行反思，自我的根基从逻辑理性向感性直观溯源，从而获得逻辑理性的来源——超验理性。① 超验理性相对于逻辑理性具有更大、更包容的视野，尽管它还处于不确定阶段，但是它为思想提供了丰富的资源。这在爱默生看来，美国身份确认需要谱系法的认识和宽泛包容的视域。因此，德国思想家的超验方法更接近美国思想氛围，他们重新阐释笛卡尔"我思故我在"的命题，开出两种认识道路。在莱布尼茨的《人类理智新论》中，"我思"被理解为"我存在"，并且作者称这是直接经验的命题，而不是认识论上的逻辑命题。莱布尼茨认为"只有上帝能够看见这两个词语'我'与'存在'是如何联系在一起的"。② 康德沿着莱布尼茨关于自我根源的讨论方向，把"我思故我在"理解为经验性命题。但是康德是通过理性与感性两种功能的区分提出这个结论的。这无疑给了爱默生一个很好的示范，即一个问题放在两种模式下进行考察，每一种模式都具有某种阐释性优势。出于选择性的重构需要，用其中一种模式批判另外一种模式的不合时宜，这是德国思想家们试图根据本国情况所做的尝试。在康德与莱布尼茨的关系中，爱默生发现了中国古典思想的基础性作用，即自然方法作为一种不确定的总体认识方法提供了一种过渡和说明。爱默生从德国思想家康德获得超验主义术语，并且认为超验主义哲学的最实用之处在于它的人本主义精神。德国哲学家通过反思性地阐释古希腊哲学而获得一种新思想，并创造了一种新的工具理性。虽然爱默生受德国思想的影响，但是他拒绝运用德国理性概念的表述模式，而是运用跨文化思想的方法，选择性地运用了中国古典道学对于自我的认识并加以重构。于是，爱默生的自我，或美国自我的辨识就在话语表述中体现，其焦点集中于变化的无限性与独特性，因为世界和理想都处于无限变化之中。因此，把自然作为认识自我的源头具有以下意义。

首先，以自然法则作为自助的根据是对社会现实采取的批判和否定态度，把现实世界看作违反自然、束缚创新思想的世界。爱默生在《自助》中说："听话乖顺不是造成几点虚假，而是带来全面的虚假……他们所指的二不是真正

① 关于超验理性，见本书第 11 章"超验主义来源与发展"。
② 莱布尼茨：《人类理智新论》，北京：商务印书馆，1982 年，第 411 页。

的二,他们所说的四也不是真正的四,他们所说的每一个字眼都让我们烦恼,而我们不知道从何处开始修正。"①爱默生批评基督教的"原罪"思想,认为其目的是让人否定自己,从而寻求外在的神助。老子是认识到异化现象并发出反异化呼声的思想家。道家认为,仁义之道在远古的时候是自然而然的东西。随着社会的发展,原有的纯真德性受到破坏,人的自然本性受到压制,妨碍了人的自由与自主创造性。爱默生与老子均提倡道德不是从上到下的强制规定,也不是从外到内的干涉,而是来自人的内心,秉承天地的灵性。由于相信人本身具有道德完善的灵性,因此,强加给人的道德信条只会扭曲人真正的道德情感,造成自我的分裂。

其次,爱默生用自然的观点表达生命的自由和思想的自主性。美国学者史蒂芬·维澈(Stephan Whicher)在《自由与宿命》一书中敏锐地指出了爱默生赞美自然、重新审视自然的目的:"……他想传递的信息是人的完全的独立性。这个思想的意图不是道德,而是自由与自主。"②生命的自由蕴含着思想的自由,解放思想首先要解决自我的归属问题。爱默生把自然法则解释为自我思想、美德和知识的根源,目的是把人从理性范式下解放出来,并声称"世上唯一的罪过就是局限"。③ 爱默生以无限上的无限反对智能技艺的无限,因为美国需要首先解放思想,以事实为根据,强调个体存在的重要性,增强对个体天赋才能的信心。信心带来不一样的眼界。爱默生自助的根源以思想自由独立为目的,因此,他告诫人们,"羡慕意味着无知""模仿意味着自杀""当美好与生命降临时……其方式、思想和美好完全是陌生的、崭新的,没有先例与经验"。④道家哲学与陌生、新异和创新的关联之处在于追求一种境界,在此寻求成为真人,然后获得真知,而真人真知与个人修道抵达超验的至高境界密切相关。这时的自我在心灵上似乎远离俗世,吸收宇宙能量和环境的信息。由于人在一种超验的境界获得能量与信息,这时的视角处于场域与焦点的互动关系,所获得的知识超出点对点的线性知识,是一种从纵深向思者发出的信息,这是一种新异的东西。爱默生探求中国思想的广大无际,其产生的结果是他寻觅天赋

① Ralph Waldo Emerson, *The Complete Writings*, p. 141.
② Harold Bloom, *Modern Critical Interpretations: Emerson's Essays*, p. 96.
③ 爱默生:《爱默生散文选》,第 200 页。
④ Ralph Waldo Emerson, *The Complete Writings*, p. 145.

的资源——天赋高于才能技艺。他极力抵御模仿,抵御顺从,反抗逻辑一致,都是朝高于技艺的天赋"乞求"的迈进。正如爱默生把一切天赋归功于神,这也否定了训练的技艺对于天赋的遮蔽。

中国思想对于爱默生的吸引之处在于,中国思想没有否定自然,而是尊重自然,这种思想的优点是保持人与自然的和谐相处。以老庄为代表的道家将个体生命置于宇宙大生命意识的"道"之中,以回归天地自然的本根来确立人生的依托,指出生命的自由和超验的最高境界在于天人合一。中国古典思想对于19世纪的爱默生显得既有广大的视野,又有自由与自主意识的空间。这些优点都是相对于西方传统的精确界定的理性方式而突显。它比西方的理性范式更具人本主义的价值与超验的空间。

但是爱默生希望继续前进,前进的道路不是在思想的结果之处开始,而是必须首先返回自然并以自然为中介,建立新的思想理论。爱默生认为美国思想可以综合欧亚两种方法:自然的方法和人为规定的方法,或者亚洲多极方法与欧洲单一方法。创新地表达是爱默生的毕生追求,他需要重新回到西方思想开端之前,通过直面自然,感受真理从自然中的涌现,这将会是构成"自我"的东西。只有在自然之中才能找到自我,从而确认自我。因此,爱默生把自然作为中介,而不是把自然作为目的地。此外,老子的语言观对爱默生也有启发,因为老子认为语言有限,沉默隐藏着真理,不应忽视,说出的话语未尽其意,这些哲理之思表现出对自然的尊敬。爱默生提出"人的一半在于表达",并且认为语言应该追随变化的自然,而不是反过来让语言限制并捆绑生命,这些都可视为受中国思想影响之下对西方传统文化二元论的一种反驳。爱默生希望把无意识和意识、本能和意志力综合起来,目的是像希腊先哲一样重新阐释人与自然和神的关系。

爱默生以"自助"作为"神助",提出自助的根源是自然或本能,强调人不应该外求,而应该用直觉内省,学会观察内心闪过的那一束光明,摒弃说教式的上帝。这不仅使人对上帝产生不灭的信心,同时对自我的价值给予了充分的肯定。更重要的是,自助成为美国文化思想与创造的源头活水。自助即信仰自然法则,而"自然法则"与中国古代哲学思想精髓"道"有着奇妙的契合。在老子的哲学思想中,万物创生、转化和发展的根源是道——自然法则。而以自然法则作为终极因,其价值意蕴在于强调"活的精神"和变化的无限性。在爱默生相信自我与放弃自我的辩证思想中渗透着道家的否定性思想。爱默生反对传统文化对自我的定义——定义势必违反"活的精神",而以自然法则作为终极因具有"道"的否定性特征,目的是否定神的具体性、有限性,最终肯定神的普遍性、无限性和整体性。爱默生相信人潜在的神性和无限的可能性,而只有在自然而然的行为中,人才会变得有力量。自我借助于顺服这个法则,就会变得有神性,从而发挥人的无限潜力。

爱默生以自然法则为自助的根本原因是对先哲思想加以取舍、融合、转换,从而为其所用,特别是在认识方法上偏向于综合,尤其能看到对立面的统一性,诸如是非、有无、善恶等。在综合与对立统一的方法下,爱默生的自我不再是"理论知识中得到酣畅表达的理性的原则"[1],它既非一种实体,也非一种功能,而是指向自然法则。爱默生的《自助》蕴含着深刻的生命意识和创新意识。自助思想为19世纪的美国人民提供了新的解释依据,为美国知识分子创造美国文化指明了方向,即依靠自然法则"放弃过去僵化的思想,去迎接超越过去思想的新的真理"。

---

[1] 郝大维、安乐哲:《期望中国——中西哲学文化比较》,施忠连等译,上海:学林出版社,2005年,第86页。

第三章　超验辩证法

大多数爱默生的研究者都认为，某种意义上，辩证法是爱默生散文的结构特点。撰写《美国文艺复兴》的著名评论家麦提森(Matthiessen)注意到爱默生"根深蒂固的辩证看问题的习惯"。评论家布鲁姆说："评论界认为，正是爱默生矛盾双方力量转化的思想，而不是他的统一观点，成为他的思想遗产。"①这些学者对于爱默生的辩证思想从不同侧面进行分析，仅仅从西方人的思维视角和方法来解释，而不是把他的作品作为永恒的智慧范本来解读。因此，学术界对爱默生辩证思想折射出的复杂性、神秘性以及实用性仍然需要进一步的研究与认识。辩证法作为爱默生思想的核心方法，与传统分析性辩证法不同，采用综合运用辩证法阐述思想。思想不是一种非此即彼的二分法，而是彼此相依、相互渗透、相互转化的一种模式，这就需要一种有别于传统辩证方法的方法去鉴别和批评一些固定的概念与教条，同时需要一种能够激活思想的方法，或能够补充既有思想的片面性的方法。为满足这些需要，爱默生的辩证方法呈现出灵活性、流动性与可转化的特点，代表一种生活艺术与智慧。本章第一部分介绍爱默生辩证思想与中国道的辩证方法的近似，即注重实践的辩证法的特点。第二部分介绍爱默生辩证法的实用性，凸显了作为永恒推动力的中心生命的辩证运动，它具有"比创造优越一点，比知识和思想也优越，所以把它所有的圆都包含进去"的特点。第三部分论述爱默生把辩证法看作"科学中的科学"以及辩证法与哲学的密切关联性，在根源上揭示了辩证法的力量来源与形式关系，为美国实用主义哲学做了预备工作。

---

① Harold Bloom，*Modern Critical Interpretations: Emerson's Essays*，p. 162.

一、辩证原理及特点

万物皆有两面的观点是爱默生的基本思想,同时也构成了几乎所有爱默生作品的内容和结构。例如,在《自然》中,爱默生探查了自然与精神的关系并得出结论:精神作为万物的起源与宇宙的第一因,并非独立于自然万物而存在,而是贯穿自然的全部并从内作用于万物。[①] 此外,在散文《自然》中,爱默生还探查了我们认识自然过程中的两种感觉——流变的自然和稳定的自然。前者是现实中的体验,后者是一种带着主观色彩的心理补偿。无论是自然与精神,还是流变的自然与稳定的自然,爱默生认为这两者是既对立冲突,又相互关联、不可分割的一对矛盾。爱默生在散文《补偿》中描述了这种辩证法:

> 反向性,又称作用与反作用,在自然界中我们随处可见:明暗、冷热、潮涨潮落、雌雄异性;生物的缘起与终结,心脏的收缩和舒张,流体、声波的起伏……自然万物不可避免地被双重性平分为两半,因而每一事物都意味着与其相配的另一半的存在,二者合并才是完整的。例如,精神与物质、男性与女性、主观和客观,还有出入、动静、是否。[②]

在爱默生看来,宇宙的双重性体现在它的每一个部分。整体反映在每一个微小的个体之中,甚至存在于人的品性和处境之中。但是,爱默生绝非通过形式逻辑进行思辨,如果那样会限定思想的流动与转化,更不用说让澎湃的激情之火燃烧起来。爱默生的辩证法没有继承辩证逻辑的衣钵,他拒斥连贯一致的概念,更加青睐使用不同的词语表达一个意思。通过众多词语得到定义的语义不仅不至于贫乏,相反还能收到意味深长的效果。总之,爱默生的辩证思想不是非此即彼的二分法,而是让双方彼此相依、相互渗透与相互转化。爱默生在谈到人的品性和处境时说:"满即为损,损即是满;甜中有酸;恶中也有善……智慧的获得总是伴随着谬误的产生;失之东隅,得之桑榆;有得必有

---

① Ralph Waldo Emerson, *The Complete Writings*, p. 20.
② 爱默生:《爱默生随笔》,第 107 页。

失。"①这种似是而非的话语在西方人的写作中是鲜见的。古希腊哲学从巴门尼德(Parmenides)开始就严格规范了宇宙秩序,"存在即为存在,不存在即为不存在",有无和善恶不能混谈,必须切割分离才能区分真理与谬误。但是爱默生却认为:"宇宙浓缩于一颗露珠之中……宇宙的价值深入到每一细微之处。善与恶并存,亲与疏相处,力量与局限共同存在。"②爱默生用一种整体观反对片面、孤立地将矛盾双方割裂开来。他说:"原因与结果、方法与目的、种子与果实都是不可分割的;因为结果早已在原因中成熟,目的与手段共存,果实孕育在种子中。"③爱默生的大多数作品均表现出这种相互包含、相互渗透的辩证思想。然而,从逻辑上来看,爱默生的上述话语表述似薄雾笼罩,模糊不清。

老子相信万物相生相成、相互关联。老子思想表现出独特的思辨方式。例如,老子说:"有无相生,难易相成,长短相形,高下相倾,声音相和,前后相随。"④事物以关联方式相互指涉参照,于是"有无""难易""长短""高下""声音"和"前后"像孪生兄弟一样,一方不存在,另一方就活得不安生。人的价值与事物的关系有相似的对位互指特性。例如,老子说:"天下皆知美之为美,斯恶已;皆知善之为善,斯不善已。"⑤老子认为任何事物都有它的对立面,同时因为它的对立面而形成,没有丑,就没有美,没有恶,就没有善。老子认为"相反相成"的作用是推动事物发展的力量。老子在此基础上进一步说明相反对立的状态是经常互相转化的。他在《道德经》第五十八章说:"祸兮,福之所倚;福兮,祸之所伏。"⑥在老子看来,祸患未必不藏着幸福的因素;幸福的事情也未必不蕴藏着祸患的因子,这个道理在经验世界中处处可见。我们经常可以看到一个人处于祸患的境遇中,逆境可能会激发他奋斗精神,使他迈向新的广阔道路;而当一个人处于幸福的境遇中,反倒可能养成怠惰的习惯,终因不思进取而走向颓废。世事如祸福相倚一般互相对立、互相转化。关于对立面的转化

---

① 爱默生:《爱默生随笔》,第107页。
② 同上,第109页。
③ 同上,第111页。
④ Roger T. Ames and David L. Hall, *Daodejing: Making This Life Significant*, p. 79.
⑤ 同上,p. 79.
⑥ 同上,p. 167。

的规律,老子在《道德经》第二十二章中说得很多:"曲则全,枉则直,洼则盈,敝则新,少则得,多则惑。"①自然界中月缺月盈、季节交替变化无不遵循自然的规律,这个规律同样可以适用于社会生活——谦虚使人得到尊敬,过多追求物质反而使人的心灵失去安宁。

老子的万物相生相成、相互关联的模式可以用阴阳划分为两组,分别用A、B来表示阳与阴,AB两组的每一项都成双对称:

	A:阳	B:阴
1	天	地
2	白天	黑夜
3	上	下
4	老	新
5	贵	贱
6	话语	沉默
7	控制	接受
8	动	静
9	男人	女人
10	有	无

如果用 A 与 B 或阳与阴两组对称的模式考察爱默生思想,就可以轻易地在爱默生的许多作品中找到类似的二元观。例如,爱默生的代表作《自然》《自助》和《经验》探讨了自然与精神的关系,即天与地的关系、行而上与行而下、新与旧的关系以及动与静的关系;在散文《唯名论者与唯实论者》中,爱默生探讨了话语与沉默的关系、控制与接受的关系;在散文《教育》中,探讨了控制与接受、动与静、男人与女人、有与无的关系。毫无疑问,爱默生不知疲倦地用二分

---

① Roger T. Ames and David L. Hall, *Daodejing: Making This Life Significant*, p. 110.

法看宇宙世界,这构成了他的思维习惯。辩证法既构成了爱默生散文结构的特征,也代表着爱默生思想的核心。爱默生与老子辩证法的一个基本特点是它并非纯思辨的概念辩证法,而是一种以社会行为和人世经验为真正立足点的"实践辩证法",是一种避免僵化的生活艺术。

二、实用辩证思想

爱默生不仅强调万物皆有两面性,矛盾的双方相互依存、相互转化,而且十分重视矛盾对立与冲突所产生的力量。在他看来,"在各种因素中,反作用的因素极其重要。"肯定的力量离不开否定的力量,准确地说,真正的力量来自失败、来自弱点。为此,爱默生采用了一种逆向思维方法说,"贫穷便是福""事情越糟越好""人的力量来自软弱""伟人总是甘为渺小"[①]。这种逆向思维的方法与老子的否定辩证法有着奇妙的契合。

老子的辩证思维方式突出地体现在"否定辩证法"。所谓"否定辩证法"主要是运用逆向思维的手段,注重从否定的、负的方面去认识和描述对象,通过"否定之否定"揭示对象的辩证本质。[②] 老子在《道德经》第四十五章说:"大成若缺,其用不蔽。大盈若冲,其用不穷。"[③]成与缺、盈与空是生活经验遇到的现象,当人们渴望完满结果的时候,往往忽视完满的过程性。根据老子过程性的宇宙观点,经验的过程世界总是开放的,因此每一过程中的现象是暂时的、过渡的,过程代表着流动与出新,包含着转化的动力与可能性。不变是暂时的,变化是必然的。这种过程性的宇宙给人的印象就是世界上没有完美的事物,不完美总是朝向完美而运动。因为缺失的东西对欲望者构成一种努力向前的动力,经验生活包含了矛盾双方关系,使人们对未来的盼望包含着苦涩与甘甜。于是,生活实践本身蕴涵着一种辩证法,它通过时间而使原初的事物境况发生改变,认识论上的辩证法往往通过概念运动使概念从一方向另一方变化,但是它着眼于知性理解而不是诉诸实践行动。爱默生认为中国道家思想是实践的,也是认识的,这种认识需要通过实践才能被真正理解,而认识与实践结

---

① 爱默生:《爱默生随笔》,第 178 页。
② Roger T. Ames and David L. Hall, *Daodejing: Making This Life Significant*, p. 110.
③ 同上,p. 147.

合弥补了西方辩证法仅仅注重认识的不足。

老子的"大成若缺，其用不穷"的思想在爱默生"我是自然中的神；我也是墙边上的草"的话语中得到回应。乍一看，这两句话代表着情绪的起伏波动。仔细研究，两句话被赋予否定的能动功能。如果把这两句视为一个圆，"我是墙边上的草"是圆的外围，而"我是自然中的神"则是创造性的中心。该句以其结构上的平衡赋予两种情绪或价值观以平等地位。上帝与杂草代表着人的崇高与平凡两种感觉，两种感觉相互依存又相互否定。杂草是个体体验到生命意义缺失的感觉。然而，正是这种杂草般的荒凉感和生命意义缺失的悲怆情怀唤起了内心对神的渴望。爱默生曾经解释，"自助"思想的奥义在于从自我的贫乏转化为自我的富足。

老子用阴阳模式解释万物辩证运动，爱默生用圆作为一种意象，代表着万物辩证运动的深刻含义。爱默生的散文《圆》隐含的否定类似于道学中的阴阳互相转化。阴阳相互关联又相互否定是致使转化的永恒的推动力。爱默生认为，圆形运动永恒的推动力是中心生命，它"比创造优越一点，比知识和思想也优越，所以把它所有的圆都包含进去了"。[①] 对于老子来说，阴阳合为一个圆，阳代表着已经形成的、确定的东西；阴则代表着无形的、未确定的东西。阴阳相生，相互转化。老子在《道德经》第二章中说："有无相生也。"假如我们把老子的这个概念运用到爱默生圆形意象中，就能够理解圆形之谜内推和拉的张力。爱默生《圆》中的"精神力量"不断画着圆周界线，而圆内的"生命力量"不断打破这些界线。无论是老子的阴阳相生，还是爱默生的圆形运动，都强调否定是万物本体内在运动的根源。

美国学者芭芭拉·帕克在《爱默生的下落》中对于爱默生的圆形之谜给出这样的解释："爱默生在散文《圆》中所要表达的意义，事实上很像研究布莱克(Blake)[②]的学者所说的神秘的循环———一种把历史视为由秩序与能量的对立运动所产生无止境的辩证统一的历史观。"[③]在爱默生看来，这种对立的力量就是"思想的力量"与"生命的力量"之间的张力。在圆的隐喻中，思想构成圆的

① 爱默生：《爱默生随笔》，第 179 页。
② 威廉·布莱克(1757—1827)，英国第一位重要的浪漫主义诗人、版画家，英国文学史上最重要的伟大诗人之一，虔诚的基督教徒。
③ Barbara L. Packer, *Emerson's Fall: A New Interpretation of the Major Essays*, p. 133.

边缘,是一种划分范围的界限;生命位于这个圆的中间,不断地敞开并显示自己,要求打破思想已经对其划分的界限。思想与生命的相互运动构成了圆形运动,更准确地说是一种螺旋式的运动。世界是永远的循环过程,无论多么短暂,都是一个否定的过程和更新创造的过程。

基于这种辩证统一的历史观,爱默生在创造美国文化的过程中有效地运用否定辩证法,即从负的方面入手来解决令人头疼的文化荒芜的问题。爱默生在创造美国文化的过程中首先面对的是 19 世纪初美国稀薄的文化氛围。然而,爱默生认为,"荒芜"不是像许多知识分子所认为的一件坏事,它孕育着创新发展的机会;"荒芜"既可以被视为令人沮丧的境况,也可以预示"繁荣"的前景。于是,"荒芜"衡量着人们怎样看待这个问题的视角并检验看者是否拥有想象力。拥有多视角和充分想象力的人可以抓住机遇创造想象中的场景,变可能性为真实性,就像美国诗人华莱士·史蒂文斯(Wallace Stevens)的诗歌《岩石》所表达的那样:

> 仿佛无蕴含着有,
> 一个富有生命力的假设存在于恒久寒冷瞬间的幻象,
> 绿叶来了,覆盖了高耸的岩石,
> 丁香花开了,仿佛心赫然明亮,
> 欢呼这光明的景致,因为心,
> 在看见光明的时候得到满足。①

综观人类文化,"有"均产生于"无","上帝"出自人类在蛮荒时代体验个体弱小而对强力的需要。史蒂文斯用"岩石"象征荒凉,用"丁香花"代表富足。岩石上长出绿叶并开出丁香花暗示着想象力产生的奇迹。爱默生在散文《经验》中说:"上帝是在荒凉岩石上出现的。这种需要在道德上成为自信的源泉,我们必须紧紧抓住这种荒凉感觉……才能够坚定地把握生活的轴心。"②爱默

---

① Richard Poirier, *The Renewal of Literature*, *Emerson Reflection*, New Haren: Yale University Press, 1988, p. 11.
② 爱默生:《爱默生随笔》,第 233 页。

生认识到矛盾对立双方的相互作用和相互转化的关系,号召人们"紧紧抓住这种荒凉感",以逆向思维的方法激励美国学者的创新精神。19世纪的美国学者面临着继承欧洲古老文化和创造美国民族文化两种选择。前者显然不能代表美国思想的真正独立,创新是必经之路。而走创新之路意味着面临美国短暂的历史与荒芜的文化氛围,要面向未来,开拓新的思想疆域,发现古老欧洲文化所缺失的领域并有所建树。爱默生深得欧洲传统文化的要义,同时着迷于东方思想的智慧。在对待诸如自然与精神、沉默与话语、被动与主动、接受与控制等二元问题上时,西方传统文化采用二元对立的观点,强调精神、话语、主动和控制。而中国道家思想采用矛盾双方相互渗透和转化的态度,以一种整体观看待事物的两面性,对立双方既是差异又是统一。爱默生辩证地看待历史的"荒芜"和"紧紧抓住这种荒凉感",体现着道家思想的智慧。这种辩证思想具有实践意义,是对欧洲古老哲学强调认识的一种修订。

三、实用主义哲学的预备

爱默生在《怀疑论者蒙田》中强调:"我们想要的哲学是一种流动、灵活的哲学。"[①]辩证法就是哲学,哲学就是用辩证方法探问宇宙世界的真相。在《哲学家柏拉图》中,爱默生把辩证法看作"科学中的科学"并指出辩证法与哲学实际上是同义词:

> 哲学,即思想对世界意义的阐释,本质上存在着二分法:"一"和"二"——1. 统一性或同一性;2. 多样性。我们把万物统一起来就是因为我们发现了渗透于万物的那种法则,就是因为发现了表面的差异和深层的相似。然而每一种精神活动——正是这种对同一性或"一"的知觉认出了事物的差异。我们说话和思考时不能不包含同一与他者。[②]

虽然爱默生推崇柏拉图哲学辩证的思维方法,但是他并没有完全继承其哲学观点和方法,没有把宇宙秩序锁定在理性构建下的理想王国里。柏拉图

---

① 爱默生:《爱默生随笔》,第333页。
② 同上,第278页。

创造理念世界来与所谓"凌乱无序的总体现象抗衡"。而这样做的目的是建造永久不变的理念体系，以抗拒流动的自然。因此，柏拉图思想带有强烈的理想主义色彩。爱默生也是理想主义者并且充满激情。他看到理想主义十分符合人的意愿，代表一种主体意识，显示人在大千世界中的立定精神。然而，对理想主义的偏好没有阻碍爱默生尊重现实。现实不仅是感受所有传承知识与实际生活同一和差异的场所，而且是实现理想的出发地。他看到现实转瞬即逝，令人琢磨不定，但是相对于那些固定的概念知识和教条，现实却充满着生机活力，带给经验触动，又刺激思想的活跃。创新正蕴藏在确定与不确定交织一体的现实中。爱默生认为宇宙的最高真理难以用语言去把握。最高真理在知性上呈现为一，总是在那里，是静态的，因而是符合心愿的。最高真理在现实上呈现为杂多繁复、变化不定、转瞬即逝；在传统哲学中，理想与现实的关系被切割分离成一与多的关系。在爱默生的哲学中，一与多的关系是你中有我，我中有你，相互渗透。

爱默生的辩证法与黑格尔的辩证法有着相似性。黑格尔辩证法的灵魂就是否定。否定不仅是逻辑上否定的陈述句，这只是一种思维方法和技巧，否定还具有本体论的意义，是事物本身的规律。黑格尔把否定看成事物运动的推动原则和创造原则。[①] 爱默生继承了黑格尔辩证法活的灵魂，因为他看到，生命由秩序和力量两种成分组成，而每一种力量均对另一种力量构成否定，"自然注定要和精神一起来解放我们"。"自然不是静止的，而是流动的。精神在不断地创造它。"[②]精神与自然分别代表着主观与客观，人不能用语言终结性地概括自然运动，"既然思想家没有根据（对宇宙）作肯定或否定的断言——为什么不悬置判断。我厌倦了这些教条……我既不肯定也不否定。我只是在这里试验。"[③]由于认识到自然与精神的相互作用与相互否定，事物本身呈现出不断地超越自身的推动力与创新活动，因此，语言的运用显得微妙起来。爱默生运用近乎老子似是而非的矛盾话语来表达事物的否定性运动。"话语比沉默好，沉默比话语好：万物相连、相斥，事情既是，又同时不是""我始终被打败，可是

---

① 邓晓芒：《黑格尔辩证法讲演录》，第 61 页。
② 爱默生：《爱默生散文选》，第 46 页。
③ Ralph Waldo Emerson，*The Complete Writings*，p. 373.

我是为了胜利而诞生。"这样的表述在西方人看来语义模糊不清，前后矛盾。而在爱默生眼里，对于不断变化的自然，语言仅仅反映了自然圆形运动弧线上的一些小点，而自然总是以斯芬克斯之谜那样的问题向追问谜底的人提出挑战。因此，要体现自然的真正面目，就要让语言追踪自然，而不是让语言主宰和限定自然。爱默生这种似是而非活用语言的方法与老子的语言观趋同，老子怀疑语言的充分性，提出"知者不言，言者不知"和"正言若反"的理论。

爱默生在1841年秋的一篇日记中描述了辩证思维方法能够激发灵感并产生新的思想内容：

> 哲学家每日忙于从事的游戏就是以自己的方式找到每一个事物的上下两面。当他看到了外面，他转过去看另一面。对此游戏，我们永不厌倦。因为每当看到事物的另一面时，我们对于两面截然不同感到惊诧，首和尾，用哲学语言称之为有限和无限，可视或精神，相对与绝对，现象和永恒，以及许多有限的名称。①

爱默生思索着哲学问题，而辩证法成为他思想的核心。然而，爱默生的辩证法既不同于柏拉图以来西方哲学推崇二元分离的逻辑思辨哲学，也不同于黑格尔的辩证法。黑格尔的辩证思想是建立在逻辑概念的基础上，他让"纯有"进入"纯无"代表着反思后的再反思，思想认识运动不是停留在知性对感性的一次超越后的停止，而是通过追溯"纯有"的来源，生成"变"的概念。黑格尔的辩证思维比柏拉图的辩证思想有了推进，柏拉图思想是理念对感官认识的超越，黑格尔辩证法在此基础上进行再反思，形成第二次超感官的绝对理念。这样，概念不再是孤立静止的东西，而是发生变化运动，引起变化的就是隐藏在概念背后神秘的东西。因此，表面上看，思想观念的各个环节进行过渡运动，根本上是绝对精神在运动，在此蕴含着自然、精神与未知的神秘。尽管黑格尔的辩证法将柏拉图的辩证法推进到物，但是黑格尔的宇宙观沿袭着传统哲学的单一秩序。而爱默生的辩证法的基础不是绝对精神，而是一种

---

① 爱默生：《爱默生随笔》，第 327 页。

代表着生命的能动精神,这是爱默生的哲学与传统哲学根本的区别所在。作为宇宙的中心或根源,创造万物又存在于万物之中的大化之气不是一种静止的假定前提,而是一种能动的、富有生命力的本质。不仅宇宙的第一因是能动变化的,表述它们的语言也是谨慎和多样的。爱默生尝试用不同语词表达万物根源:"精神""超灵""神""普遍存在""大写的自我"等,来实现用语词追随自然奥秘的观念。爱默生在散文《经验》中比较了许多宇宙第一因的提法后,指出中国圣人孟子提出的"浩然之气"最能准确表达万物的根源。[①] 孟子的"浩然之气"等同于老子的最高原则道——一种能动的、富有生命力的本质。

对于这样宇宙根源,人必须借助直觉思维而不是逻辑思维,遵从生命体验而不是依据知识推理。由于能动的精神创造万物,改变着万物,因此万物呈现的形式是暂时的、过渡的、转化的。基于这样的宇宙观,爱默生要求人们用辩证的方法看待事物:偏向同一或过分地追求个体都有失公允和智慧。在1841年4月4日的一则日记中,爱默生写道:

> 守中,即平衡归纳能力和个性化的能力才能造就诗人:诗人需要具备意志与放弃意志,需要社交场合的幽默与独处的幽默。[②]

在《怀疑论者蒙田》中,爱默生评论守中的智慧:

> 我知道人的力量不在二分的一端,而在于避免走极端。至少,我会避免对我的认知能力以外做哲学推断,这样是有缺陷的,假装我们拥有不存在的力量有何用处呢?假装我们把握自然,而实际并非如此有何用处呢?为何夸大道德的力量,只用一个视角看待问题呢?[③]

守中,意味人处于事务双方的中间,承认双方同时存在并相互依存、相

---

① 爱默生:《爱默生随笔》,第228页。
② Robert E. Burholder and Joel Myerson eds. *Critical Essays on R. W. Emerson*, Massachusetts: G. K. Hall&Co. 1983, p.352.
③ 爱默生:《爱默生随笔》,第331页。

互转化,意味着一个人在追求真理时候既不忽视任意一方,也不顺服其中一方,而是静观万物的微妙变化,捕捉灵光乍现、创新火花迸发的时刻。守中还意味着用多元视角看问题,这已经成为爱默生辩证思想的实用方法,它对美国学者创造民族文化具有思想启迪意义,为受西方文化教育的学者打开了新的阐释途径;在守中中展开的多元视角为新生美国人在荒芜的土地上所遭遇的挫折感带来真正的力量,因为"在艰难的世界必须要有对立面才能激发各种精神能量,否则它们不会产生""真正的灾难不是灾难本身,而是缺少来自对立面的反作用力"[1]。面对生活的窘境和稀薄的文化氛围,人只有采取中正和超越的方法才能汲取力量,不为环境所困。对于文化阐释和文化创新,一方面,必须协调对立双方的矛盾,另一方面,所有的命题既可以被肯定,也可以被否定。爱默生以反求正,即通过离开、放弃已知和已经拥有的,转向未知的本能的方面来获得生活的智慧与力量。爱默生通过取道东方,借助中国传统哲学智慧,对西方哲学进行了修订和补充。爱默生的辩证思想隐含着一种多元宇宙观而不是单一的宇宙观,并为日后美国实用主义哲学奠定了基础。

爱默生的辩证法体现着一种活的智慧,它避免了西方自柏拉图以来所遵循的二元分离的辩证哲学,避免了对宇宙第一因做武断推测。此种推测导致对世界的复杂状况的简约化与掌控的目的。而自然总是呈现出多样性,它不断地敞开自己,创新和变化着。"形而上学的单一追求是危险的……内在的分析必须通过粗糙的经验来修订……形而上学必须永远地得到生命的加强……我所要的不是逻辑而是力量……我的形而上学的目的是有用性。"[2]虽然爱默生的辩证法类似黑格尔的否定辩证精神,却拒绝绝对的宇宙精神。爱默生的辩证法与老子的辩证法十分的接近。老子的万物负阴抱阳的思想代表本体论辩证思想。道,作为万物的根源既是一又是多,老子的辩证思想蕴含着道无限的创新能力和多元宇宙观。爱默生十分重视活的能动精神,这种活的精神与生命、自然紧密联系,相互涵盖渗透。以这样的方式,爱默生构建了一种变化

---

[1] Michael Lope, *Emerson and Power*, Dekalb, Illinois: Northern Illinois University Press, 1996, p. 114.

[2] R. W. Emerson, *The Complete Writings*, p. 1250.

的、动态的哲学,它反映自然变化的过程性和流变性,而不是终结性和静止状态。

爱默生的辩证法具有实践功能。生活需要智慧和力量来使生命最佳化,使行动有效化。片面的思想不会带给人真正的力量,真正的力量在于守中和超越。一个人必须进入各个对立面以保持永远超越。这也是老子的思想,对道的体悟就是平衡。不要过分倾向一边,否则就会失去平衡。在老子那里,在思想上偏执一隅、固守一方、以偏概全背离了整体平衡,失去整体全面的观点,因此也就远离真理的本质。爱默生称自己既不肯定也不否定,这个态度表明在经验与获知真理之前悬置判断。传统思想以命题判断的形式呈现,对于后来者,爱默生认为认识真理的途径首先是经验,其次是把经验上升为知性的反思。出于对思想的来源、认识与方法的综合考虑,爱默生悬置判断而提倡保持一种平衡。所谓的平衡就是在自身经验与各种思想之间的一种综合性的观察和取舍,仿佛平衡就是活力,就是生机,平衡中孕育创新的机遇。因为有此希望,人永远都是新鲜年轻的,不再厌倦,不再感到疲劳,因为平衡赋予了他选择的路径方法,平衡本身象征永恒的生命。爱默生强调平衡守中,反对片面,因为片面孤立地割裂事物含有强烈的掌控目的。爱默生指出西方宇宙观的目的是用秩序取代混乱,而这对思想是一种限制。取消限制的方法就是批判这种限制,因此爱默生认为"世上唯一的罪过就是限制"。① 爱默生洞见到真正思想火花产生于进入对立面而不是偏执一方,一如他看到西方哲学的精确性和东方思想的无限性。前者给人以精确概念,后者给人以想象空间。作为西方人,爱默生十分赞赏柏拉图思想对当今社会的价值意义,然而他反对僵化的教条和用片面的方法认识真理。真理的大门从来都是敞开着的,人永远不可能一次性地穷尽真理,这种开放的、永远推进和创新的辩证精神来源于东方思想——中国道家辩证哲学。正是通过从欧洲古典哲学出发,经由对东方思想的吸纳,爱默生创立了美国超验主义哲学,从而为日后美国实用主义哲学奠定了基础。

---

① 爱默生:《爱默生随笔》,第 173 页。

第四章　斯芬克斯之谜

　　《斯芬克斯》(*Sphinx*)是爱默生创作的一首诗,这首诗最初发表的时候,人们难以理解其含义,因为诗的内容晦涩难懂。直至该诗发表 60 年之后,才有学者开始阐释它的含义。爱默生本人非常喜爱自己创作的《斯芬克斯》并且把这首诗摆在 1847 年诗集的首要位置。这足以体现该诗在爱默生心目中的位置。爱默生的传记作家拉尔夫·L·拉斯科(Ralph L. Rusk)洞见到这首诗的价值,认为它"代表爱默生思想的主要理念",或者可以说这首诗的观点"浓缩了爱默生思想的精华"。[①] 但是,拉斯科对这首诗所蕴含的爱默生具体思想语焉不详。托马斯·维特凯(Thomas Whitaker)对这首诗的评价与拉斯科截然相反。他根据这首诗中的否定语气得出结论:爱默生借助希腊神话斯芬克斯的意象,表明人关于自然与自我的认识是错误的。[②] 梅尔文·斯托姆(Melvin G. Storm)把"斯芬克斯"视为自然,包括看见的自然、看不见的自然和看者,并从一个不同角度支持了维特凯的结论。[③] 从中国道家视角解读这首诗不失为一种尝试,可以帮助破解"斯芬克斯"这个古老之谜。本章第一部分考察爱默生诗人与斯芬克斯对话的意义问题。第二部分考察潜藏在斯芬克斯之谜中真理的有限与无限的问题。第三部分考察爱默生从文化比较的视角审视"名"与"实"的关系。

一、"斯芬克斯"

　　"斯芬克斯"是爱默生最神秘的一首诗的标题,也是古希腊一个神话传说。

---

① Ralph L. Rusk, *The Life of Ralph Waldo Emerson*, New York: The Scribner Press,1949, p. 313.
② Whitaker, *The Riddle of Emerson's "Sphinx"*, American Literature, 1955(12), p. 181.
③ Melvin G. Storm, Jr. *"The Riddle of The Sphinx: Another Approach"*, Emerson Society Quarterly, 1971(62), pp. 44-48.

爱默生在这首诗中试图通过诗人与斯芬克斯之间的对话来破解斯芬克斯之谜。这首诗最初发表在1841年1月的《日晷》杂志上，并且被放在爱默生第一部诗集的首篇位置，以主导诗集中的其余诗歌。事实上，斯芬克斯主导着爱默生的所有作品。爱默生在他的书房以及老宅里都摆着一尊斯芬克斯像，这间老宅的门把手也是用斯芬克斯头像制作成的，而正是在这间老宅子里，爱默生完成了著名的短书《自然》中的绝大部分内容。根据希腊神话，斯芬克斯是一个怪物，她的身体由女人头部、狮子身体和鹰翅组合而成。斯芬克斯坐在道路的旁边，向过往的行人提问，如果行人不能答对问题，斯芬克斯就把过路行人吞吃，如果行人答对问题，斯芬克斯就以死示弱。爱默生的这首诗的开篇是斯芬克斯等待智者到来破解亘古之谜。在这首诗中，斯芬克斯把自然与人的堕落作对照，指出人的大脑似乎出了问题。此时，诗人出场，间接地回答了斯芬克斯提出的问题。诗人提出，爱是万物的根源，并且断定，人的烦恼仅仅来自他对于完善的不懈追求并谴责斯芬克斯无视人的追求。然而，斯芬克斯对此回答表示不悦，并告诫诗人不要停止追求，说完，转化成万般形态和千种声音："谁能说出我的一个意义，/就是我的主人。"[1]这就是全诗的故事概要。斯芬克斯究竟代表了什么？诗人是谁？这首诗的含义是什么？

关于斯芬克斯的身份，梭罗认为，她象征"人类的追问精神"。[2] 追问精神意指理性精神。但是在诗的第57行，斯芬克斯也以"伟大的母亲"的角色说起"我的孩子"的悲哀。维特凯认为，斯芬克斯代表"自然母性一面"。[3] 当诗人回答斯芬克斯提出的问题时，认为人的意义就是"爱"，斯芬克斯却否定了诗人的答案并且说：

> 谁教你命名我？/我就是你的精神，你的同伙，/我是你眼中的眼波……你是没有被解决的问题；/你未能明白你自己，/你总是不停地在追问/而每一个答案都是谎言。[4]

---

[1] Ralph Waldo Emerson, *The Complete Writings*, p. 843.

[2] Henry David Thoreau, *The Journal of Henry D. Thoreau*, Vol. I, Boston: Houghton, Mifflin and Company, 1949, p. 229.

[3] Whitaker, *The Riddle of Emerson's "Sphinx"*, p. 184.

[4] Ralph Waldo Emerson, *The Complete Writings*, p. 843.

因此,斯芬克斯代表着可见的自然和隐蔽的自然。作为自然的代表,斯芬克斯对诗人的一切答案起着解构作用。诗人是谁? 诗人对于斯芬克斯所提出的问题没有进行正面回答。首先,诗人回避了"人的意义"这个问题;其次,诗人回避了斯芬克斯扮作母亲角色所提出的问题:"谁在我儿杯中放了药? /谁在我儿面包里拌了苦水? /谁,用哀愁和疯狂,/使人子头脑偏离方向?"诗人为什么回避这些问题呢? 诗人解释说,人竭尽全力躲避自然的魔力,"自然的忘川水/不能令他迷糊,/人的灵魂看见了完美,/而人的眼睛看见的是虚无。"①从诗人与斯芬克斯的对话分析,诗人关注的问题是万物本原问题,"爱"代表了灵魂看见的完美和同一,在"爱"的原则下,"人的眼睛看见的是虚无"。灵魂所见为真,眼睛所见为虚。在古希腊哲学家柏拉图眼里,纷繁复杂的大千世界是流变的世界,流变的东西相对于本质的、不变的真理都属于不存在,属于虚无。诗人的观点代表着传统哲学家的观点,斯芬克斯的否定则是对传统哲学真理观的质疑。因此这是一首用神话包装起来的哲理诗,这首诗的主题围绕着宇宙的本质究竟是同一还是多元展开。虽然这首诗深奥难懂,却代表着爱默生的思想精髓。关于这首诗的主题,爱默生曾经在1859年作以下解释:

> 同一的感觉使万物统一起来,并逐一得到解释,最稀罕的怪事与普通寻常的事件都很容易得到解释。但是,如果思想生活在个别现象中,看见的仅仅是差异,那么整个世界就会对同一提出一个不能解释的问题,因为每一个新的现象会使同一的解释不成立,因为万物多样性质疑了这个同一感觉。②

爱默生通过诗人与斯芬克斯之间的对话再现了古老的哲学问题,究竟斯芬克斯代表"同一"还是代表"多元"? 为此,评论界的观点不一。根据美国学者拉斯科的《爱默生传记》,诗人的答案是正确的,这意味着斯芬克斯之谜不复存在。但是,美国学者维特凯的结论与拉斯科相反。他认为,"远非乐观主义的

---

① Ralph Waldo Emerson, *The Complete Writings*, p. 842.
② Ralph Waldo Emerson, *The Complete Works of Ralph Waldo Emerson*, Vol. II, Concord Edition, Boston: Houghton, Mifflin and Company, 1903, p. 32.

轻松,斯芬克斯之谜依然没有解决,每一个答案对于她而言都是虚假的答案。"①爱默生对诗人与斯芬克斯的态度是矛盾的:尽管爱默生同情诗人,但是,他也为自然超越人的智性而欢欣,因为在这首诗中,爱默生关注的重点不在诗人,而是在斯芬克斯,在她万般变化后的轻松与欢快。然而,这首诗并不代表着爱默生否定诗人的"同一",支持斯芬克斯呈示出的"多元"。爱默生从不对一种观点做最后的论断,他提出一个命题,把图景描述出来,把读者的视界打开来,然后把结论留给读者。而潜藏在爱默生对斯芬克斯之谜的不知可否的态度下,涉及爱默生的知识与未知的关系,即真理观的程度问题。爱默生的真理观是什么?

二、知 与 不 知

爱默生在《斯芬克斯》的开头提出了一个古老的哲学问题:人是什么? 在爱默生看来,这个哲学问题至今没有得到解决,他借用斯芬克斯的口吻在诗歌的开篇说:"谁能道出我的永恒的秘密?"在诗歌的结尾又重申斯芬克斯之谜:"谁能说出我的其中一个意义,/就是我的主人。"诗歌的主题通过对话与生存图景的描述展开关于人与自然的意义。

认知是爱默生思想中一个重要主题。他曾经这样说过:"只要我能够知道,我就会心满意足了。"②这个"只要"二字带有点讽刺与渴求,然而却是现代哲学史上最重要的一个问题。对于爱默生而言,是否在表象之外存在着"实在"不得而知,也无法解决。爱默生在《思想自然史》中写道:

> 存在是不能解决的诡异。存在意味着自我与世界的联系、思想与自然的联系。当惊诧消退,即便是永远,也无法解决存在问题。然而,这个问题总是会缠绕着我们,追问我们存在与外部自然的根源是什么。在扑面而来的生活潮水中,我们是谁和自然是什么合为一个问题。③

---

① Whitaker, *The Riddle of Emerson's "Sphinx"*, p. 181.
② Ralph Waldo Emerson, *The Complete Works of Ralph Waldo Emerson*, Vol. III, Concord Edition, Boston: Houghton, Mifflin and Company, 1903, p. 32.
③ Ralph Waldo Emerson, *The Complete Writings*, p. 1251.

对于古希腊人而言,哲学始于惊诧,而怀疑只是现代人的哲学沉思。惊诧是人体验到万千世界的广袤与复杂时所表现的一种开放式的反应;惊诧是人在首次进行历史性思考中遭遇真理做出的张大眼睛看世界的样子。对于爱默生而言,我们是谁,自然是什么,现在和将来都无法解决,始终是个谜。也许,我们是谁,自然是什么,这个宏大的问题无法用语言概括,却可以用直觉体验的方式来感知。这种奇妙的感觉发生在一个冬日,爱默生在一片荒地上邀请读者参与他直觉体验个人与世界关系时感知神的力量环绕四周的迷狂时刻。这一迷狂带来的巅峰体验是爱默生重新发现了自我与世界的关系,而这种发现是不同于文化概念的教育与训诫内容,它是一个从无到有生成的事件。

爱默生想要告诉世人,诧异作为认知的方式不是理论上的推测,它首先是作为个人的直觉经验。这本身意味着认识结果的局限性和认识过程的无限性。爱默生写道:"我们的无知像无底的深渊;深不见底的巨大的深渊动摇着一切推测;我们是谁,我们无法推测。"[1]因为经验之河在不停地流动,人们在了解旧的真理的同时迎接扑面而来的新的真理。

> 在我的思想中,我似乎站在一条河的岸边,注视着溪水的不断流动,水面上漂浮着各种形状、各种颜色的物体;我除了沿着河岸追随他们一段路程之外,不能留住它们不从身边流逝,但是,它们何时来到,前往哪里,我不得而知。[2]

爱默生用河流代表思想经验之流,听上去很像赫拉克利特"人不能两次踏进同一条河流"的流变理论。的确,爱默生肯定一种"知",即知道思想是变化的,寄寓于经验之中的真理也是流动的。为此,爱默生的真理观与传统哲学理性主义的真理观有所区别,理性主义把"爱"视作万物的始基,它是崇高的、超越一切经验之上的、永恒不变的客观真理。爱默生认为这一真理来自经验,应该回到经验中检验。由此否认"爱"是终极真理。

诗人的回答与斯芬克斯的否定代表着绝对真理与流变真实之间的较量,

---

① Ralph Waldo Emerson, *The Complete Writings*, p. 1253.
② 同上,p. 1255.

前者用一条法则规定万千世界,后者用多姿多彩的变化抵抗这条法则。爱默生总是把对于真理的认识放到经验之中,并且认为"每一种行动都可能被超越。我们的生活遵循这么一条真理:在任何一个圆周外都可以划出另一个圆;自然无定,终点即是起点"。[1] 在自然之中没有绝对真理,万物皆流,旧的真理总是被新的真理修订补充。思想表现出自然的属性。爱默生在《论智能的自然历史》中写道:"我倾向于最远古时的宗教,抛开蛋和鸟谁先谁后的问题,我深信,思想创造了世界,并且思想还在创造着。"[2]爱默生强调"继续创造",这意味着诗人的回答只是暂时的认识,不能作为最终的、绝对的真理。诗歌中斯芬克斯说:"所有答案都是虚假的答案,/通过自然继续追问,/追问千变万化的自然,/继续追问,永恒只是包装,/时间把真理变成谎言。""继续追问"意味着宇宙万物的面貌尚待未来揭示。"时间把真理变成谎言"意味着不存在绝对的、永恒的真理,只有一定时间和条件下的真理,认识真理是一个没有终结的过程。爱默生借用斯芬克斯批评形而上学对于宇宙根源的推测是武断的,等于关闭了进一步揭示宇宙真相的大门。尽管爱默生用古希腊的"斯芬克斯"神话批判真理的绝对断言,但是爱默生的辩证思路并非属于希腊式的,而是如理查德·格罗斯曼在《爱默生之道》(2007)前言中所称的:"爱默生以一种神秘而卓越的方式发展了类似于《道德经》的世界观与哲学立场,以至于他所有的作品都包含了《道德经》文本的精髓。"

理查德·格罗斯曼表明爱默生的神秘主义思想包含有中国古典思想的神秘主义元素。中国古代道家思想的代表老子把认识自我与宇宙的本质称为"无知"。"无"并不是不存在,而是作为宇宙第一原则的"道"不具有人为的规定性。[3] 在中国道家哲学中,没有宇宙永恒的实在,也没有对单一秩序世界做过推测。对于万物的根源"道"的认识不是按照分辨的规定进行认知,也不是作为外在的对象进行认识,而是依赖于经验的不断展开体认。人在参与这个世界,在建立自我与世界动态的、转换的关系中不断认识"道"。因此,代表宇宙最高真理的"道"超越一切人为的规定。"道"作为第一原理,既涉及存在的

---

① 爱默生:《爱默生散文选》,第 196 页。
② Ralph Waldo Emerson, *The Complete Writings*, p. 1253.
③ 杨国荣:《庄子的思想世界》,北京:北京大学出版社,2006 年,第 254 页。

统一性，又和发展的过程相联系。老子在《道德经》第三十二章中说："道恒无名。朴虽小，而天下弗敢臣……譬道之在天下也，犹小谷之与江海也。"[①]江海之大，汇聚了万千溪流。人对于道的认识在于个体的参悟，不在于靠语言把握。老子把人的生命经验与悟道之间的关系比作小溪与江海的关系。"道"意味着整体，用语言来指称必定会对它作限定，那它就不再是真正意义上的大全了。老子重视的生命经验初始的认识，只有从初始不确定的可能状态，才能通向成熟的、终结的真实，一旦事物成为既成形态之后，就意味着固定、僵化，丧失活力。所以，认识"道"是一个不断体验的过程，也是不断创新的过程。

爱默生把认识真理纳入经验之河与老子的悟道与生命经验的打开这一点上是相同的。他们二人共同认为，不存在独立的、不变的、完满的最终认识。对于爱默生而言，真理是人对于世界的认识不断总结出来的，尚有未被认识的真理等待着被揭示。爱默生重视自然而然的体验，因为自然而然代表着自发或本能的生命经验认识，是思想和创造的源泉。老子常以圣人无知为榜样劝告众人，在认识真理的道路上，以静观的姿态注视万物变化的奥妙，而不是用教条代替真实生活体验，这等于剥夺了经验创新的活力。此外，爱默生与老子均认为语言无法囊括真理的完整与统一，因为自然代表着永恒的变化，而对于真理的认识依赖个体经验的打开，在于个体参与世界的关系，体悟宇宙的精神，这是一个没有终结的过程。因此，爱默生在诗歌中以斯芬克斯的语气告诫世人"继续追问"，因为"时间把一切答案变成虚假答案"。

三、"名"与"实"

这首诗涉及的另一个哲学问题是名与实的问题。诗人用"爱"作谜底，无形中给了斯芬克斯一个名称，这引起了斯芬克斯的恼怒，她认为这个"名"不符合"实"，诗人指出"爱"是本质、实在。希腊哲学把逻格斯语言当作更真实的东西。对于柏拉图而言，理念是真正的实体，而现实的事物只是一个现象，一个"影子"。爱默生借用斯芬克斯的否定，表达了自己对于名与实的观点，他在"自然的沉思"一章中写道：

---

① Roger T. Ames and David L. Hall, *Daodejing: Making This Life Significant*, p. 126.

柏拉图说过,哲学问题,就是要为有条件存在的事物寻找一个无条件的绝对基础。哲学建立在这么一个基础上,即一切现象取决于一条基本的规律,认识了这条规律,即可预知一切。[1]

爱默生在"自然的沉思"中揭示了一个真相:传统哲学极其重视目的,即重视用语言表述的真理,不重视过程中实际发生了什么,目的"在于把世界以我们最希望的形式精确地表现出来。这事实上就是理念所看见的世界"。爱默生洞见到哲学语言的目的性,就是用人的意志统摄自然的多样性,控制自然的不可知性,使一切按照人的心愿去陈述,从而引领人超越实际的存在。尽管这是一种超越感性、超越自然的真理观,但它是冰冷的、崇高的、与实际隔离的理念。爱默生深信万物的根源是自然,是超越人的理性的自然法则。爱默生在散文《唯名论者与唯实论者》中写道:"生活交织着两种力量的作用与反作用……我们必须尽可能地协调矛盾。但是它们的不和谐与和谐使思想和话语变得荒诞。没有一个句子能够把握真理的完整性",因为"话语比沉默更好,沉默比话语更好"。[2] 爱默生深刻地指出陈述与事实的差异。"话语"与"沉默"代表"名"与"实"的关系。话语是对于可认识的自然的表述,沉默代表着我们对于未知的、隐蔽的自然所采取的态度。"话语比沉默更好",因为真理是用话语概括出来的,它比散漫的现实更精确。但是,现实是话语的基础,其中含有尚未揭示的真理等待着被概括,在此意义上,沉默比话语更好。爱默生认为真理来自万物对立面的运动。爱默生的"名"与"实"的观点与柏拉图主义观点相反。柏拉图认为,理念反映了事物的本质,因此比现实更真实,"名"即"实"。邓晓芒在他的《黑格尔辩证法讲演录》中称之为"倒名为实"。[3] 因为柏拉图把真正的实际视为"名"的例子,或者影子,因此古希腊哲学上的"名"与"实"在今天看来是一种颠倒关系。爱默生指出理念主义忽视了事物的过程,以"名"为"实"阻止了创造的源泉。爱默生的"名"与"实"观点与中国文化中的"名"与"实"有近似之处。

---

① 爱默生:《爱默生散文选》,第 34 页。
② Ralph Waldo Emerson, *The Complete Writings*, p. 31.
③ 邓晓芒:《黑格尔辩证法讲演录》,第 14 页。

中国文化的一个特点是"名"要符合"实"。"名"可以反映"实"，如果不反映"实"，就需要"正名"，即端正"名"与"实"的关系，使它符合"实"。邓晓芒先生说："在中国哲学中，没有一家是把'名'看得比'实'更重要，或把'名'凌驾于'实'之上的，更谈不上把'名'本身当作一种真正的'实'的东西了。"①道家哲学中有一种怀疑语言的精神。老子说："道可道，非常道。名可名，非常名。"作为宇宙第一原则的道，不是日常语言能够表述的东西，老子怀疑语言能全面地反映终极真理。老子怀疑语言的目的是重视言辞底下的生命体验，那种不可言说的东西相对于语言表述起着很重要的作用，它促使语言作为事件的发生。言说者首先是接受发送给自己的发音，一旦语言陈述完成，被陈述的东西自行消逝，因此老子认为真理不是在语言之中，而更多地保存在沉默的秘密中。既然语言作为符号不能够保留事件性的东西，过程在中国文化中就显现了重要地位，因为过程里有言说者、被言说的对象，还有言说者与对象之间的交互动态以及瞬间发生的过渡性的事情，而这些过程可以被生命体验。爱默生也像老子那样怀疑"名"，怀疑语言，因为他相信语言只能反映自然显现的一面，不能同时反映自然隐匿的另一面。在这一点上，爱默生的"名"与"实"观与老子思想趋同。

对于老子，认识活动中的"名"给了认识对象一个固定的名称，目的是把对象固定下来，从而把控这个对象。老子看到名之下含有人的这种心机，因此把宇宙最高的真理描述为"道恒无名"。对于老子而言，对真理的认识依赖于我们对事物不确定方面的感悟，而不是对事物确定方面的把握。作为最高的真理——"道"是自然而然的法则，是不以人的意志为转移的永恒变化。对此认识，我们不能用理性把握，只能通过直觉感悟。因此，老子把"名"称为"无名"，即意味着不给对象以固定指称。借助于无名或暂时之名，世界的创造性、生成性以及未来性得到维护。

尽管爱默生怀疑语言的充分性，但是不反对语言表述，而老子持有"言之无益"和"辩之无益"的观点，这一点是他们的区别所在。爱默生认为，由于表述的片面性与被表述对象的变化性，所以对于古老的话题重新阐释十分必要。

① 邓晓芒：《黑格尔辩证法讲演录》，第14页。

爱默生在散文《唯名论者与唯实论者》中这样说：

> 我原以为我是正确的，但是，不是这回事……我总是不够真诚，因为
> 我始终知道还有别的情绪。当我们在一种情绪之下说出所有谎话时多么
> 真诚和自信呀，但是，转眼间就感觉，许多话还没有说出……我轮换着喜
> 欢一切，对每一样喜欢都不会太久；我爱中心，也爱表象。①

这段话表达了情绪与语言表达的不一致，而不一致反映了作为整体的真理样
态。真理并非在我们面前显现整体的全部，语言也不能统摄过程的真实。既
然语言不能够把握整体，西方理性主义就显示片面性而不是整体性，因此爱默
生通过批判传统思想片面强调理性的作用，表达一种对整体真理的承认和重
视。爱默生说道："我们喜欢来到一片高地看风景，一如我们重视对话中概括
的语言，但是，自然的目的不是要我们凭借概括的观念生活。"②爱默生重视生
命过程，把语言、生命与真理紧紧联系起来考虑，不像古希腊哲学家在追问宇
宙本质的过程中排除生命自然流变过程，从而按照心灵对于永恒的需要，借用
数学方法概括宇宙万物。因此，诗人与斯芬克斯之间的对话就是关于"名"与
"实"的一场讨论，究竟"爱"代表人的意义，还是转化与创新代表人的意义，斯
芬克斯的否定代表爱默生对形而上学只顾追问人的本质而忽视人的存在的批
评。爱默生的诗中以大地母亲的角色说出人生命中的多姿多彩受到理性压制
后的痛苦与烦恼：

> 人躲藏害羞，
>
> 隐匿逃避；
>
> 蹑手蹑脚，
>
> 闪烁其词；
>
> 软弱忧郁，
>
> 嫉妒地环视周围，

---

① Harold Bloom，*Modern Critical Interpretations: Emerson's Essays*，p. 95.
② Ralph Waldo Emerson，The Complete Writings，p. 310.

> 一个精灵，一个共谋，
>
> 人破坏了生存之地。①

人的生活扭曲、痛苦，大地母亲把扭曲的生活归咎于人对完美的偏好。诗歌暗示用理念表达的宇宙本质虽然符合心灵对于完美的追求，然而生命属于自然，而自然的本意不是要人按照理念生活。爱默生在《自助》与《美国学者》中描述了人的异化现象，文化理念是抽离了血肉后剩下的理性骨骼。实际上，理性束缚了自然，"同一"掩盖了"多元"，结果是"名"不符"实"，在"名"之下，人的生活缺少真实性与自发性。爱默生在《自助》中批评现代人太容易顺服于"名"，放弃自主权力，结果生活在虚假之中。为此，爱默生以自然为媒介，主张恢复人与宇宙的原初关系，而不是在逻格斯范式之下人与宇宙的间接关系。评论家布鲁姆认为，这种大胆假设自然或本能是思想、美德和生命的根源使爱默生跳出了传统哲学神学的始基框架，而进入无底的深渊——自然。② 因为美国尚未找到自我的独立意识，爱默生的文化批评任务就是寻找自我、确立自我意识，而自我的显示不是在既有的文化上诞生，需要越过这片被先辈平整过的安全地带，来到荒野，去寻找原初的自我，而自我的显示就是在返回自然后，重新体验并被赠予"道"说的东西。爱默生以诗歌的形式重新阐释古希腊神话中的斯芬克斯，这可以被视为追问和寻找自我的行动。这个自我显现出特征：对确定知识的否定和对不确定知识的承认。

爱默生不仅用诗歌来追问和探究斯芬克斯之谜，还在《历史》一文中进行了进一步探讨：

> 我们的生命除了是长着翅膀的事实或事件的永恒飞翔，还会是什么呢！这些变化千姿百态，它们来时都要向人的精神提出种种问题。谁不能以高超的智慧回答时间的那些事实或问题，谁就必须为它们服务。事实拖累他们，压迫着他们，把墨守成规的人变成依赖感觉的人，这种人对事实服服帖帖，这就毁灭了人之所以为人所依赖的光明的每一星火花。

---

① Ralph Waldo Emerson, *The Complete Writings*, p. 840.
② Harold Bloom, *Modern Critical Interpretations: Emerson's Essays*, p. 95.

可是人如果忠实于他更加优越的本能或情感,拒绝接受事实的支配,就像来自高级种族的人,紧贴灵魂,看清原则,那么事实就会垮台,乖乖地各就其位:它们认识了自己的主人,哪怕其中最卑微的也会给他增光添彩。①

　　爱默生认为美国面对思想文化历史而不能识别出自我独立意识,这无疑像路人面对斯芬克斯之谜,只有智者能够破解斯芬克斯提出的问题。爱默生在对历史的阐释中再次引用古希腊神话,这显示爱默生用神话拓宽思考视域,从本体存在的深处去回答历史给出的问题,而对此问题的回答关系到成为主人,或者成为奴隶。把现象作为原则的人因错失真正的原则而成为事实的奴隶。相反,以心灵为原则的人就会看穿伪装的现象而抵达真理,成为命运的主人。这里体现了黑格尔的主奴意识。自我意识中同时存在这两个方面的意识,选择性地运用双重意识是一种智慧。爱默生在《历史》一文中重提斯芬克斯神话告诫学者,以阅读者生命作文本,以历史作注疏。爱默生的历史观呈现出可循的规律:心灵与伴随心灵的自然构成历史的两个要素,这是读史的方法,也是创造美国文化历史的路径。

---

① 爱默生:《爱默生随笔》,第67页。

第五章 经验串珠与重生

爱默生的散文《经验》是其思想从早期浪漫的超验主义过渡到中后期实用主义的一个转折点。爱默生把哲学追问与个体经验结合,突破了西方传统哲学追问意义的普遍性,因为个体特殊的经验感受意味着每一刻的感受包含着熟悉与陌生、相同与差异、旧的和新的相互关系。中国道家对于个体特殊经验给予足够的重视,对于最高真理"道"的体认有赖于个体的直接参与,由特殊到普遍、由当下到永恒是中国哲学探求真理的方法。中国方法结合个体生命经验使真理因富于人道主义而显得真实可信。《经验》表现了爱默生对不同文化的吸收和智慧利用。本章的第一部分考察经验从理论概念向实际经验的转向;第二部分考察基于生命经验的文化批评具有定位与表达的功能;第三部分考察由潜在向实在过渡的事件。

一、经验概念与实用

哲学上,经验的概念可以追溯到古希腊思想。第一个确立知识和知觉界限的是古希腊哲学家柏拉图。柏拉图认为,感觉世界复杂多变,容易朽坏,不属于理念世界而属于官能世界,正因为此,感觉包含着存在和非存在,即夹杂着真正的知识和错误的知识。而更加纯化的知识只存在于一个固定且非表象的世界,这个世界只能通过哲学思辨的方法才能到达。关于知识和知觉的界限的辩论早在古希腊哲学家之间就已经展开。古希腊的哲学家巴门尼德认为"感官是'引起混乱和骗人的元素',是单纯幻觉的最大制造者"[①]。而哲学家赫

---

① 巴门尼德(公元前514—前?)说,如果有一样东西真的存在,那么它一定可以被讨论,而能被讨论的,一定能被我们思想,所以得出的结论是:能被思想的就是真正存在的,能够被思想和存在是同一回事。巴门尼德提出这样观点后,从此西方哲学史上要探究真正的存在,就不能看那些暂时存在的与不断变化中的个体和个别的东西,而是要关注那个万物中的永恒者和存在者。巴门尼德创造了前苏格拉底哲学的高峰,影响了苏格拉底和柏拉图。

拉克利特则以他的"一切都是变化着的""没有什么可以固定地存在"来表达一种流变的世界观。然而这种流变的哲学观没有成为主流不仅是因为它给信奉永恒的人们造成了心理恐惧,更因为它造成了言语表述上的矛盾——"人不能走下同一条河流;我们走下而又不走下同一条河流,我们同时存在而又不存在"。这样矛盾的说法带来的认识与把握上的困难都与柏拉图的永恒理念世界相冲突。在柏拉图的价值阶梯里,知识被分成三个层次,最低的是直观,直观所得的现象、事物是不断变化的,不断变化的事物不能被清楚地认识,只有不变的东西才可以成为真理的依据,因而柏拉图哲学系统里最高的知识层次是超知觉的,是用智能对永恒不变的"理体"的冥想。所谓"真理"存在于这个超越具体真实世界的抽象本体世界里,唯有哲人之思,而不是诗人的直观感受,可以渗透这个理体世界。柏拉图这一思想观念影响了西方思维方式。然而,人实际体验到的真实情况远比理论指涉的可能经验更复杂。近代英国哲学家休谟(Hume)①切入柏拉图哲学问题时说:

> 古人是完全知道世界是流动的,是变动不居的……但他们虽然认识到这个事实,却又惧怕这个事实,而设法逃避它,设法建造永久不变的东西,希望可以在他们所惧怕的宇宙之流中立定。我们得了这个病,这种追求"永恒、不朽"的激情。他们希望建造一些东西,好让他们大言不惭地说,他们,人,是不朽的。②

休谟从感知经验向柏拉图的理性经验发起挑战,原因在于柏拉图哲学忽视了几个环节。首先,他在否定外物肯定抽象的理念世界时,没有理解到这个理念世界只是一种假设。其次,他没有理解终结性"真知"不可得。从物看,物物无尽延绵,其大不知终极;其微亦无可以穷尽。再者,人只是无限空间中的一粒微沙,为什么被视作万物的典范呢? 最后,所谓"不变"的事物都是一种假设,因为世界上没有不变的东西,不只是生物的生老病死在变,山石金属都时

---

① 休谟(1711—1776),苏格兰哲学家。休谟在《人性论》中提出了一个著名问题,即从"是"能否推出"应该",也即"事实"命题能否推导出"价值"命题。
② 叶维廉:《道家美学与西方文化》,北京:北京大学出版社,2002 年,第 71 页。

时在变，我们有限的知觉未能注意一些细微缓慢的变在。美国哲学家怀特海在《过程与实在》一书中批评传统哲学把理念作为真正实在，提出点滴经验，即经验的每一搏动就是一个现实实在，这是一个继承过去而向新颖的将来进展的过程。① 休谟的批评强调感知经验的重要性，怀特海强调过程经验的意义，他们通过说明人类经验的复杂多变与深不可测，批判柏拉图纯粹理念的简约化。

康德意识到休谟的经验主义对柏拉图理念主义构成的威胁，试图从超验的理性处理先验与经验的辩证关系。康德指出自在之物以某种方式"触发"了心智，从而提供了经验的内容，继而得到了心智的感性形式与概念形式的塑造和阐明。由于康德揭示了理性包含分析理性与理性能力，在经验性思想的公设里就强调了物和客体之间的区别，即在经验中有规定的实存者的知识和无规定的"物的实存"，而正是"物的实存"不可能得到认识。这个深度的空间在康德《形而上学课程笔记》中得到了更明确的解释："存在论的教师"从"某物和无"这两个概念开始，却忘记了这个区分已经是对"一般对象"或"物"这个概念的一个划分，因此，从一般对象或物开始，它被先验的肯定和否定划分为某物和无。然后某物进一步被规定为经验的一个对象，继而最终被规定为知识的一个客体。② 康德超验思想揭示了不可认识与可认识的经验之间的相互关系，以便限定理性过度越位，为信仰腾出空间。康德思想是通过超验方法解决经验的关系。

对于爱默生来说，康德超验论构成思想史的"蓄水池"，以往的哲学都流向他这里，所有后来的哲学都从他这里流出。康德试图从现代人的角度解决人能够认识什么、应该做什么、希望什么以及人是什么的问题，这些问题关涉人的认识经验、实践经验与信仰经验。从源头看待人的这三方面经验，理性能力对运用、分配以及重构知识起到关键性作用。而理性能力被康德的追随者谢林理解为理性生机能力。③ 爱默生对康德超验论中有关"某物和无"的论述十

① A. N. 怀特海：《过程与实在》，周邦宪译，贵阳：贵州人民出版社，2006 年，第 004 页。
② 亨利·E. 阿利森：《康德的先验观念论》，丁三东、陈虎平译，北京：商务印书馆，第 80 页。
③ F. W. J. Scheling, *The Grounding of Positive Philosophy, The Berlin Lectures*. trans. and with an Introduction and Notes by Bruce Mathews, New York: State University of New York Press, 2007, p. 127.

分感兴趣,因为"某物和无"的关系将会揭示哲学是如何发生的。但是,康德以逻辑方式论及哲学开端预设了有某物的附近是"无"。有关"无"的论述只是出现在注释次要的位置。爱默生曾经通读过格兰多的《哲学系统中的历史比较》,了解希腊人与中国《道德经》都论述了自然和规律的基本概念。① 康德所指的哲学开端预设了有某物的附近是"无",揭示了"无"绝非属于语词或概念的东西。"某物与无"作为两个互相驱动的面向构成思想出发的场域。就自我是什么而言,第一个面向就是把自我置入限定范围考察。自我指可认识的以及可定义的面向,这是语言建构的自我。凭借第一个面向的确定方法考察自我,可得到自我模仿的模式。但是,这是同义反复以及无休止重复的自我。第二个面向是把自我置入时间中考察,按照如其所是的方式考察自身,人就一直渴求一个在时间和空间中永远无法完全抵达的对象,因为生长的自我超出了语言对自我的定义。爱默生在《自助》的核心段落再现了康德超验的两个面向:

> 那受信赖的人是谁? 一种普遍基于的原始的"自我"又是什么? 那没有视差,没有可测元素,使科学为之茫然的星星把美的光芒甚至射进了猥琐卑劣的行为中,只是那里露出些微独立的痕迹,可它的性能是什么呢? 这种探究使我们追本求源,原来那既是天才的本质,也是美德和生命的本质之所在,我们称之为"自发性"或"本能"。我们把这种基本智慧称作"直觉",而后的教导则是"传授"。在那种深邃的力量、也就是无法分析的终极事实中,万事万物发现了它们共同的根源。②

这里,爱默生通过"追本求源"得到"没有视差,没有可测元素"与万物"同根源"的原初的"我"。与逻辑认识方法不同,这是一个"自发的",不可教的"直觉智慧"方法。爱默生把直觉经验作为美国人认识自我的出发点,期待获得真实的自我的信息数据以供思考和表达。但问题是,一直以来理性方法被视作范导,若要以直觉经验作为思想的出发点,首先应赋予直觉经验合法性的地位,即直

---

① 小罗伯特・D・理查森:《爱默生:充满激情的思想家》,第145页。
② 爱默生:《爱默生随笔》,第86页。

觉经验中具有理性或神性的引导,而不是陷入本能的冲动。实际上,爱默生从更宽泛的视域阐释了理性与神性的内在关联的可能性:

> 归根结底,除了你自己心灵的完善,没有什么神圣之物。来一番自我解放,回到原原本本的你那儿去,你一定会赢得世界的赞同……在我看来,除了我天性的法则,再没有什么神圣的法则。好与坏只不过是一些浮名,这儿那儿随便可以挪用。[1]

爱默生相信人的潜在神圣性。然而,这是非西方的人的观点,正如评论家哈罗德·布鲁姆所声称的爱默生宗教思想是革命性的,即从对"上帝"信仰转向对自然"神"的信仰……"爱默生思想就是美国思想,其思想的核心是被称为'自助'的美国宗教"。[2] 对于爱默生来说,信仰的重要意义在于激发生命潜能与天赋才智,这些来自整体存在的道德感而不是道德概念。斯坦利·卡维尔指出,爱默生超验思想来自中国道的宗教经验。[3] 卡维尔甚至指出爱默生从康德到超验主义迈出了不可估量的一大步。"不可估量"一词是针对理性测量尺度而言的。那么,爱默生在重构美国经验的过程中如何通过中国的"道"迈出了这一大步?

毫无疑问,经验在道家哲学中具有核心地位。整个《道德经》想要阐述的就是:如何最大限度地取益于个体——每一独特经验的结合体。唐君毅在为给中国文化传统以深远影响和重要贡献的思想进行总结时说:"部分与全体交融互摄之精神。从认识上言之,即不从全体中划出部分之精神;从情意上言之,即努力以部分实现全体之精神。"[4]《道德经》开篇第一章即强调个体参与"中心",并由此形成一种创造生活,优化生活的意向:"道可道,非常道。名可名,非常名。无名,天地之始;有名,万物之母。故常无,欲以观其妙;常有,欲以观其徼。"[5]老子以永恒的道区别普通的道,由于恒常之道没有具体规定和特

---

① 爱默生:《爱默生随笔》,第 77 页。
② Harold Bloom, *Modern Critical Interpretations: Emerson's Essays*, p. 95.
③ Stanley Cavell, *Emerson's Transcendental Eludes*, p. 18.
④ 唐君毅:《中国哲学中自然宇宙观之特质》,台北:中国台北学生书局,1988 年,第 8 页。
⑤ Roger T. Ames and David L. Hall, *Daodejing: Making This Life Significant*, p. 77.

性,因而是不可言说的。然而,不可言说的恒常之道与普通之道的关联性在于,强调世界就是一个不断进行着生成和变化的发展过程和有机整体。因此,要理解生存的意义,应从一种活泼的富有生命气息的视界进行。道家关联宇宙论开始于这样一个假设:我们所经历的无尽的生活之流是常新且连绵不绝的。这就是说,道家并不认为在现象背后存在永久的真实、某种不变的基础本质。恰恰相反,在这个世界上,所存在的只不过是永无止息、跌宕流转的人类经验之流。中国道的宗教经验从整体与局部对普遍与特殊、永恒与瞬间作关联融贯的考察,经验总是从这种或那种角度被分析。从道的视角考察任何观点都是来自某一情境之下的某一种立场和观点。没有无中生有的观点,没有全然外在的视角,也没有非情境化的优势立场。我们始终身处其中。对于道家而言,我们经验中的任何特殊经历都存在着令人陶醉的无限性,我们经验中的每一特定成分都是全息性的。可以说,道家世界观的哲学基础和阐释语境包含着时间、新奇、变化、持续的特殊性和人类诸种关系内在的建构性本质经验的视角特征。①

对于爱默生来说,如何在既定的传统文化模态中发现自我独特经验是亟待解决的一个问题。爱默生采取的策略是吸收不同民族的文化、丰富自我经验并且触发创新驱动力,因为文化模态受到历史环境、地理环境以及种族的影响。欧洲文化模态与东方中国文化模态的差异显示不同的经验感知和理论概括。由于人类认识的有限以及语言的局限,爱默生并没有把自我经验局限在欧洲文化模式,而是从自我经验的立场和角度出发,吸收中国文化经验模式所包含的整体与局部、社会与个体的谐调关系,从而维护理论与实践的统一,避免理论的僵硬对生活实践的干扰。爱默生认为美国经验必定在超验的经验中发现和找到自我。然而,用语言表达超验的或如其所是的自我经验依然不是一件简单的事情。鉴于经验内容涉及哲学上的、宗教伦理上的以及实际存在的广大宽泛,超验主义的宽泛模糊以及包容性非常适合美国知识分子敞开怀抱,接受新的陌生经验。超验主义路线的最终目的是定位自身经验与表达。实用主义的多元策略便于吸收不同的文化模式,于是,把欧洲和亚洲文化进行

---

① Roger T. Ames and David L. Hall, *Daodejing: Making This Life Significant*, p. 13.

整合、重构后进行重新阐释，获得一种思想资源和创新表达。爱默生的这种做法基于以下原理：人类原初的经验是共通的，而文化建构的不同模式形成民族差异。实用主义者注重力量的触动带来的效果，真理服从实用的效度，这一思想深深地影响着后来的哲学家威廉·詹姆斯(William James)。[1] 威廉·詹姆斯说："真在，生活，经验，关联，当下，无论用什么语词表达，都超出逻辑，并环绕着它。"[2]杜威[3]把经验视为具有丰富的隐含意义，他认为："就其活力来说，经验具有实验性。"[4]杜威认为经验与思想并不对立，他坚持认为思想是连续不断的，不存在没有思想的意识经验。从爱默生、詹姆斯到杜威都把经验视为思想的重要基础和源泉，都重视直觉感受与概念思维的相互渗透、相互融通的关系。而爱默生散文《经验》的重要性就在于它为后来詹姆斯和杜威的思想奠定了重要基础。那么，卡维尔所指的"不可估量"在这篇散文是怎样得到体现的呢？

二、定位和表达

爱默生的《经验》渗透着一种对西方传统哲学追问形式的失望和对一种新的追问方式的希望。柏拉图以来的哲学家推崇崇高的理想远远优胜于当下的瞬息万变的生活感受。在此理想的主导下，纯粹的先验直观作为认识自我的思想方法受到青睐，结果"自我"指的就是普遍的"意识自身"和"思想自身"。[5]传统的哲学追问自我就是将"自己"置于不朽的、纯粹先验的直观之中，脱离了时间和空间实际经验。如果遵循历史关于人的理解，美国这个新人就还没有诞生。从观念的普遍自我到实际存在的特殊自我需要一种新的阐释模式。

由于缺乏历史经验，一种实用主义的经验在美国哲学中被赋予了非同寻常的优先地位，这与美国独特的文化背景分不开。漂洋过海来到美国大陆的移民不可能照搬英国的文化模式。而美国人相对于欧洲人来讲多少带有原始

---

① 威廉·詹姆斯(1842—1910)，美国心理学之父，美国本土第一位哲学家和心理学家，也是教育学家和实用主义的倡导者。

② John J. McDermott, *The Culture of Experience—Philosophical Essays in the American Grain*, New York: New York University Press, 1976, p. 17.

③ 杜威(1859—1952)，美国哲学家，教育家，实用主义哲学倡导者。

④ John J. McDermott, *The Culture of Experience*, p. 12.

⑤ 柏拉图：《柏拉图的智慧》，第 24 页。

的特征。被拒斥在欧洲传统文化之外使美国人感到自卑，与此同时又激励美国人面对新的资源阐释自己民族精神。正如麦克德莫（McDermott）在《经验的文化》中所总结的那样："美国殖民地的选民越来越把阐释性的任务与荒野环境联系一起，荒野不仅仅是作为旧的东西延续，而且是作为新的东西开始：他们将迎来历史的最后阶段。在地理上，他们开拓了一个新世界，在精神层面上，他们感到有必要开创一个新世界。"①新大陆自然荒野的环境被赋予了象征和阐释意义。荒野不再像过去那样作为文化征服的对象被忽视、被遗弃。相反，美国荒野作为环境象征人与自然的原初联系。在爱默生眼里，荒野生机象征人的精神自发生机力，人借助荒野他者镜像创建文化并且显示自我与自然关系。人是语词表达的结构形式。对于新人，荒野的象征与文化结构的关系受到重新考察。一切文化以精神产品表现为特征，荒野就是产品的出发地或者原始材料。爱默生在《自然的沉思》中揭示"每一个可见的事物都有不可见的精神"。而在《美国学者》中，荒野直接被比作学者精神，从荒野自然考察人的精神，突显整体中的局部关系以便获得更多的新的经验：

> 对学者而言，何谓自然？上帝的这张网绵延不断，不可理喻，无始无终，然而总有循环往复的力量回到自己身上。就此而言，自然就像学者自己的精神，他永远都找不到它的始，它的终——它是那样浑然一体，那样无边无际……无论以巨大的整体，还是细小的微粒，它也是急着向心灵表白自己。开始分门别类了。②

爱默生似乎以自然方法类比学者方法。因为自然荒野的方法是多种方法的聚合，尤其是自然生物在环境中协同运作的方法表现出"浑然一体，无边无际"的特征，象征学者永无止息的追求和超越精神。相对于对传统文化的优秀遗产的继承，美国需要创造自己的文化，现成的哲学与文学产品与等待被创造的资源形成一种新的关系，"巨大的整体"与"细小的微粒"关系象征学者应该从整体观察微粒。实用主义者采用多元方法与多种视角去处理现成的产品与

---

① John J. McDermott, *The Culture of Experience*, p. 10.
② 爱默生：《爱默生随笔》，第 6 页。

未来的创造品。对于学者来说，直觉经验与理性经验同样重要，自然方法与人的方法在不同时候发挥不同的作用。学者最初感受自然与精神的交流、倾听自然的声音、接受真实的信息数据，最后通过理性"开始分门别类"，进行模型构建理论工作。爱默生的实用主义方法并不把自己局限在一种权威方法之中，而是允许多元方法以及多种视角的综合运用，以期待选择最有效的方法，收获真值和效益。

对荒野的赞许多少使我们把爱默生归于浪漫主义者的行列。实际上，爱默生以自然超验方式比喻学者精神，注重关联性思维的实用价值：用整体综合视域下的连贯性、可试错性来补充和修订经验。理查德·格罗斯曼认为爱默生与老子在对待自然取之不尽的看法上趋于一致，并且将爱默生的上述引文与老子《道德经》第四章并置比照："道冲，而用之有弗盈也。渊呵！似万物之宗。锉其锐，解其纷，和其光，同其尘。"①这种并置比照显示对待语言可说和不可说的两个面向。语词的背后是沉默的物的尖叫，物借助语词得以表现。传统文化重视技术，物本身在语词工具论下显得无足轻重而不被重视。然而，语词是有限的符号，知识分子只有不断离开再现，倾听物的声音，才能获得真值有效的表达。爱默生批评学者们在书山文海中的研究方法注重静思或反思，忽视书籍作为创作产品最初是作者受到某种触动，继而激发生命热情迸发出火焰，照亮并开启新的经验，然后才是选择再现的方法，而写作是把自我视作舞台并观看自我与自我经验的新异或戏剧发生。

爱默生强调的经验就包含基于生活经验的各种层面的原初经验，只有原初经验能够触发感觉情感，带来一定的情绪反应。在创作上，反思与情绪反应构成先后关系，所有的写作是对原初经验的重新安排。但是，对于文化后来者来说，生活经验相对于理性经验往往显得微不足道，原始经验让位给了文化倡导的理想模式。于是，文化制成品呈现的反思经验阻挡了原初的生活经验。但是，爱默生以实用主义者的策略对待两种经验的构成关系，即形式和能量这对构成关系。当这对关系处于不平衡或者形式压制了能量，批判性阐释就起到引导或修订作用。爱默生提出"生命不是辩证法""生命是连续不断的惊喜"

---

① Richarson Grossman, *The Tao of Emerson—The Wisdom of the Tao Te Ching as Found in the Words of Ralph Waldo Emerson*, New York: The Modern Library, 2007, p. 10.

"生命的最终底蕴从未被完全探知……人总是被误读"。① 这些提法凸显被理性经验压制的偶然性、不确定性的价值。诚然，强调经验的不确定性意味着某种实验和风险。然而，爱默生认为美国只有通过实验和冒险才能从安稳大厦走出，经受动荡起伏的煎熬，这多少会直面生活不美好的一面——转瞬即逝的死亡。爱默生在散文《经验》开篇的向天之问"我们在哪里找到自己？"来自中年丧子的痛苦经验。三岁儿子沃尔多的夭折带来的创伤难以名状，反思追问文化承诺，其力量本身构成意义回响。没有什么比死亡消失更令人能够审视以往被视作理所当然的真理了。然而，文化真理远远架设在自然真实的位置之上：

> 我们在哪里找到自己？我们不知道我们从哪里来，到哪里去，相信没有起点和终点，而是醒来发现自己在梯子上，在我们的下面是梯子，我们刚从那里爬上来，在我们的上面也是梯子……万物飘忽不定。没有什么比知觉更使生活变得岌岌可危，我们像鬼魂一样在这个世界游荡，而不知道何处是自己安身立命的地方。②

爱默生从个体经验出发追问古老的哲学问题"我们在哪里找到自己？"，这种追问的意义把普适性理论答案置入个体经验之中考察。1842 年 1 月 27 日，爱默生的儿子沃尔多去世，丧子之痛触发了他的哲学思考：

> 我真正感到悲痛的是，那悲痛竟然没有给我任何教益，也没有把我带进真实的自然一步……现在，我们除了死亡便一无所有。但我们仍带着一种苦中作乐的满足，期盼着它，说什么我们至少还有不会躲避我们的现实。
> 我将万物的这种昙花一现、不可捉摸的特点看作我们自身处境的最丑陋的部分，当我们把十指攥得最紧的时候，它反而使物体从指缝间溜了

---

① 爱默生：《爱默生随笔》，第 258—259 页。
② 同上，第 252 页。

出去。自然并不喜欢被窥探，她只喜欢我们成为供她娱乐的小丑和游伴。我们可以有打板球的地方，却没有一颗向我们的哲学提供的浆果。她也从不给我们直接击球的力量。我们的击球只不过虚晃一拍，就是击中，也纯属偶然。我们相互间的关系也是拐弯抹角的、出乎意料的。①

　　一些学者指责爱默生对丧子之痛的表达竟然是对痛苦的否定。卡维尔则认为这一段话揭示了存在主义的核心主题——向死而生，并且认为爱默生预见了海德格尔的存在主义哲学。卡维尔认为爱默生把丧子之痛转化为哲学之思和批判。"万物的这种昙花一现、不可捉摸的特点被看作我们自身处境的最丑陋的部分"，传统形而上学用理性方法或者数学方法处理了现实存在变动不居的问题，理想主义的乌托邦为心灵预设了避难所，一座疗愈城堡。但是，这仅仅是可能的经验，理性经验不能够取代实际经验真实存在的问题。技术控制的方法固然提供了认识人生和把握命运的有效工具，爱默生认为自然命运也有自身超越的动能。儿子的死亡表明了自然秘密不可能被窥探。爱默生以击球比喻人的工具方法应对自然方法的复杂情况，有时是"虚晃一拍"，有时"偶然击中"，有时"拐弯抹角"以及"出乎意料"，换句话说，自然的秘密蕴藏的方法超出理性工具方法。难道这是转向承认人的工具方法输给自然之道吗？事实上，爱默生通过儿子夭折的伤口乞求打开新的经验，追问经验定位在理性还是直觉，"我们在哪里找到自己？"哲学追问从个人创伤经验出发，显然，这是对传统的普适性理性方法的修辞性批判。

　　新人的感觉将会指向超越传统工具方法的新方向。爱默生描述了现代人的无根基的感觉：人在梯子中间行走，既看不见开头也看不见终端，伴随着"飘忽不定""游荡"的感性的实存状况，精神缺乏安定的住所。精神流离失所的感觉意味传统理想主义乌托邦与现实境况的不相协调，所以有必要通过发问重新定位方向，"我们在哪里找到自己？"这一问题在全文出现多次并赋予本文特殊意义：传统思想以超越的理念优先于实际的存在，而新的经验必然是在传统经验与自身感知的经验两条线之间展开。因此，"我们在哪里找到自

---

① 爱默生：《爱默生随笔》，第213页。

己?"可以解释为"我们应该怎样使自己安身立命?"或者"我们应该怎样使人生更富有本真意义?"对于方法的关注胜过于问题答案,传统经验观念把意义定位在世俗经验之外,世俗与超世俗就成为问题的核心,这涉及对历史时间重新解释。

不仅哲学区分了纯粹理性经验优越于感性经验,宗教教义也区分了世俗与天国并且强化了后者优先。感性被忽视或者被贬低造成观念与实际经验的脱离与失真。时间是理解哲学与神学超验的东西的条件。缺少时间这个条件,后来者对既定观念的理解就成问题。爱默生写道:"非常不幸地发现我们被逐出伊甸园而存在于这个世界上,但是发现太晚了。""太晚"意味着亚当被上帝"逐出伊甸园"事件是先于后来者发生的事件。理解整个事件的时间条件不复存在。文字记录的事件结果并不能代表事件发生的真实过程。爱默生想要表达的宗教经验是一种内在于生命的体验,而不是通过牧师从外部宣讲教义的道理。同样,如果一种文化过于强调理性对感性的治理,这意味着体验的过程受到阻断。崇高理想与实际经验缺乏融贯性,造成现代人飘忽不定的无根感觉。"太晚"以及"太早"均表明对文化的理解需要时间衔接或阐释架桥。爱默生向读者传递一种信息:完全没有必要把生活在这个世界看成一件苦差事,"我"在这个世界经历"我"的存在,认识自我是一个经验展开的过程。毫无疑问,爱默生希望对传统哲学与神学预设的彼岸与此岸的分离进行一番改造和修订。

追问"我们在哪里找到自己?"凸显追问者的声音而不是答案,声音与生命经验在今世构成追问的出发点。今世作为丰富经验的场所受到重视:感觉欢乐与痛苦、感知的细腻层级、发现纯粹之美与智能之思的力量,这些是时间场中发生的事件。相对于理论形式,经验的复杂蕴藏着新异和机遇。这也是为什么爱默生肯定现世生活,鼓励人们体验生活并且告诫知识分子"不要因思考让自己疯狂,做好自己的事。生活不是用来思考或批评的,而是顽强不屈的。只有身心平衡的人而不是质疑一切的人才能享受生活所带来的欢乐。我们活在生活的表面,真正的生活就是要学会善于在表面滑行"。[①] 表面与深度是一

---

① 爱默生:《爱默生随笔》,第 256 页。

种关系,表面与深度属于生活经验,所谓"学会善于在表面滑行"是批评知识分子脱离实践行动、专注思考的片面性。① 生活作为行动并不同于灯下静思,也不只是智能理解与分析的思维活动,它还包含人的情感、知觉、欲望和意志。爱默生强调说:"过好每一分钟,在每一条路的每一步上找到行程的终点,最大程度地过好生活就是智慧。由于我们的任务与分分秒秒有关,让我们珍惜它们。今天的五分钟值得下一个千年的五分钟。让我们平衡生活,拥有智慧,做好我们自己,拥抱今天。"②这里强调走好现实的每一步,从思考生活意义转向投身生活经验。传统哲学忽视当下生活并把其看作真实存在的一个影子。爱默生认为美国哲学应该避开这种单一的追问方式,回到生命经验而后发现新的真理。任何新哲学的重建总是以反思哲学为前提,因此,要建立美国哲学,就需要不断地返回传统哲学基础——生命、生活,戏剧冲突与哲学原本就是一对老伙计。③

美国早期移民漂洋过海来到新大陆,将旧世界抛在了大洋的彼岸,迎面而来的是自然荒野等待着被发现和阐释。美国人面临的新环境预示着他们必须发现和重构自己的文化理念。旧的文化已经不能解释并支撑新土地上人们遭遇的困难。时间的过渡把认识的信条变成了暂时的真理。爱默生认为真理与时间密切相关。真理不是一劳永逸地对自然的概括和总结,真理仅仅是自然圆弧上的一个片断。不变的绝对真理只能代表着人的渴望,"人们喜欢来到一片高地对自然进行一劳永逸的概括"。然而,"自然憎恶被窥视"。④

西方的形而上学将思考抽离生命感知的做法植根于古希腊文化中的柏拉图理念主义。该思想传统使人倾向于从理念形式看待世界的事物。因而,就有了某种界定和限定。与此形成鲜明对照的是,在中国道家世界观里,事物总是在变化之中。时间穿透于万事万物,时间不独立于万物之外,而是构成万物的基础。没有脱离存在的时间,也没有脱离时间的存在——那空渺的时间廊道,或者那独立超拔的所谓"永恒"在道家的世界观中是没有概念的。如果不给予现象的形式方面这种本体论的优先,而是认为它们在形式和变化方面处

---

① 爱默生散文《经验》分七个方面的讨论:幻觉、气质、连续性、表面、诧异、实在、主观性。
② 爱默生:《爱默生随笔》,第 256 页。
③ 阿兰·巴迪欧:《戏剧颂》,蓝江译,桂林:广西师范大学出版社,2021 年,第 40 页。
④ 爱默生:《爱默生随笔》,第 309 页。

于对等关系,那么,根据现象间的不断转化将之时间化,这种过程性的世界观使得每一种现象都成为时间之流中独一无二的"趋向"和"脉冲"。事实上,正是具有彼此渗透、融合涵纳能力的世间万物的不断转化才是时间的真正意义。从生活角度反观永恒,永恒体现在瞬间,瞬间蕴藏着深度的丰富。爱默生提倡的"过好每一分钟,在每一条路的每一步上找到行程的终点"体现了中国道家关联思维对时间的理解。道家拒斥把事物定义在"终结"这一字面意义上。因为"终结"描述事物间那些表面的分界,将所有的关系都化约为最表面和外在的关系,从而失去事物之间的关联性和完整性。道家认为完整性不是"实在或停滞的整个",而是"在同其他事物共同创造的关系中生成的整一"。① 爱默生与道家都把过程和变化看得比形式和静止更重要,重视活的精神,反对僵化的理论。不同的是,道家重视认识过程中个体的直觉感悟,目的是优化生命意义,使个体对每一特殊的现象给予审美鉴赏。爱默生则从独特的个体经验作为出发点,洞察经验世界中取之不尽的创新资源。道家哲学从独特的个体经验感受整体事件过程,这是一种经验敞开的参与并且体悟的行动,这区别于理性主义运用技术关闭生命经验,造成经验贫瘠与倦怠的感受。所以,爱默生在《经验》开篇追问"我们在哪里找到自己":

> 我们真的就诞生在一片贫瘠的自然,老天就这样吝啬她的火,而如此慷慨地献出她的土地,以至于我们仿佛缺少肯定的原则,尽管我们有头脑,可是我们没有充足的精神进行新的创造……我们就像处在河流低处的磨坊主,河流的上方已经用尽了水源,我们还想象着,上游的人一定是关上了坝上的水闸。②

一方面,爱默生相信"生命不可能被解释穷尽而仍将保持奇迹",并且主张回到生活经验获得"水"的资源与"火"的创造力。另一方面,爱默生把变化的经验世界称为"人生处境中最不美好的一部分"。变化意味着永恒消逝的时间,意味着人面对陌生的生存境况。然而,人的悖论就是渴望新颖,惧怕陌生。

---

① Roger T. Ames and David L. Hall, *Daodejing: Making This Life Significant*, p. 16.
② 爱默生:《爱默生随笔》,第 210 页。

投身经验意味着直面不和谐的矛盾双方，通过实践行动去获得对真理的认识。在爱默生看来，行动就是知识，而传统的哲学认为理性静观才是知识。进入 19 世纪，面对着新的土地和新的人民，爱默生认为哲学一直以来脱离实践，在理论体系中用哲学家熟悉的话语进行辩驳，现在到了转向实践哲学的时代了。爱默生警示人们关注实际发生的事物，重视眼前的、日常的，甚至于所谓的低俗事物。重视经验意味着尊重事物的整体性，从整体视角看待万物关联。高尚源自低俗，旧意味着新，死意味着生，事物在矛盾双方过程中互相转化并且生成新事物。爱默生主张实践是检验真理的尺度，号召人们直面生活矛盾，勇于实践并创造真理。

然而，怎样才能实现创造？用什么方法去追问宇宙真理，怎样才能赋予生命意义成为核心问题。散文《经验》开篇与文中多处提到的问题"我们在哪里找到自己？"赋予散文特殊意义。问题的含义不仅隐含着从失去家园到寻找家园，它还隐含着在哪里找到美国的民族性。爱默生的一句原话似乎透露了答案："我随时准备着死去而后重生，来到这个已经被发现而尚未到达的新的美国。"为什么说这个新生的美国尚未到达呢？存在着几种可能。首先，如果一个人已经到达美国，却不能体验美国性，那他就不能够真正地认识它并表达它。其次，建立一个民族并不意味着占领一方土地，必须找到或发现民族特征的文化。再者，如果到达新生的美国意味着发现自身的文化特征，就意味着思想上的重生，重生必然要离开对旧的文化依赖，找到新的认识真理的方式，从而构建自己的哲学。因此，散文《经验》的主题涉及了新与旧的诸多矛盾——旧哲学与新哲学、旧的个体与新的个体、古老的英格兰和美国新英格兰，要真正找到自己并确定自己不是在外在环境中，而是在独立的和创新的思想中。

创新思维的发生之地是混沌互渗的生命感知地带。生命感知先于智能并提供给智能所需要的数据。"我随时准备着死去而后重生"似乎是爱默生自身的感悟。注重智能控制感觉起伏引起的思想混乱，这是自古希腊以来西方传统文化对永恒的秩序的渴慕。爱默生洞察到恪守理论所带来的问题：它关闭了通往真理的大门。这种做法反映了人的武断和自我中心，同时又体现了人渴望完美与安逸的心理。然而，这种做法的负面效果也是明显的："尽管我们有头脑，可是我们没有充足的精神进行新的创造。"于是，找到自己从而确立自己与创新联系起来。如果创新代表放弃已知的和熟悉的,那么爱默生这句"我随时准备着死去而重生"则可以解读成:"我"随时准备放弃"我"熟悉的理论,备受不确定的煎熬,但是,就在"我"奄奄一息的时候,"我"从生命的海洋中找到了力量与灵感,发现了新的天地,找到了自己。方死方生是爱默生的辩证哲学,而引发思考的则是小儿子沃尔多的夭折。爱默生把儿子死亡的经验转化成哲思,追问自然新旧交替现象背后隐藏的转化,即从旧向新、由死到生的转化过程。因此,从文化建设角度来看,死、荒芜、贫瘠等被否定的东西在爱默生那里是新生、繁荣和富足的对立面,是有价值的。

爱默生从经验的视域认识真理的方法与道家的方法十分接近。老子在《道德经》第四十章里写道:"反也者,道之动也;弱也者,道之用也。天下之物生于有,有生于无。"① 老子在此揭示了"有无相生"认识活动的真相。我们对一个事件有所认知,认知到它的发生和意义呈现为"有",但是意义呈现在它的"无"之中,一个特定的有的观点一定是在它同时排斥或否定了另一个特定的观点之后出现的。老子针对当时人们认识的误区并且以"有生于无"以及"有无相生"的关联过程为人的认识活动打开一个空间。当然,这个空间发生的经验充满着本身的对立冲突过程。爱默生坦承:"我接受来自对立双方的碰撞""思想因对立面的碰撞而蹦出火花。"② "过程"在爱默生的散文《经验》中显得十分重要,是一个模棱两可的词语。"过程"这个词语一进入页面就被"吞没和遗忘"。这个过程不可避免地消解赋予过程的名字,同时也消解过程赋予的名字。这使得"过渡"与爱默生在别处叫作"放弃"的词联系在一起。正如爱默生在《诗人》中所评论的:"在拥有的和意识的思想之外",一个人"能够通过放弃到达事物本质而获得一种全新的能量"。③ 因此,发生在经验中的过渡与放弃代表着一种创新的力量。这就是天赋。④

三、深 度 经 验

法国哲学家德勒兹(Deleuze)把表面与深度的关系阐释为"放弃"与"到达"

---

① Roger T. Ames and David L. Hall, *Daodejing: Making This Life Significant*, p.139.
② 爱默生:《爱默生随笔》,第 257 页。
③ Stephen Whicher, eds., *The Early Lectures of Ralph Waldo Emerson*, Vol. 2., Cambridge: Harvard University Press, 1972, p.459.
④ Ralph Waldo Emerson, *The Complete Writings*, p.138.

之间的关系。根据德勒兹，尽管来自事物中心的感知还没有找到语言，但是它因为足够的强度被感知和发现。一切知识最初来源于深度的见识，深度是源泉的绝对物。表面的知识是对深度见识的制作。它们构成一种相对与绝对的关系。深度以其绝对的源泉确定内在的真实，以及延展至外在的相对的真实。但是，通常情况下，深度是被语言遮蔽的，只有当深度的感知内容足够强烈，仿佛那里布满了一座火山，要将深度的感觉翻腾到表面，正如满腔的热血已经沸腾，要把新的见识表述出来，才能达到新的统一。① 德勒兹揭示了一切知识来源于深度的见识。深度是未被理性思维平整或封闭的无意识区域。深度的知识内蕴于生命的感知，它经由天赋与才能，最终转变为文字语言。深度的知识尚处于暗昧的森林之中，热情的强度将会解放既往的观念束缚，进而用语言表达，这是从无到有的生产制作过程。

事实上，爱默生在《美国学者》中提出个体深度思想的普遍意义体现了德勒兹关于深度的观点。爱默生声称"他越是潜入自己最私密的预感——使他惊奇的是，他发现这越是最受欢迎的，最公开的，放之四海也是真实的"。这里反映了爱默生相信个体天性潜在的神圣性，而天性也就拒绝了语言的定义，从而维护了自身最本然的创造力。由于理性主义采用分离的方法排除了深度不可测的东西，爱默生采用实用主义的多元策略，主张返回生活本身，暂时忘记语词，"默不作声、踏实沉稳、超然物外、坚持自我；一再观察，甘受冷落，任人责难，耐心等待——只要他心满意足，认为他今日真有所发现，那就是莫大的欣喜。成功踩着正确的脚步款款而来"。这里"沉默""沉稳""超然""坚持"都指向耐心等待、被动接受灵魂中事件的发生，让不可认识的东西被听见，而不是浮在表面，言说非本真的事实。耐心等待体现忍受思想孕育的过程，表现了女性包容、同情与隐忍的特质。爱默生所强调的耐心等待，最终目的是超越，但是这种超越区别于抽象超越，近似于德勒兹的生命独特性的"超验"事件。

德勒兹认为"超验"指向了非人的、前个体的生命独特性事件。事件相对于任何二元对位都是中性的：内与外、个体与集体、特殊与总体——所有这些形成融贯。没有融贯，事件不可能拥有永恒真理。永恒指向内在斗争的事件。

---

① 德勒兹：《差异与重复》，安靖译，上海：华东师范大学出版社，2019年，第387页。

为什么超验场使人亲身经历事件发生？首先，超验场并不对应于经验场，在经验场中，"我"的意识统一并主导我自己的各个方面。其次，超验场也不同于无分辨的深度，深度区域是意识与无意识无法穿透的区域。相反，非人与前个体的意识在超验场中经验着并且观看着过程。德勒兹把非人意识称作独一性，它在无意识表面发生，独一性通过自发统一的方式移动，根据内在原则分布。相对于实在化，独一性分布在"潜在"之中，处于隐蔽的不可表达的"无"的状态。作为非我意识的独一性既不承认自我也不承认我，而是通过实在化创造自我与我。德勒兹思想的核心是指出实在化对立面——潜在。揭示超验场的独一性潜在的意义在于：相对于实在化的人（我）与个体（自我），只有独一性理论能够超越人的综合与人的分析，从而调和心理、宇宙与神学。潜在的人可以调和实在化的人的困顿。如果把德勒兹的独一性理论用来解释爱默生自我的诞生，爱默生在《经验》第16小节对自我诞生的描述就是这一理论的翻版：

　　生命的奇迹不可解释，但生命永远是个奇迹，所以它就引进了一种新的因素。我想，埃弗拉德·赫姆爵士注意到胚胎的成长中，发育不是从一个中心点而是从三个或者更多的部位共同进行的。生命没有记忆。那延续不断的东西也许可以不致被遗忘，然而那共存的，或者从一个更深沉的起因中迸发出来的东西，由于还远远没有意识，所以不了解自身的倾向。我们的情况也是这样，我们时而怀疑一切，或者没有统一，是由于我们沉湎于似乎都具有同等而又敌对的价值的形式和表象之中，时而又笃信宗教，尽管我们在接受精神法则。耐心等待这些心智的恍惚，耐心等待这些部位的同步增长；总有一天它们将成为器官，服从于一个意志。它们把我们的注意力和希望都钉在那个意志、那个秘密的起因上。生命由此被化成为一种期盼，或者一种宗教。在杂乱无章的细节下面隐藏的是一个音乐家的完美，那是总在伴随着我们游历的理想，那是没有一丝裂缝的天空。务必注意我们的启蒙方式……我首先获悉我接近一个新的美好的生命区域。通过我坚持不懈地读书或思考，这个区域显示出它本身更为深远的迹象，就像是在闪光之中突然发现了它的深沉的美丽与宁静，就像笼罩着它的云雾每隔一段时间就散开，把里面的群山显露给渐渐走近的旅行者,山脚下绵延的是一片宁静无边的草地,草地上羊群在悠闲地吃草,牧羊人又是吹笛,又是跳舞。然而,人们觉得从这个思想领域来的每一种见解只是一个开端,后面显然还有接续。这不是我造出的,我只是到了那里,看见了已经在那里的一切。是我造的! 不! 当这种雄伟壮丽的景象第一次展现在我面前时,我像孩子似地惊喜交集,拍手叫好。那种景象承受了万古千秋的敬爱,显得苍老,又因为充满了生命的生命,那大漠中阳光灿烂的麦加,则显得年轻。它展现了一个多么美好的未来! 我感觉到一颗不平常的心,由于对新的美的热爱,在激烈地跳动着。我准备跨鹤西游,继而再生到我在西部发现的全新而不易接近的美利坚。①

这里,爱默生描绘了生命的永恒真理:生命的奇迹不可解释,但生命永远是个奇迹。语言无法追随生命的新异脚步,语言也无法迎候生命的诞生,所以生命样式总是超越语言的任何解释,这说明生命本身是超越性的,不可算计的,神奇的。爱默生以生命科学为起始点考察人的经验,即以生命胚胎为例揭示生物遗传方式的网状多线互连作用,区别于智能以线性分析的方式。生物遗传运作方式是系统、复杂的,相比之下线性分析方式是简约的。细胞呈网状自发地从深度进入平面,任何深度细胞的变化都将通过平面被看到,所以,看到的平面是深度的平面。这种深度是平面的关系,呈现生命自发的界域或延展,胚胎发育和成长成出具人型,即独一性的个体。生命胚胎成长强调了自发进行界定与打开,从而令人感到"生命的奇迹不可解释,但生命永远是个奇迹,所以它就引进了一种新的因素"。与此相反,智能方式关注技术的重复、记忆与运用,但是智能不能够再生长。记忆只接受"那连续不断的东西",然而从"一个更深沉的起因中迸发出来的东西,由于还远远没有意识,所以不了解自身的倾向"。爱默生以生命胚胎生长的方式表达生命奇迹的独特方法,类似于德勒兹超验的独一性理论。德勒兹通过生物遗传方法强调超验场的独一性,处于胚胎状的生物尚未发育成人,但是作为潜在的非人与前个体,人的胚胎已经存在并孕育它本身实在化的诞生,将成长为有意识的人与个体。爱默生与

---

① 爱默生:《爱默生随笔》,第 227 页。

德勒兹都是从生物遗传作为起始点,理解意识发展从无到有,从潜在到实在化的过程。爱默生强调生命胚胎是引入新的因素成长发育、过渡与转化的过程。超验场经历内部斗争的事件以及逐渐被意识接收到信息的过程就是从无到有产生意识的过程,它伴随胚胎发育生长的过程。在此,意识发生的基础条件是生命场生物遗传介质与神经网路的相互连接,前意识、潜意识与意识相互连接、相互作用。新的生命因素的冲动欲求从潜在状态进入实在状态。美国这个新人诞生需要经历从起源到开端事件,这两种状态的过渡与转化是美国经验自身独特性的基础条件。然而,一个经过知识训练的知识分子又如何能够做到迎接自我诞生?这近乎新的神话。

爱默生提供的自我诞生的图景是操作性的和描述性的。新的自我诞生于内在意识的转化,而内在意识与生命场密切关联。这是超验场域的意识活动——无意识、前意识向意识传递信息。整个过程是等待自我从潜在向实在事件发生的功夫,这一过程被这样描述:"耐心等待这些心智的恍惚,耐心等待这些部位的同步增长;总有一天它们将成为器官,服从于一个意志。"这些句式表达思想的回行并沉入基础的特征。"心智的恍惚"是内在发生的事件,智能统帅转向沉思,伴随着游牧散漫的"恍惚"。耐心等待"心智的恍惚"到"一个意志"的汇聚,这个过程不是凭借现成的技术,而是亲身经历灵魂与身体内部的事件。"恍惚"是老子爱用的语言,象征道之气的运行。老子用"恍惚"形容为道的情状:"道之为物,惟恍惟惚。惚兮恍兮,其中有象;恍兮惚兮,其中有物;窈兮冥兮,其中有精;其精甚真,其中有信。自今及古,其名不去,以阅众甫。吾何以知众甫之然哉?以此。"[1]老子教人为道讲究功夫,其方法不是通过智能分析,而是参与生命超验场域,忍受经验打开的"恍惚",伴随不可辨识的陌生感。因为来自深度的经验无可分辨,连贯发生,最终汇聚成一个凝结点——超然的视点。由于它与生命场事件密切相通,凝结点既是自我又是非我,这种似是而非的我是中性的,也是超然、无动于衷的。相对于在一个维度中考察生命基本要素,并且用神的概念指涉超验的绝对,凝结点与超验场的关系连接了物质与超物质、晦暗与明亮、逝去与持续存在、古老与今天。爱默生认为内蕴的

---

① Roger T. Ames and David L. Hall, *Daodejing: Making This Life Significant*, p.107.

超验经验揭示了独特性的个体真实的深度经验，这是值得耐性等待的心灵事件，所有的意志服从"一个意志"，即生命的生命意志，从而获得扩大的视野，看到了新的景象。"这不是我造出的，我只是到了那里，看见了已经在那里的一切。""那种景象承受了万古千秋的敬爱，显得苍老，又因为充满了生命的生命，那大漠中阳光灿烂的麦加，则显得年轻。"用德勒兹的超验概念理解爱默生描述的图景，意义本质上是被生产出来的，在生命经验中领悟被表达的意义，不再是现成的命题概念，而是在经验场中重新"看"，心灵事件超出意义概念。①

超验经验得到的新异以及愉悦使得"忍耐"的行动变得有意义。"忍耐"并等待使当事者见识内蕴事件从无到有的发生过程，最终凝聚成一个意志的点，该点是亲身经历到的存在与感觉意义的统一。正如爱默生描述的，"从这个思想领域来的每一种见解只是一个开端，后面显然还有接续。"因此"这不是我造的"，这是超验的我自发造的，通过我表达了而已。然而"我只是到了那里，看见了已经在那里的一切。是我造的!"，这是对新的我的肯定。其重要意义在于，我经历了一种转化：从潜在之我的感知转化为实在之我的表达，这是在生命场经历的无数事件中被拣选的意义事件，也就是说，我诞生了我自己，表达了此时此地的一个思想开端，区别于先于我出生的开端。

斯坦利·卡维尔指出爱默生作品中的"服从主导我意志的意志"是中国古典思想的"道"。问题是服从生命的生命意志，或者道的意志意味摒弃自我意志吗？其中的实用目的是什么？首先，以超验场中形成的凝结点作为视点，它首先是以一个意志调校个体意志的视点，怎么看世界与生命场中的事件过程的关系？以静止的被给予的方式看，无事件发生。从生命场的角度看，在实在的与潜在两个面向之间形成如此中观，在生命机制作用下，实在在内空间面向就会缩小，而潜在朝向外空间扩大并且逐渐外化。在真正外化实现之前，这一超验中观提供一种"期盼"的"宗教"，一种"隐藏"的"完美"，一种"游牧"的"理想"。潜在事件作为内部发生事件被经验确认并且决定。道的超验方法与希腊的超越方法的不同在于：超验方法强调生命本体与意识事件的关联性，生命经验过程与意识过程是一种相互激发、相互依存与生成转化的关系，对此感

---

① Gilles Deleuze, *The Logic of Sense*, trans. by Mark Lester, eds., by Constantin V. Boundas, New York: Columbia University Press, 1990, p.140.

觉是中性无感的。任何命题包含的双重性构成对位双方,例如个体与集体、特殊与普遍、同一与差异。感觉的中性既超出命题的双重性又超出事态。它处于没有位置的位置,它是不可言表的名词。但是,它对于新的事物的出现给予期待。由于内在事件意味着斗争与和谐,因而是潜在的完美,游牧的理想。由于古希腊的方法强调技艺与规范,它的超越方法已经是实在化的完美,明确界定的理想,也是作为思想呈现的结果。希腊形而上学是人为设计的,作为结果,它与生命真实经验不连贯,甚至妨碍了生命创造到概念创造的融贯性。而中国式的道的超越是触发思想的源头活水,对于经验与思想而言都是一种期待。①

其次,作为欧洲后裔,爱默生急迫需要寻找一种方法代表美国人做新的表达。新的历史扎根于基础的开始,区别于无根据的形而上学理想。将两种文化模式进行比照、拆装、重塑、整合,并通过话语表达则属于美国造的历史。正如爱默生描述新的图景,指出它不是"我造的",继而断言"是我造的"。这是通过超验的中性视角抵达了新的图景并且作为美国式的表达。对于爱默生,关注"谁在说话?"而不是关注谁说了什么变得重要而急迫。超验的"一个意志"与"谁在说话?"的关联在于我的语言表达受高于个人意志的意志的指派,是在"忍耐"与"扎根本能"的方式中逐渐产生的,可以说我诞生了我自己的意识。德勒兹在谈论"谁在说话"的问题时,指出三种说话者:"我们有时以个人声音说话,有时以普通人来说话,有时以基础非人的声音说话。"②关注"谁在说话"是使自己找到基础非人的声音。这一声音是文化奠基的条件。爱默生的声音突出了"基础的非人的声音",因为它是潜在的个体的声音,它悬置了实在化人的声音。"基础的非人的声音"与实在化的人进行抗辩、争执,甚至转身离开。爱默生认为美国人还没有通过真正的经验——超验的经验抵达自身的潜在性,对潜在的未来期待迎接说话者的真实到来,迎接新人的诞生。

爱默生的超验经验体现了德勒兹的哲学观,"哲学是一种行动,并且是为了变革的行动。这就是为何哲学不满足于进行反思,此种反思从超然的立场出发,并且宣称要对世界进行解释性描绘或独断性规定"。这也是爱默生接受

---

① 汪冷:"本有的'道'说——论海德格尔的事件观",《南京邮电大学学报》,2020(1),第100页。
② Gilles Deleuz,*The Logic of Sense*,p.94.

康德超验的概念，摒弃哲学反思的方法，他走出意识的框架束缚，致力于方法变革中的新事物。德勒兹对新鲜事物的界定是，"新鲜事物是不可描绘的尚未到来的。如果它的到来可以预先描绘，那么，它就不会是新鲜事物。因为那样一来，它就被纳入当下的规划之中，权且作为对于未来的规定。"①爱默生强调了不可描述的感觉事件发生的图景，描述了一种"期盼"的"宗教"，"隐藏"的"完美"，以及"游牧"的"理想"，这些对潜在的描述都是模糊不确定的，却用来抵御实在化对应的指涉，从而确认潜在的新事物。然而，这是作为一种对未来的期待。由于看的方式以及看到的图景不同，表达方式也不同，并且注重新的因素的引进，因而被爱默生视作属于美国人的经验表达。

爱默生把美国的诞生看作个人的诞生。而个人的诞生意味着思想事件，是新人存在与超越存在一并发生的精神事件。在此，自由与限制在两种模式中交互呈现。传统文化与自然作用一并作为考察范围。当爱默生把苏格拉底的箴言"认识自然"首先是"认识自我"改写成"认识自我"与"认识自然"是同一件事的时候，他把苏格拉底采用的整体划分成部分的思辨方法颠倒过来。苏格拉底"认识自我"采用的是对自我的反思方法，正是反思使人来到理性，或者说用理性占据整体的意识。古希腊思辨方法注重智能、理解与分析。爱默生认为美国个人的诞生需要体现此时此地的存在与精神活动，存在的基础条件首先是要找回整全的人，并且把人视为"一"。这个"一"不是传统模式数字的"一"，而是生命全息的不可度量的整体的"一"，这是不可测量的尺度。

然而，要获得对人的完整的理解需要放弃二元对立的分析方法并采用超验视角。非分析性的超验视角是通过参与本能的行为获得感知。爱默生在《美国学者》的结尾提出"坚定地扎根自己的本能，寸步不移"。紧随其后，他说"忍耐——忍耐"。②"忍耐"的呼声同样出现在《经验》的末尾一段，"忍耐，再忍耐，我们最终会获得成功。"运用超然中观的方法去体悟潜意识的自己、本能的自己，而不是运用意识中自我的概念去分析自己，接受内在连续发生的事件，这是一个修炼悟道的过程，需要耐心与坚持，他不是依靠思辨争论。在此，"一

---

① Ilai Rowner, *The Event: Literature and Theory*, Nebraska: University of Nebraska Press, 2015, p. 142.
② 爱默生：《爱默生随笔》，第 23 页。

个人将回归孤独寂寞之中，他心清智明，豁然开朗，这就是他进入新世界时会具备的情况。""扎根自己的本能"与"忍耐"，都是学者需要培养的新实践功夫，它不同于书斋里的研究方略，而是把自我视作事件发生的场所。自我就成为戏剧舞台，同时也成为阅读的文本。此时，自我是生成的而不是被定义的。如果说自我是被定义和解释的自我，那么，这个自我是理性的人，是前后一致的人。然而，根据爱默生的观点，社会的文明并没有产生真正的完整的人，相反，社会的进步使人越来越依靠作为工具的理性，人的本能逐渐被抑制而淡忘。这意味着，现代人作为一个有专业技能的人居于一隅，他们懂得专业技术却失去了视见天地万物共生能力。

在爱默生观念中，学者的责任更应该体现在他对美国文化的建设与创造，而不仅仅是受过专业训练、从事研究的工匠。"扎根本能"就是学者承担起责任的基本的行动。这关系到思想资源的开发和利用。由于美国脱胎于英国，秉承了欧洲文明，它占有了新的疆土，却没有抵达对于美国人的独特性的感知和认识。美国人的独特性一定不是英国人保守的样子，不是法国人浪漫的气息，也不是意大利人的热情透着帝国的骄傲。爱默生呼吁美国学者"扎根本能"。"扎根本能"代表一种逆向思想行动。就思想而言，本能代表着无思——意识发生的根据地。就能量而言，本能代表身体，而不是智力。智力的迸发、才华的显现是依靠激情的推力，进入智力的构型。这样看思想的发生，本能就是在自身寻找生命自发的动能，体验身心迷醉的事件过程。心智清明必然经历气化生命能量的玄妙转化。如果一个学者想要有所建树，有所贡献，就需要利用自己的天赋资源，开启无意识的地带将会使他获得新的感知，新的启发，乃至新的表达，而这与他沿着受过训练的思路是不同的。

爱默生认为历史归结为两个构成要素：灵魂与自然。"扎根本能"是忍受原初经验的混乱，忍受来自无分辨的深度的晦暗，忍受不确定的事件的过渡。在那里，时间仿佛凝止了，融入了它的间距。在那里，当下没有了尽头，无始无终，始就是终，终就是始。它发生了什么？"扎根本能"陷入当下的深渊，因此也失去了庸常的当下时间，当下的线性时间在"忍耐"中停止，转换到另一个时间维度，深度呈现共时性的时间维度。由于意识到共时性与历史性凝聚点，过去向这里汇聚，未来从这里开启，当下时间的密度与感知的厚度增强意识，于是出现新的图景:"雄伟壮丽的景象第一次展现在我面前时,我像孩子似的惊喜交集,拍手叫好。那种景象承受了万古千秋的敬爱,显得苍老,又因为充满了生命的生命,则显得年轻。它展现了一个多么美好的未来! 我感觉到一颗不平常的心。"增强的意识体验产生全新的世界图景,这是一种重生的惊讶和喜悦!

时间因为开端而被分为两种,一种就是开端之后的有序的时间,另一种则是开端之前的时间,它是无始无终的永恒的循环运动。当学者以本能的方式思考,他与自然重新亲密接触、联系、相互关照,学者开始阅读自我,就像梭罗在瓦尔登湖边以深不见底的湖水为尺度,阅读自我、阅读自然,自我融入自然,而自然使我焕然一新,梭罗在瓦尔登湖感受到体验的经验,并写下中国孔子的"苟日新、又日新、日日新"。自我带着一种全新的眼光,回忆充满生命意义的事件,获得新的力量和启示后展望未来。此时,自我有话要说,因为活跃的生命一旦受到激发,思想之门开启,新的内容会寻求新的形式表达并呈现它自身。而当一个人"扎根本能",处于无意识的晦暗之地,他面对的是冒险。不确定的思想所带来的风险此时如同行走在黑夜,考验人的心理承受力。然而,当意识在技术主导下以连贯清晰为优先考虑的时候,美妙新异的思想事件不会出现,因为当运思的人站在日光下行动,一切未知的冒险与恐惧被规避了。

有趣的是,爱默生在《经验》的第17段在考察了世界各国对第一因的概括之后,摘录孟子论述生命与无限的关系并且声称"中国孟子的概括不可等闲视之。'我知言,'他说,'我善养吾浩然之气。'——'敢问何谓浩然之气?'他的同伴问道。'难言也,'孟子答道,'其为气也,至大至刚,以直养而无害,则塞于天地之间。其为气也,配义以道;无是,馁也。'"[1]爱默生也汲取了孟子说"大而化之之谓圣,圣而不可知之之谓神"的思想。从这个意义上来说,不能了解的天就是超越我们普通语言和理性的实在,然而它始终是我们从存在角度去经验的实在。爱默生选择"气""道""超灵"而不是"存在""上帝"作为宇宙本原,是拆除有限个体与无限世界之间的"一堵墙",让个体"立足于汪洋大海之滨,这就够了"。这样理解生命,它不仅是现在的,也是未来的,个体无限的可能性即

---

① 爱默生:《爱默生随笔》,第228页。

来自从超验场看待生命存在和意识关系,首先是看待作为"浩然之气"的生命,通过"坚定扎根自己本能"而获得好的健康的新经验,这种生命图景是"有关生命学说的基本原理"。一旦这个原理在心灵中扎根,它不仅给予个体社会信仰,也是"对肯定陈述作一些限制,那么新的哲学必须把它们吸收进来,并做出超越它们的断言"。①

---

① 爱默生:《爱默生随笔》,第 229 页。

第六章 蒙田的经验

蒙田(Montaigne)①是法国 16 世纪的一位人文主义作家,他在《随笔集》里以独特的文风和犀利的语言体现了现代人的批判精神。蒙田以"我知道什么?"的怀疑论引发探索理性之知,笛卡尔(Descartes)以"我思故我在"回应蒙田。帕斯卡尔(Pascal)提出情感信念"我相信"消解蒙田彻底的怀疑。他们三人是法国现代主义思想的奠基者。一定程度上,蒙田是笛卡尔与帕斯卡尔哲学的预备,他们通过"我怀疑""我知道""我相信"三种不同态度,共同构成法国近代哲学的开端,并推动了法国哲学的发展。蒙田是爱默生代表人物中的一位特殊者。爱默生花了较多的篇幅说明自己从"萌发"喜爱蒙田到"选择他作为怀疑主义代表"。这在其他代表人物文中并不多见。此外,爱默生对蒙田喜爱的同时也流露几分谨慎。因为,蒙田以"我知道什么"向传统理性主义提出质疑,这很具有颠覆性。爱默生在撰写蒙田时提及同样喜爱蒙田的其他名人,例如英国诗人约翰•斯特林(John Sterling)曾写信告诉爱默生,他曾专程造访过蒙田别墅,并将蒙田的亲笔题词抄写挂在书房墙上。此外,爱默生还提到威廉•莎士比亚曾在一本翻译的蒙田《随笔集》上亲笔签名,被收藏在大英博物馆,结果有一天拿出书来,博物馆员看到的是约翰逊博士的签名。爱默生书写蒙田,提及名人与蒙田有关的趣事,说明蒙田是一位极具个性、风格独特的法国代表人物。本章第一部分考察了蒙田的独特文风如何成为爱默生决定选其作为最佳代表人物的原因。第二部分比较蒙田"个人主义"与爱默生"个人主义"观念的相似性与差异性以及爱默生以此作为出发点探索新的超越路径。第三部分通过蒙田"坠马事件"揭示心灵无意识经验的向度,从而为爱默生批

---

① 蒙田(1533—1592)是法国文艺复兴时期的思想家、作家、怀疑论者,其散文对弗朗西斯•培根、莎士比亚等影响巨大。

判传统文化提供了新的阐释空间。第四部分考察了爱默生在寻求信仰之路中吸收中国古典文化道家关联超验思想的合理性与可行性。

一、蒙 田 风 格

蒙田在《随笔集》中描绘了人的真实品质，表达了人文主义思想："在一切形式中，最美的形式是人的形式"；人的价值应以"本身的品质为标准"。人占据了句子中心位置，突显了以人为本的新时代思想。不仅如此，蒙田还表达了对现实生活的肯定："我热爱生活""我全身心地接受它并感谢大自然为我而造就的一切"。在经历了漫长的宗教神主导世界历史之后，人的世俗生活感知经验开始出现在作家的笔端。蒙田写《随笔集》凸显了"人"的本来面目以及"人"的能力限度。蒙田所描绘人的平凡处境与过去不同，传统观念总是以人的本质作为视点，人的平凡生活处境被忽略不计，或不值一提。16世纪科学思想产生新的世界论，从而影响传统人类中心主义世界观。蒙田抨击人类中心论的骄傲心理，表达内心对一切不自然东西的厌恶之情，通过把人置于平凡处境，展现世俗生活中的戏剧性事件带给感知经验的冲击。蒙田批评传统理性至上，目的是强调人应该适应生存的重要性。如果人不适应生存处境，这个处境就会成为自然中不愉快的地方。蒙田散文无处不在地表达传统理想与世俗生活的戏剧冲突。

爱默生正是看到蒙田以生活哲学作为思想基石，因而用这位法国作家的素材重新检验两个世界的关联：一个是完美的理想世界；另一个是复杂的现实世界。在爱默生看来，完美与充实并不相互排斥，思想是相互关联世界的事件。而蒙田思想恰好表达了一种适应存在的生活哲学，而不是倾向理论的严肃哲学。对于爱默生，蒙田的思想是相对于自己最崇拜的柏拉图严肃思想的另一极——有趣。但是，爱默生仍然以严肃的心态遮掩阅读蒙田随笔时候的欢喜，他称蒙田的哲学是一种"流动、灵活的哲学"。当然这种流动与灵活性是相对于传统观念的确定性和稳定性而言的。蒙田随笔的趣味性来自生活本身琢磨不定的流动性，夹杂着闹剧、戏剧和悲剧。蒙田敏锐地捕捉到时代信息鲜明的声音——关注日常生活的流动变化，适应生存需要一种哲学。适应生存也潜藏在爱默生心底。美国人脱离英国首先面临改良的事情，而适应新的生活方式是改良的前提。此外，蒙田博学多才，以一种独特的文风表达现代人思想，这些都让爱默生对之赞美有加。

蒙田的文风独特有趣，他能够以自然生动的方式谈论严肃的哲学主题。由于蒙田把风趣与思想有机结合：在他的思想里流露着生活情趣，在他描述生活事件里隐含着哲学智慧，这使蒙田的文字读来令人耳目一新。爱默生对其评价也是深入骨髓的钟情："一种有趣的独白……他的字里行间充溢着诚挚和精髓……砍掉这些词语，它们就会留血；它们有血管，有生命。一个人阅读这些文字感到由衷的喜悦。"①语言是思想的外衣，生命是思想的血肉，不同时代的作家像一个裁缝，为新时代的人量身定制新衣裳，使其感受符合时代变化。这件外衣是古旧还是时尚，读者是否喜爱自是最佳证明。爱默生赞美蒙田"带血的文字"无疑是对蒙田文字饱含情感的极高赞美。在一种崇尚理性主义的文化风尚之地，许多有思想的作家选择了冷峻而严肃的文风。似乎生命热情与思想冷峻很难兼容并蓄，正如康德所言，可感者不可思，可思者不可感。而蒙田恰好跨越了情感与理智之间的鸿沟，将二者完美地结合。此外，蒙田将思想面向生活现实，又用鲜活的生活检验和讽刺思想迂腐而不堪一击。这种文体风格也是爱默生奉行的写作原则：让高深的思想与流动的生活结合，哲学为生活实践服务。现代主义包含着确定性与不确定的特征影响着文体风格。这种风格与 17 世纪思想家的文风形成鲜明对比。这一时期的思想家们用严谨的逻辑陈述思想，甚至运用数学命题求证推导，以期获得思想的清晰。似乎有思想的文章总戴着一副严肃认真的面孔，鲜有真情实感的流露。爱默生本人对语词运用十分考究，他认为每个语词最初是一首诗，而作为符号的语言是自然物的"化石"，语气语调赋予语词生命气息。爱默生极力用口语演讲体行文，这使得短句富于节奏和韵律。写作是受灵魂、情感、欲望以及外部环境的触发而动，如果作者善用语词，文章就将呈现动人有趣的画面，从而激发读者的感觉与想象。此外，哲学主张理性对感性之物的压抑，造成完美与充实的两相隔绝。而蒙田能够让语言生花，思想就在一种鲜活情境下呈现出流动与舞蹈的姿态，这让爱默生喜爱有加，甚至不惜对其文风进行模仿。

---

① 爱默生：《爱默生随笔》，第 338 页。

二、个 人 主 义

尽管爱默生对蒙田风趣的语言与犀利的思想欣赏有加,然而,对于蒙田的微妙与过度坦诚也是小心谨慎。在蒙田之前,思想者很少把偶然性与必然性之间的过渡内容作为写作对象,而蒙田恰巧击中两者之间的微妙。这并非在于过渡内容流动、难以捕捉,而是在价值观界定下,偶然与必然之间过渡的东西很容易被忽视或贬低,原因在于过渡之间往往呈现模糊不清的东西。例如,蒙田声称一个人努力做一个善良有德行的人,也不能掩饰其与生俱来本性中的恶因子。蒙田甚至于声称自己"身上存在大部分恶行,如果还有什么德行的话,那就是偷偷溜进来的"。蒙田对自己的恶行毫不留情,也丝毫没有顾忌和任何遮掩,调侃中显示独特个性。然而,正是这些善恶内容使爱默生对蒙田的过度坦白冠以"个人主义之王"的称号。实际上,爱默生主张一种个人主义,并且声称民族性始于个人主义的意识觉醒。但是,爱默生冠以蒙田"个人主义之王"的称号,这意味着蒙田的"个人主义"带着法国人的自由粗俗。过度"自由"容易滑入随性,而"粗俗"代表着缺乏精英的精神追求。事实上,蒙田在法国宫廷供职期间研究过古希腊、古罗马的哲学与文学。爱默生为什么用"粗俗"一词形容蒙田呢? 这里"粗俗"一词指蒙田坦诚尺度过大,丝毫没有恪守贵族奉行的理想品质,相反,却流露出自然本能的随意倾向。这显示了爱默生钟摆式思想的特点。他在《自助》一文中强调个人自助的依据就是自然和本能,自然本能是爱默生个人主义路线的出发地,但是却不是终结站点。爱默生认为教养是一个人提升的主要方式,但是教养与本能、贵族与世俗之间的过渡也是非常重要的教育环节,自然本能的教育是一种鲜活的来自生命经验的东西,它是先在的,也是超验的。教育往往挤压了这个本能的先在的认知,而先在的东西可以成就一个人最真实的成长和认知经验,同时也是一个人察觉一线光明到来的神性的瞬间经验。因此,爱默生所提倡的个人主义与蒙田的个人主义有很大区别。爱默生个人主义的前提是相信人的潜在神性,唯有信仰人的潜在神性才能使人将现实的人与潜在的完整性人相结合。爱默生呼吁美国人自助,认为美国人要想变成一个良好的公民,首先,他应该是独立的个体,独立需要肯定天性中潜在神性的东西。蒙田与爱默生的个人主义的出发点与最终目标都不一样。蒙田受时代影响，大有从古典主义所强调人的高贵本质向人的自然粗俗滑落的倾向。在世俗生活的嘲弄与反讽下，传统文化建立的形而上学超越观念显得不堪一击与迂腐过时。作为一个社会高层人士，蒙田表达一种怀疑，当他面对中世纪社会秩序的瓦解，又无力重建一种新秩序的时候，他的思想最终走向"皮浪主义"①的怀疑，进而怀疑包含道德、科学等在内的一切人类知识的基础。蒙田的个人主义之王有其基础，即对信仰以及文化理念的彻底怀疑：

> 我在谈及无知时，说得又庄重又充分，而在谈及知识时却说得既不充分又捉襟见肘；谈知识是附带的、偶然的，谈无知则是特意的、主要的。除了论述虚无，我恰恰什么也不论述……我选择的写作时间正是我要描写的我的生命全部展现在我的面前的时候：我生命剩下的东西已更接近死亡。②

蒙田透露虚无主义的态度大有颠覆传统哲学对神性与永恒性的追求。蒙田不但不认同哲学家沉思活动的神圣性，相反，他认为脱离生活实际的哲学沉思是危险的，它不仅使哲学家脱离人的本性，而且破坏了同情心。蒙田在《残酷》一文中把同情心与善等同，认为如果哲人沉思活动丧失同情的能力，他就不再是善的，他也许沉思善，但不再拥有善。蒙田认为，善是自身拥有的同情心，而不是沉思的对象。此外，蒙田不相信人通过理性精神可以认识自我，也不接受灵魂的不朽理念，这些怀疑来自日常生活经验和观察。蒙田甚至专题论述现实生活中各种偶然的死亡事件，揭示生活真实现象对文化的嘲弄，讽刺哲学家对抗死亡、执迷于永恒理念的虚妄。蒙田表达了 17 世纪普通人的心理，把哲学从天空带到了日常的大街、市场和酒馆。③

爱默生对蒙田的批判紧紧围绕"个人主义"做文章。蒙田表达鲜明的人文

① "皮浪主义"指的是由古希腊哲学家皮浪创造的不可知论，其主要观点是：除了感觉或现象之外，世界本身是无法被认识的，因此排除彻底认识世界的可能性。
② 蒙田：《蒙田随笔全集下卷》，陆秉慧译，南京：译林出版社，1997 年，第 331 页。
③ Ann Hartle, *Montaigne and the Origins of Modern Philosophy*, Illinois: Northwestern University Press, 2013, p. xii.

主义思想,令人读来倍感亲切,他似乎洞悉个体的内心,替每一位读者索回自己应有的权利,并用语言占据这一权利位置。然而,这种个人主义也是爱默生谨慎对待的主题。爱默生主张把对柏拉图的批评限定在批判其理性对情感的越界、思想对存在的同化的范围,这种批判是追问和探讨的方式,而不是彻底滑向生活经验。蒙田对于是否存在最高知识的永恒理念提出"我能知道什么呢?",爱默生也在《经验》一文末尾说过同样的一句话,但是爱默生与蒙田的区别在于,爱默生认为正是对于最高知识的无知,人才需要不断地追问,追问的答案不在理论的苦思冥想中产生,而是在"不断地上路,不断地追问"。"上路"包含着很多含义。它包含从生活经验向着超现实经验或可能性经验的过渡行为,在一种交汇互叠、多方互渗的感觉行为中把握精神的一线光明。这是爱默生对最高知识的理解,也是对一种新人文信仰的恪守,而蒙田仅仅止步于怀疑,这是一种危险。

三、坠 马 事 件

蒙田怀疑论反映了现代人的经验,一种前所未有的经验不仅对现存秩序产生疑问,它更是一个人心灵成长的必经之路。蒙田《随笔集》中记录的"坠马事件"耐人寻味而富有经验性意义:

> 我的一个年轻伙伴跨上一匹高头大马,它大张着嘴,精神饱满,跃跃欲试,喘着粗气,显出它勇气非凡,要超过所有同伴。巨大的力量和茂密的鬃毛激励着他,他一勒缰绳,马便径直冲到我的路上来,像庞然大物一样向我和我的马压过来,用庞大的身躯把我们仰面掀翻在地。矮马惊慌地倒在一边,我则在恍惚中爬到了离它十几步远的地方;我的脸被划破了,手中的剑被抛出很远,马鞍也断了,我动弹不得,没了感觉。
>
> ……
>
> 我睁开眼睛,眼前一片昏暗,如此微弱,如此难以辨认,我甚至识别不出任何光亮来……说到灵魂的功能,它们经历了与身体相同的起始与过程。我看到自己浑身是血;上衣沾满了我的血……我感到除了紧闭的双唇,其他身体部位都无法控制了。我(仿佛)闭上了双眼,让灵魂任意驰

骋；我尽量拖延，懒洋洋地享受这种灵魂出窍的快乐。这是在我脑海中徜徉的一种想象，和其他部位一样软弱温和；而事实上，不但没有不适，反而掺杂着那种快乐的甜蜜，我感觉自己已经陷入了微微麻木和感觉模糊的梦乡。①

蒙田描述的这次意外坠马事件看似微不足道，只是个体亲身经历意识丧失与死亡的感觉。然而，蒙田强调了无意识感觉是不知道"我到哪儿去，从哪儿来，是几时几刻发生的"。蒙田强调了无意识经验接近死亡，它并不属于灵魂，因此并不属于"我们的"的经验。②"坠马事件"中的经验描写暗指了柏拉图灵魂马车飞升的超越经验。柏拉图在《斐德若篇》中以"灵魂马车"的隐喻论及世俗爱情以及超世俗的爱情。享受这种高层次的完美之爱需要认识两种马的牵引，一种是温良的马，另一种是顽劣的马。驾驭灵魂摆脱肉身的束缚是受温良的马的作用，这是经过教育和训练的结果。如果一个人的灵魂向上攀升，看见美好的神界图景，他就获得哲人的智慧，从而享受超越世俗爱的甜美。③ 蒙田"坠马事件"并没有沿袭柏拉图的灵魂马车飞升的思路，而是描述生活偶然事件带给身体和意识的冲击，包含灵魂出窍与接近死亡的意识模糊后的逸出快乐。蒙田用"昏暗""无法控制""任意驰骋""灵魂出窍的快乐""没有不适""感觉模糊的梦乡"等语词表达一种全新的超越感觉，不同于柏拉图的超越感。由于此前没有人描写过世俗真实灵魂出窍事件，蒙田的书写也就提供了一种全新的经验。至少，蒙田丰富了人类经验，从一种文化所崇尚的超越形式向另一种无限接近。

现代人的意识从古典主义的"我们"转向现代意识中的"我"，即从普遍经验转向个人经验。蒙田预见了 19 世纪无意识概念的产生，从谢林、叔本华再到弗洛伊德对无意识概念的兴趣与理论丰富了人的自我认识。对于爱默生来说，无意识是 19 世纪哲学的关注点，对无意识兴趣与关注的趋势正是美国学者的研究课题。蒙田的"坠马事件"中无意识经验是第一手、最基本的、最真实

---

① 蒙田：《蒙田随笔全集下卷》，马振骋译，南京：译林出版社，1997 年，第 47—48 页。
② "我们的"经验最初是作为共同普遍的可能经验被思考讨论的。从"我们的"经验向"我的"经验的转向，标志着现代思想从普遍主义向个人主义思考讨论的切入点。
③ 柏拉图：《斐德诺篇》，朱光潜译，北京：商务印书馆，2017 年，第 39 页。

的个人经验。在爱默生眼里,蒙田的写作反映了柏拉图灵魂马车的世俗存在的视角,世俗与超越构成一个整体视域。蒙田随笔把古典主义崇尚的永恒理念置入现代人对于生存经验中重新审视思考,具有启发性意义。爱默生在蒙田作品中读出非理念式的实存真理:死亡是现实,永恒是理念。爱默生在此基础上为死亡与永恒找到一种新的结合——无常中的恒常,即接近死亡实质上是迎来重生的先兆。

四、无常中的恒常

蒙田提供了人的真实经验,但是由于蒙田走向全面的怀疑,这对于寻求文化奠基的爱默生来说是一种潜在的危险。在《怀疑论者,蒙田》的最后部分,爱默生使用"警察"一词审查蒙田的怀疑观点,其语调的严肃令人想起爱默生的牧师职业惯有的语气。爱默生批评传统基督教僵化的形式主义,并辞去牧师之职,将布道放在了更大的、更开阔的场所,让自然神性通过人的体验道说。爱默生的怀疑与批判是从传统信仰向新型改革的信仰的转向,因此对蒙田的彻底怀疑表达了不安,所以进行严肃考察:

> 我想借此机会把这些怀疑或否定一一数说,来庆祝我们的圣米歇尔·德·蒙田的圣日。我要把它们从洞穴里搜罗出来,晒晒太阳。警察对待惯犯的办法是让他们在局长办公室示众,我们也必须用这样的办法对待怀疑或否定。它们一旦验明正身,记录在案,就再也不会那么凶恶了。但是我对它们怀着诚意——对它们的恐怖必须公正对待……我只是提出我能发现的最差劲的异议,不管我能处理它们,还是它们能处理我。[1]

怀疑与相信往往出现在个人与社会的转型与脱节时期。怀疑有其合理的一面,但是也会对个体信仰产生冲击。蒙田彻底的怀疑曾引发笛卡尔思考存在与思的关系。笛卡尔提出的"我思故我在"的命题代表着在诸多可能性中人的选择。但是笛卡尔认为人对存在可以怀疑,但是如果连自我意识也怀疑,人

---

[1] 爱默生:《爱默生随笔》,第 182 页。

就会陷入彻底虚无世界。一个没有希望的世界是灰暗的。笛卡尔继承西方理性精神，同时以我思故我在的命题开启了两条路线：一条是纯粹思想的路线，另一条是实际存在的路线，笛卡尔回应了蒙田"我知道什么"的疑问，表明人可以知道自己是有思想的。帕斯卡尔比笛卡尔更多地研究了人的怀疑根源问题在于"存在之物与人之间的不协调"，即面对世界无限多样性的景象，人不是兴奋而是挫败他的理解力，人根本无法认识无限创造的景象，无限对于有限冲击结果是对已知的怀疑。但是帕斯卡尔认为爱的情感能够弥补这个未知的空位，爱将未知的"我"引向对崇高上帝的信仰，在此找到自我的存在价值。

　　蒙田的怀疑引发笛卡尔与帕斯卡尔的不安与重新思考，进而推进探索真理道路新的向度和新的阐释。某种程度上，蒙田的怀疑同样也刺激爱默生的思想推进，毕竟蒙田经验代表着欧洲古典思想之链在 17 世纪遭遇断裂之后的重新拷问。蒙田的怀疑与爱默生的怀疑有许多相似点，例如关于自我认识的困难、个体性与社会性的相融与冲突、经验是否是确认知识的可靠途径，但是爱默生把蒙田的怀疑作为思想出发地。一如笛卡尔与帕斯卡尔以蒙田的怀疑开始思考新的路径一样，爱默生希望通过蒙田的怀疑，探索出一条美国人的信仰与思想之路。也就是说，蒙田促进了法国哲学的发展，爱默生希望借蒙田的怀疑促进美国哲学的发展，超越怀疑，走向新的信仰之路。爱默生通过超验主义审美经验解决西方信仰危机。他认为，当智力发展超过情感的包容度时，智力就会反过来怀疑道德说教，甚至于怀疑信仰，这意味着智力处于没有制衡的绝对统领状态的危险，智力与信仰失衡最糟糕的局面就是怀疑一切。事实上，智力的增长同时也滋生一种傲视天下的心态，在缺乏信仰的情况下，智力信马由缰，驰骋天地。爱默生认为西方信仰的危机在于对于理性过度的重视，忽视了情感的调谐与自适的功能。相比之下，中国古代圣人把人的信仰置入天地万物，对世界终极根源的直觉体认表现出敬畏与顺应。基于对绝对知识的敬畏，智力就会从一种无所不知的傲慢转向对绝对未知的尊敬，把神秘的未知托付给心灵，理智转向心灵祈求或接受信仰带给人的平和稳定，这能对人的精神产生疗愈作用，促使人产生新的希望，也会在被动承受之中孕育思之能量。爱默生提出一个观点："智力的轻浮导致对认真的情感的怀疑。"爱默生发现自然和道德更加宏大，这意味着有种超越智力理解的更高的道德。爱默生写道：

"信仰就是接受灵魂的肯定;不信就是拒绝灵魂的肯定。"灵魂是什么呢?爱默生在《超灵》里声称,"灵魂是无限的力量""灵魂是我们的主宰""灵魂是微妙的、不可测度的"。在《补偿》中,爱默生称"灵魂就是生命""灵魂就是上帝",试图把"生命"与"上帝"结合在一起。爱默生在主要作品里凸显人与上帝关系的中介是"超灵","超灵"包含了个体生命与潜在神性。爱默生通过"超灵"重新改进了柏拉图的纯粹灵魂,它不再是排除感性的纯性灵魂,而是综合感性与理性的超灵。理查德·格罗斯曼指出爱默生思想接近中国神秘的道,这表明爱默生从更宏大超越的层面改进西方理性范式下的道德概念,即在根本上,道与德与一个人的生存感知息息相关,理性的认识把握只是在此基础上的后来的认识。爱默生发现中国古典道的思想的深度的作用,即在一个超验的视域使信仰得以发生、维护、持存。正如老子认为万物承载着道与德,并提出"道生之,德蓄之,物形之,势成之。是以万物莫不尊道而贵德。道之尊,德之贵,夫莫之命而常自然"。① 老子从道的视角看待人性与道德信仰关联,道的视角即是超验的、前意识的,因为超验的东西不在认识范围,因此智力无法对超验层面进行分析,这一神秘领域由此通过信仰而得以被肯定,被相信,原因在于生命本身是谜。在自然中有内在的高于认知的东西作用于我们,对此的信仰与呵护首先在亲缘的存在获得体认接受,继而推己及人在社会中维护这一宝贵的经验。爱默生的"超灵"综合了抽象的至高绝对者上帝与具体的人的超验的经验,在终极绝对之处,智力、情感、想象力与爱获得统一与同一。但是,这不是一劳永逸的理论,它是实践中发生的信仰事件,这表明允许信仰的有无过渡。正因为此,孔子的修养实践显示出与西方理论架构的不同价值。

爱默生通过"超灵"表达了一种绝对超验的价值意义,填补了智力不及的空位,而道德情感被爱默生形容像大海一样宏大,因此它高于文字记载的或语言表达的道德。根本上,这种道德是超越道德的道德,是进入至高道境而被馈赠的东西。中国人的"道德"即通天达地,至广大而入精微,人在此已是转换了心境、忘却狭隘概念的自我。由于知识的局限,我们仍然处于有知与无知之间。缺乏信仰的调谐必然陷入知与不知的两极钟摆。诚然,我们对于自我是

---

① 老子:《道德经》,黄朴民译注,长沙:岳麓书社,2011年,第168页。

什么并不知道,但是对于宏大而超验的生命主宰怎能不给予一种信仰呢? 如果人还希望微芒而富于活力,我们怎么能够不尊重和相信生命的主宰呢? 爱默生在文末以智慧的方式调谐两重世界的冲突:

> 让一个人学会在短暂无常中寻找永久:让他学会容忍他一贯敬重的事物的流逝,而仍然不失敬重之情;让他知道,他在这儿不是工作的主导,而是工作的对象;还要知道:虽然深渊之下还有深渊,看法以后还有看法,然而万事万物最终还是包含在"永恒的起因"中——如果我的小船沉没,那只是到了另外一个海洋。[①]

"在无常中寻找永恒""在事物的流逝中不失敬重之情",以及承认"人是工作的对象"听起来似是而非,然而却表达了一种东方人的绝对物与日常生活不相隔离的观念。永恒并非预设在哲学的理念里,也不是在彼岸的天堂。老子认为,永恒在于对终极事件"道"的体悟、想象性的回溯、去除狭隘的概念化的自我,从而使自我进入生命真正的感觉,透视神秘事件的发生,在心灵的统摄下产生新知。瞬间的深度洞见伴随美的图景即是一种永恒,爱默生称之为"无常中的恒常"。

　　17世纪时期的蒙田的个人主义之问可以借来思考19世纪的美国个人主义之问。爱默生认为应接受无常的死亡,"在无常中寻找永恒",这显示了爱默生接受了中国道生生不息的永恒进程。这条道路与法国笛卡尔和帕斯卡尔提出的道路不同,而是一条东方的绝对物与日常结合的信念,即奉劝人们相信命运与命运中的神奇魅力。超验主义成为治愈怀疑主义的一剂良方。

---

① 爱默生:《爱默生随笔》,第187页。

第七章　新人文宗教经验

　　1838 年,爱默生在哈佛神学院做了一次演讲,即后来编入卷册的《神学院致词》。在演讲中,爱默生宣讲"万善之源就在人身上""如果一个人心地公正,那他在这一范围内就是神""弃绝自我的人,会因这么做而完成自我"。爱默生的新神学观念与传统教义相去甚远,因而引起教会的愤怒和强烈抗议,拒绝爱默生此后回母校演讲。

　　《神学院致词》成为爱默生个人以及美国文化史上的重要事件。然而,早在 6 年前爱默生辞去牧师一职就为这次演讲埋下了伏笔。正如劳伦斯·布尔在《文学超验主义》一书中写的那样:"超验主义史上突出的象征性事件是爱默生在 1832 年辞去波士顿(一神教)牧师职务,成为宽泛意义上的一名学者。"[1] 1832 年夏季,爱默生在辞去牧师前夕经历了激烈的思想斗争,终于清楚地了解宗教的性质以及作为一名牧师的任务。他写道:"下个星期天给我交流的信息是什么? 心灵的宗教不是欺骗,实践的宗教不是形式。宗教是生命。它是一个人的秩序与健全。宗教不是添上去的东西,而是使你拥有重获新生的能力。它是公义、爱、服务、思考、谦卑。"[2]爱默生在日记中越来越确信这一点:宗教在其源头、本质与显现方面首先是关于人的生命与体验,而不是僵化的经文与仪式对灵感的限制。这种明确的认识来自一种感觉上的紧张关系:外部的权威与内心的情感之间紧张,即正统基督教的崇拜形式与内在宗教体验之间的冲突。如果说 6 年前爱默生辞去牧师职务是超验主义史上的重要事件,6 年后的神学院演讲则标志着超验主义思想的确立。尽管这次演讲的听众属于小

---

[1] Laurence Buell, *Literary Transcendentalism: Style and Vision in the American Renaissance*, 1973, p. 21.

[2] Irena S. M. Makarushka, *Religious Imagination and Language in Emerson and Nietzche*, London: The Macmillan Press Ltd., 1994, p. 1.

众,但是影响力大大超出 6 年前的辞职事件。爱默生究竟宣讲了什么信仰? 它与传统信仰又有什么区别? 本章第一部分考察爱默生对传统基督教的改良。第二部分考察爱默生新的信仰来源——施莱尔马赫神秘的神学思想。第三部分考察爱默生世俗信仰的中国来源。

一、信 仰 的 改 良

19 世纪初,美国正处于资本主义快速发展时期,社会快速的发展需要宗教信仰的支撑和凝聚力。但是传统基督教教会受限于牧师宣讲僵化的经文,会众也因受到压抑而抱怨信仰与时代脱节。爱默生出生于五代牧师之家。生长在牧师家庭环境使爱默生的童年受到压抑,他难以感受到来自母亲的爱的温暖。在哈佛神学院读书期间,爱默生博览群书,与姨妈的通信使其接受了新的思想影响,并逐渐培养了一种辨识真伪的洞察力,即真实的信仰给予信仰者即刻体验到的亲切与甜美的情感。如果不能激发内心产生甜美的情感,一切信仰就是形式上的敬拜活动。爱默生《神学院致词》这篇演讲的对象是哈佛神学院毕业生,他希望这些未来的牧师能够宣讲一种新的信仰,即结合传统基督教信仰与自然宗教的信仰。爱默生在致辞的第一部分赞美自然万物和神秘的启示。这里的自然既指向莺飞草长、花蕾绽放的具体场景,又包含广阔而富饶的总体上的天空、大地和海洋。当自然既是具体的又整体地被思考时,自然的完美和神秘就会促动我们的感觉。爱默生描述了受自然促动的感觉:"人们不得不崇敬这个世界的完美,在这里我们的感官交流着""自然广阔与富饶的每一种财产对人的才能发出多么恳切的邀请!"这是浪漫主义的信仰,它体现了柯勒律治想象理论。柯勒律治认为,人的所有感觉中活的力量和初级中介体现在初级想象之中。想象是有限心灵对无限"我在"的一种永恒的重复行为。次级想象……是对初级想象的回应……融解、消散,以便重新创造;否则,这一进程不可能推进,次级现象试图通过观念化与统一化而进行创造。它本质上是充满生机的,即使所有对象物是固定的和死亡的。[①] 柯勒律治是英国诗人兼哲学家,他的浪漫主义想象理论体现了自然神论,即自然会对"理性"概念发出一

---

① Irena S. M. Makarushka, *Religious Imagination and Language in Emerson and Nietzche*, p. 20.

种新的、超验的呼唤，从而使人接近无限的超越。① 受柯勒律治浪漫主义神学的影响，通过写作和演讲宣讲想象的作用和对灵魂的超验的信仰，爱默生批判传统基督教僵化的方式：教会重复过去，模仿衰朽的形式，缺乏想象力。爱默生回顾了宗教与科学的发展源于精神好奇、发问以及选择的道路，然而，这是一条没有终结的道路：

> 心灵一旦敞开，揭示穿越宇宙的种种法则，还原事物的真实面目，大千世界就立即缩成这个心灵的一个图解和寓言。我为何物？存在是何物？人的精神发问，带着新近点燃而又永远不会扑灭的好奇。看这些超越一切的法则，我们不完美的领悟能力可以看见它们想走这条路，想走那条路，但没有形成一个完满的圆。看这些无限的关联，如此酷似，如此迥异，貌似多，实则一。我要研究，我要知道，我要赞美。思想的这些作品已经成为千秋万代精神的娱乐。②

宗教孕育了科学精神的成果，但是科学需要与智慧相伴。对绝对未知保持一份敬畏和想象是获得心理完满的方法。想象是诗人的事业，诗人通过艺术表达灵魂所见。爱默生赞美诗人。他告诉神学院学生，牧师应该是一个诗人，拥有道德天性的和谐与爱。③ 牧师最值得分享的是来自内在的生命，来自个体的灵魂，不是来自规范的形式。宣教把看者与说者结合起来。它是灵魂洞见的表达，它是灵魂与其他灵魂的交流。对爱默生来说，这种交流构成持续的启示过程，是从感觉到智能的互动，或一种"精神游戏"，是从初级的想象到次级想象的完整过程，是有限自我面对无限大自然的敞开，接受启示，感受无限自我的新生。这种完整的过程即感性与理性参与信仰活动并达至完满具足的状态，正如爱默生写的："心与脑向美德的情感敞开时，一种更加秘密、更加甜美、气贯长虹的美便向他显露出来。"爱默生在这里并没有指出这个"更加秘密"的美是什么，但是，他在第八段指出它是一切法则中的法则：

① 李枫：《诗人的神学——柯勒律治的浪漫主义思想》，北京：社会科学文献出版社，2008 年，第 27 页。
② 爱默生：《爱默生随笔》，第 25 页。
③ Irena S. M. Makarushka, *Religious imagination in Emerson and Nietzsche*, p. 18.

对这一切法则的感知总在心灵里唤醒一种情感，我们称之为宗教情感，它缔造了我们至高无上的快乐。它迷人、支配的力量神奇无比。①

爱默生认为这些"法则的法则"拒斥了语言，诉诸感情而不是认识。那么，对于最高未知者的敬仰感情就是宗教情感。哈罗德·布鲁姆注意到爱默生宗教思想的变化，深刻指出爱默生的信仰已经不是传统基督教的上帝，而是自然中的神，其思想的核心是被称为"自助"的美国宗教。斯坦利·卡维尔指出爱默生通过"服从一个意志"实现完美的圆；例如在《自助》中，爱默生以"谁不更服从拥有我意志的主？"指出人的自助源于对心中神圣意志的信仰。它是人与万物共同的自然法则，那个尚未显示出个体差异的善端。爱默生相信，"这是道德与智能增长的法则，它们上升到的不是某一个美德，而是来到所有美德的居住区域。"②同时，斯坦利·卡维尔指出爱默生的"服从一个意志"指向中国古典思想中的道。③ 它不是逻辑上语词的东西，而是万物存在的根源，或"法则的法则"。爱默生对信仰的改造运用了超验方法，它使人们从语言教义形式中解放出来，再次感觉自然无限的神秘与个体生命、情感和智能的关联。这种关联带给人的喜悦是一种启示、陶醉以及紧随其后的激发与振奋向上。以生命为本体开出的深广之境，其效果是人感觉到由内而外的心的完美的圆。显然，爱默生给哈佛神学院毕业生宣讲了一种新的救赎道路。这也难怪爱默生此次演讲激怒了神学院的权威人士，宣告爱默生为不受欢迎的人。爱默生把传统宗教对上帝的信仰转移到对超验的道德情感的信仰，这种是对宗教组织架构的一种破坏。这种新的救赎道路强调人与神的直接交流，批判并动摇了传统宗教信仰形式的基础。

爱默生宣讲自然宗教，目的是展开对历史基督的批判。爱默生辩解道，耶稣是历史上的人，通过信仰耶稣基督来信仰上帝意味着信仰者既不能直接与上帝交流沟通，也无法感受崇高情感向内心流入。此外，教会宣讲人的原罪，这就从根本上忽视了人的道德天性。于是，信仰不得不转向对耶稣基督的个

---

① 爱默生：《爱默生随笔》，第 27 页。
② Richard Grossman, *The Tao of Emerson*, p. 127.
③ Stanley Cavell, *Emerson's Transcendental Edudes*, p. 128.

人崇拜。由于耶稣是历史的人，那么，信仰变成为对过去的一种回忆。爱默生认为这两点是造成信仰丧失可信度的根本原因。相对于通过中介的信仰，自然宗教能够使人直接与神交流。爱默生主张：一方面，教会应该宣讲灵魂而不是耶稣个人，因为灵魂是作为通古达今的太一而存在，不仅个人分有这个灵魂，而且灵魂在爱默生思想中被视为造物主与被造物的统一，因此灵魂是万物的统一，也是事物的具体呈现。爱默生的灵魂观带有新柏拉图主义的神秘性，同时也有着中国"道"的意味。通过灵魂概念解释传统上帝的概念，其好处是因为灵魂平等分有，信仰就可以通过消除对偶像权威的崇拜转向真正的宗教经验。如果人的灵魂可以直接与神交流，信仰耶稣基督又有何作用？在信仰的平等权利得到保证的基础上，信仰便可以实现拯救或疗愈功能。

　　无论基督教还是自然宗教，信仰的核心是道德。道德是概念还是情感？换句话说，道德属于认识论上的，还是属于感觉经验上的？如果说对绝对上帝的认识是基于情感的超验认识，那么对上帝的认识需要从感觉经验入口。爱默生推崇道德情感，因为他相信道德情感产生的灵感比传统宗教形式有更深广的意义。爱默生称这种思想过去总是藏在热忱、沉思的东方人的心灵最深处[①]。相比较东方宗教信仰，西方传统基督教的立足点是人的原罪与上帝恩典，由此而开辟出通往与上帝和好的救赎之旅。这种精确的限定着眼于个体意志的不完善，但这种定性没有把时间中人的教化与追求完善的成长和转化纳入考虑。而在现代神学解释中，"原罪"论被理解为人本身自带缺陷，人可以通过教化唤醒自身潜在的神性并通过行动弘扬，从而通过行动实现潜在的神性。由于完美是一个无限接近不可抵达的向度，因此信仰是对完美的永远不懈的追求过程。此外，伴随着现代大众受教育程度的普遍提高，完美的追问与感觉不是可教的技术或知识，个人对完美的追求需要信仰更高的知识来接近无限的崇高。这意味着暂时放弃局限的理解力，接受心灵向法则的法则敞开所涌现的敬畏与陶醉的情感。在此信仰和追求的过程中，体验来自整体的完美感。因此，"原罪"意识就应理解为人自身的缺陷与自身完美之间的距离，对于自身不完美的意识可以构成追求更好或更完满自我的动力因。正如爱默生

---

① 爱默生：《爱默生随笔》，第28页。

所说,"看啊,我被生育到那伟大普遍的心灵里。我尽管不完美,却崇拜我自己的完美。"①这种理解在自我与自我之间发生的事件就是通过灵魂的引导不断进行自我省察与自我修正,于是,信仰是人对他自己潜在优秀灵魂的不断追求,而不是对外在于自我的偶像的崇拜。

爱默生拒绝宗教信仰的中介环节,原因在于他相信人自身具有潜在的道德天性。中介榜样的作用首先是对个人直接领悟能力的怀疑。相反,没有中介的信仰可以重新唤醒内蕴于生命之中的至善情感。爱默生这样阐释人与上帝的关系,"普通灵魂觉得世界似乎是为他(耶稣基督)而存在的,他们还没有痛饮他的感觉,所以还看不到只有反观自我,或者回归他们身上的上帝,他们才能永远生长。"②爱默生主张的信仰方法有别于跟随耶稣寻找真理和道路,而是相信向内反身至诚,抵达伦理之本,向着更深更大的境界敞开,接近无限的神性。

鉴于信奉人自身潜在神性的可能性,爱默生认为人与上帝的关系不应是隔离的关系,信仰上帝者所收获的也不仅是一点恩典,而是肯定生命存在,促使人生长的力量的大恩大惠,"给我点什么是一种小恩小惠,让我能自发地做点什么则是大恩大惠。到时候人人都会看到,上帝给灵魂的礼物不是一种龙腾虎跃、排山倒海、排除一切的神圣,而是一种甜美、自然的善、一种跟你我所具有的善一样的善,而且是吸引你我存在、生长的善。"③人与神的关系不是向上向外祈求"一种小恩小惠",而是相信道德天性自在人心,感觉上帝住在内心,由于信仰而践行道德天性所产生的深广力量,"让我能自发地做点什么"。由此可以看出爱默生强调信仰的自发性、主动性效果,而不是强迫的、被动的外在形式。这是从对神圣上帝的信仰向个体的道德良善的信仰的过渡,用对世俗良善的信仰的情感来修正传统信仰压倒一切的理性。这种过渡受到18和19世纪的欧洲思想家施莱尔马赫的神学影响是明显的。

二、施莱尔马赫的神学

19世纪宗教对完美观念的表达已经渗透到时代的精神与改革运动之中。

---

① 爱默生:《爱默生随笔》,第167页。
② 同上,第32页。
③ 同上。

宗教信仰与活动的目的就是朝向完美的努力,这一观念成为改革的推动力。实现个人潜能的观念是最接近上帝的神圣之路。这个观念也成为超验主义者的基本观念。爱默生早期超验主义发展受到的最重要的影响之一是一神教的改革者威廉·埃勒里·钱宁(William Ellery Channing)。① 钱宁在 1828 年的一次布道中就"效仿神"的主题作了演讲。在布道中,钱宁探索了人对神的反思以及人与上帝的直接关系,后者包含"崇高的期望、希望与努力"。钱宁称这些都是我们像神一样的精神特征。钱宁认为人与上帝的关系不仅仅是顺应,而是效法:"尊敬上帝不是在一位无法抵达的至尊者面前颤抖,也不是说一些曾经在我们自身,现在离开我们的赞美之词。这个关系就是成为我们所赞美的神。它接近永不熄灭的光、永不枯竭的力量和纯粹的源泉。它是感受到神的完美力量的转化。"② 钱宁这篇演讲给爱默生以深刻影响,他一边按照钱宁的要求研读《圣经》,一边阅读世界各国的宗教和哲学著作。

爱默生在发展超验主义个人信仰上受到的另一个影响来源是施莱尔马赫神秘的神学思想。③ 爱默生是通过他的兄长威廉·爱默生了解到的施莱尔马赫。威廉·爱默生留学德国后带回了许多书籍与爱默生分享。19 世纪 30 年代,爱默生住在波士顿的朋友郝奇(Hedge)也在阅读德国作家的作品。郝奇鼓励爱默生脱离有组织的宗教,转向阅读施莱尔马赫神秘的神学思想。1838年爱默生发表的神学院演讲致词受到主教安德鲁·诺顿(Andrew Norton)的批判并写了《判教之最新形式》。新英格兰牧师乔治·里普利(Gorge Ripley)先后写了三封信为爱默生辩护。乔治·里普利的三封信不仅为爱默生讨回了公道,称其表达了时代的新信仰,也揭示了爱默生与德国宗教改革家施莱尔马赫的关联性。④

---

① 钱宁(1780—1842):美国历史上著名的宗教思想家和牧师,也是爱默生在哈佛神学院读书时的指导教师。
② Tiffany K. Wayne, *Encyclopedia of Transcendentalism*, New York: An imprint of Infobase Publishing, 2006, p. 66.
③ 施莱尔马赫(1768—1834):德国哲学家、宗教改革家。施莱尔马赫思想的明显特征是将其他思想家对立的概念结合到统一的体系之内,因此他既是个人主义者又是普救论者,既是一元论者又是二元论者,既是感觉论者又是知性论者,既是自然主义者又是超自然主义者,既是理性主义者又是神秘主义者。他在哲学、道德、宗教和神学方面都站在中间立场,是努力使科学与哲学、宗教和神学和谐统一的典型代表。
④ Philip F. Gura, *American Transcendentalism: A History*, New York: Farrar, Straus and Giroux; Hill and Wang, 2007, p. 245.

施莱尔马赫在《神学研究概要》中依据个体灵魂的意识以及它在包含自然的现实世界中的地位提出了神学理论,该理论不是基于脱离现世的宗教彼岸,而是基于现实世界。这些观念对于新出现的超验主义者具有巨大的吸引力,有助于他们对于一神教的批判,从而追求更有意义、较少理性地接近精神与自然。1799 年,施莱尔马赫匿名出版《论宗教》一书,他从宗教根源阐释宗教与科学不同的本质来回应德国知识界无神论思想的盛行。他认为宗教"既不是知识,也不是行动,而是我们对上帝依赖的情感,它出于我们救赎的需求,因此宗教不是思想命题,而是情感"。[1]

施莱尔马赫把宗教情感理解为人的"敬虔之心",它是"对绝对依赖的状态的意识;换句话说,它是与神联系的意识"。这里所谓"敬虔"是"直接的自我意识":人们关于自己对一个绝对者的依赖的直接意识就是虔诚;虔诚是一切宗教的基础。所以,情感不是简单的感觉,而是对一个"绝对的他者"的持续的、深刻的意识——这个他者就是上帝,是所有存在之物的源泉与基础。[2] 施莱尔马赫的宗教观令爱默生为之着迷。首先,他对神学的重新阐释不仅契合了时代对信仰的需求,而且透露了非西方的东方宗教信仰的内容。施莱尔马赫的"虔敬之心"传达了中国孔子的伦理之本"诚",人的至诚是通往绝对的善的途径。

宗教意味人与上帝交流的精神体验以及向着真理与道德的体验。最初,这种情感来自人的内心,而不是来源于外部某个偶像,这一观念为爱默生早期的重要作品《自然》(1836)、《神学院致词》(1838)等散文中的超验主义思想奠定了基础。而施莱尔马赫神学理论为超验主义的个人精神与自然的连通,以及爱默生的自助观奠定了合法的基础。施莱尔马赫是基于基督教神学观念谈论个人信仰,而他对"虔敬之心"的强调使人们从信仰耶稣基督个人转移到内心对绝对者的相信,虔诚与敬畏是信仰者投入情感的条件,这种观念批判了形式主义教条对真正信仰的妨碍。

施莱尔马赫给美国超验主义者们提供了一种讨论精神的新方法,即精神是作为"宇宙无限中的生命,生命既是一又是多,生命处于上帝之中"。超验主

---

① Philip F. Gura, *American Transcendentalism: A History*, p. 158.
② 施莱尔马赫:《论宗教》,邓安庆译,北京:人民出版社,2011 年,第 18 页。

义者们在精神追求上更加以人为本,而不是以神为宗。事实上,美国超验主义者拓展了宗教主题。施莱尔马赫远离人格化的上帝,目的是探索并强调把个体的心灵视作"无限"与"永恒"的处所;强调个人是普遍的中心。但是,美国超验主义者从施莱尔马赫神秘的神学观出发,继续为自助辩护,为自助作为信仰的基础辩护。这与施莱尔马赫神秘的神学拉开了距离。乔治·里普利在《宗教哲学话语》中写道,个体的"内在天性是至关重要的综合性观念的源头……是个体听见上帝的启示性呼召而追随这些观念所做的决定"。爱默生1836年出版的《自然》提出了新的向内求索精神的方法,这直接或间接归因于德国思想家施莱尔马赫的影响。①

　　爱默生的广泛阅读使他能够辨识一手和二手的资料来源,他发现早在施莱尔马赫之前的莱布尼茨时期,德国观念论就开始引用中国古典超验经验批判古希腊思想的单一宇宙观。哲学与神学的分离标志着科学分析方法的确立。但是,这也妨碍了人们与日常世俗经验和情感的结合与和谐统一。18世纪初,莱布尼茨最早承认欧洲应该从中国实践伦理哲学获得可学习的经验。②莱布尼茨在《中国近事》中清楚地表达了欧洲在道德方面应该向中国学习。他对中国文化的赞美溢于言表:"我们相信我们自己是如此有教养,但现在我们发现,在领悟生活的实践概念上,我们被中国人超越了。"莱布尼茨解释说:"在实践哲学领域,即在现实生活中所采用的伦理和政治的概念以及人的对待方面,他们当然超越了我们(虽然承认这点让人甚至觉得惭愧)。"③莱布尼茨对中国伦理道德与生活实践相结合给予赞美,显示出德国思想家对西方哲学与宗教对世俗经验的忽视与贬抑的不满。作为德国外交官的莱布尼茨希望通过中国经验改进单一的文化模式,因为中国的伦理道德所指向的最高神——天、道、仁与德——不仅是概念上的语词,更是在人心中指向整体与部分的和谐共创的关系和秩序。这种秩序不是一成不变的固定式关系和秩序,而是在复杂的情势中生成与创生出的秩序。在此过程,个体以一种方式来表现自己,这种表现始终呈现相互关联的细节与复合整体所构成的和谐。④ 莱布尼茨总结说,

---

① Tiffany K. Wayne, *Encyclopedia of Transcendentalism*, p. 253.
② 方岚生:《互照:莱布尼茨与中国》,曾小五译,北京:北京大学出版社,2013年,第176页。
③ 同上。
④ 郝大维、安乐哲:《孔子哲学思微》,第101页。

在欧洲和中国之间的竞赛中,如果欧洲没有基督教这一神的礼物,那么中国会赢。正是在文化比较的视域下,莱布尼茨得出了有利于交流的结论:

> 但是,这是非常好的一件事,即他们教给那些我们特别感兴趣的东西:实践哲学的伟大作用和一种更完美的生活方式,更不用谈及他们的艺术了。的确,我们已经陷入从没有过的堕落,我们需要中国的传教士来教我们自然宗教的作用和实践。[①]

实际上,莱布尼茨对欧洲与中国在伦理道德方面进行了区别:欧洲依靠"启示神学",中国相信"自然宗教"。莱布尼茨在《中国的自然神学论》说明了中国神学信仰与道德情感的紧密关系:"在某种意义上,中国有着令人称赞的公共道德,它与哲学教义,或者更确切地说,与一种自然神学相联系。"[②]莱布尼茨对中国经验的赞扬与阐释为施莱尔马赫德国宗教改革与批判哲学开辟出新的空间。

对于爱默生来说,德国经验运用了一种综合方法。事实上,爱默生在辞去波士顿牧师教职之后,致力于追求超验主义的信仰。超验主义的核心强调哲学和人类学方面的宗教性与世俗性。"认识你自己"的训诫与根据个人直觉行事,是对理性主义启蒙运动的直接挑战,也是对机构权威的挑战,甚至是对作为真理的指南与源泉的经文启示的挑战。超验主义暗示了个人是宇宙的精神和道德中心,同时暗示心灵的关键是道德生命。爱默生学习德国经验,但是,他比德国人走得更远。他读过孔子和老子的著作,了解东方中国圣哲对道德情感的双重特性理解和阐释:这种情感真实可信,自我可以从现世生活提升到更高的境界。爱默生看到中国世俗的超验性宗教具有个人主义与普世救赎相结合的特点,中国超验宗教的效用价值是人从源头深层亲历并由此获取超越力量。

此外,爱默生新的宗教观与单身未婚的玛丽姑妈不无关系。生长在牧师世家,父亲信一神教,母亲信卡尔文教,严格的家教氛围令青年爱默生感到窒

---

① 方岚生:《互照:莱布尼茨与中国》,第168页。
② 同上,第173页。

息。亲人中唯有单身未婚的玛丽姑妈时常关心侄子的生活和学习。爱默生被家里唯一特立独行的女性长辈所吸引,尤其是她的博学与新思想满足了他的智能需求。虽然他缺乏母爱,却从姑妈的陪伴和思想指导中得到了补偿。爱默生在 1837 年 5 月 7 日的日记中写道:"宗教是她的事业,多年之后,在我写布道文时,我引用的例子或虔诚的财富,如此高尚的语调,如此深刻、富于前景的素材,无不受她谈话和书信的影响。"[①]爱默生所述的影响包含玛丽姑妈向自己推荐的法国作家斯塔尔夫人的小书《论德意志》,书中很大部分是关于新的宗教信仰在德国的兴盛。斯塔尔夫人笔下的德国人把宗教核心视作"无限感觉"。斯塔尔夫人本人的放逐经历与她的书同样具有魅力。[②] 在年轻的爱默生眼里,传统宗教从根本上否定人的生命,肯定追随耶稣,崇拜上帝。爱默生不满教义苛刻地限定人与上帝的关系,他相信人的潜在神性和人的发展的可能性。

三、中国自然宗教

中国古典儒道思想奠基于"天"和"道"的概念含义既是无神论的,又具有宗教性。孔子关于人心向着仁心转向的自我修养的实践在爱默生看来就是对道德情感的弘扬和宣讲。仁心内蕴于人,同时因信赖而发扬光大,而仁心又与天地相接,这种信仰虽不像基督教仪式和教义具有固定的形式,但是天地仁心又是十分贴近人的。在普通人之间,圣人就是楷模,但圣人并非神人,而是更有修养,更具有高尚人格之人。尽管孔子与老子的道德论有不同的意义层面,但是展开决定孔子社会理论的宇宙论假设时就可以发现,表面上的不一致背后有着共同的源泉——道。[③] 孔子以"朝闻道,夕死可矣!"表达对"道"的敬畏之心,于是,孔子思想中"志于道,据于德,依于仁,游于艺"显示出一种出乎自然,超越自然,为了人生,超越生命的理性和崇高的境界。孔子思想的核心是相信人天赋的神性,并且通过相信来付诸社会实践行动。这种基于自信、自修和自律与否定自我、依靠偶像权威的区别在于,孔子思想适合现代人的宗教需

---

① Irena S. M. Makarushka, *Religious Imagination and Language in Emerson and Nietzsche*, p. 5.
② 斯塔尔夫人是法国记者,曾因批评拿破仑的独裁而遭到驱逐出境,后来到德国撰写了《论德意志》。
③ 郝大维、安乐哲:《孔子哲学思微》,第 166 页。

求,世俗善良的抚慰与愉悦可以使传统宗教精神从神圣遥远之域向关注今生今世过渡,使冰冷的理性转化为道德情感的愉悦。爱默生称这种情感是"一种甜美,自然的善,一种跟你我所具有的善一样的善,而且是吸引你我存在、生长的善"。中国传统信仰注重个人修身养性,个人信仰通过"诚"的方式达至深广的"仁"的境界。爱默生在《神学院致词》中指出比较文化信仰的差异,"普通灵魂,觉得世界似乎为他(耶稣基督)而存在的,他们还没有痛饮他的感觉,所以还看不到只有反观自我,或者回归他们身上的上帝,他们才能永远生长。"①爱默生的改革宗教的关键是揭示自身与上帝的关系。孟子揭示"诚"与"仁"之相互关系。孟子的"诚"以"仁"为内容,"反身为诚"即是从境界论上看"万物皆备于我矣",而"万物皆备于我矣"即《论语》中的"天下归仁",如此便"人物一体",这就是"仁"的境界,也就是"诚"。②"万物与上帝"的关系从传统基督教"上帝创造万物"到施莱尔马赫提出"上帝是万物"的演变,表示着权威向民主、平等的过渡。③

　　相对于西方基督教中的上帝,中国"道"论是超经验的绝对存在。尽管儒家与道家代表不同的超越径路,但是儒道两家都以体认万物的根源"道"为最高境界。由于对真假持有不同主张,孔子强调"志于道""依于仁",而老子强调"道生之,德蓄之,物形之,势成之"。④。爱默生从孔子"仁"的观念读出个人在社会群体中的超越路径,称孔子是东方的苏格拉底。而爱默生对自然神的信仰则更接近老子的神秘之路,即服从"主导我意志的意志",听从"法则的法则"的声音。但是中国儒道都以"道"为万物本源,在创造层面,"道"等同于"上帝"。两者有着明显的区别。作为终极根源的"道"既可言说又不可言说,是不可测度的。道,包含同一与差异。作为终极根源的"道"与西方"上帝"的区别在于,"道"包含了绝对的同一与他者的关系,存在与信仰在整体场域发生成为可能,为个体的直觉洞察提供了基础源泉。爱默生洞察到中国古典思想的焦

---

① 爱默生:《爱默生随笔》,第32页。
② 李承贵:《生生传统——20世纪中国传统哲学认知范式研究》,北京:中国社会科学出版社,2018年,第631页。
③ 教会为维护宗教权威,批评"上帝是万物"的提法。谢林在这一命题后增加"根源",即"上帝是万物的根源"。来源见施莱尔马赫:《论宗教》,邓安庆译,北京:人民出版社,2011年,第18页。
④ 老子:《道德经》,黄朴民译注,第168页。

点与场域互相牵引与拒斥的关系,信仰作为生发的事件真实可信。而基督教"上帝"与人之间被隔离的原因在于它强调语言认识论层面,信仰是根据经文教义和牧师的宣讲,而不能通过信仰者内部发生,这样信仰就失去真实与可信的亲缘临在性质。"道"富于生命的创造性功能并与人发生关联,这种对"道"的体认即是生命灵性的察觉。它来了又去,并不总是停留于此,它与人的微妙关系是"道"与生命存在一种协同创造关系,这意味着人与"道"之间没有隔离,人具有真诚、纯粹的心灵,即可体验超验的"道"之境界的崇高、美好与真切,又可以在个体与世界之间留下的隔阂中架起一座和谐之桥。这种通过自身耐心修养所获得的真实见识、美好的感觉以及焕然一新的生命感能够摆脱二元对立的紧张,使人能够对社会实现道德义务。爱默生在《神学院致词》以修辞转换的方式暗指对"道"的信仰:

> 世界并不是多种力量的产物,而是出于一个意志,一个心灵;那心灵无处不活跃……万物皆由这同一个精神而发,万物都跟它通力协作。一个人追求善的目的时,他就得到自然的全力支持,十分强大。在他游离开这些目的时,他就被剥夺了力量,被剥夺了帮助;他的生命从所有遥远的渠道退缩回来,他变得越来越小,成了一个微粒,一个点,直到绝对的恶成为绝对的死亡……对这一法则中的法则的感知总在心灵里唤醒一种情感,我们称之为宗教情感,它缔造了我们至高无上的快乐。它迷人的、支配的力量神奇无比。它是一股山风。它是世界的芳香防腐剂。它是没药和安息香,是氯和迷迭香。它使天空和群山崇高,它是星斗无言的歌。将宇宙创造得安全又适合居住的就是它,不是科学,也不是力量。思想可以在事物中造成寒冷和非传递性,可以找不到目的,找不到统一。然而这种美德的情感在心里初露曙光,就确保那条法则君临一切自然;世界、时间、空间、永恒,似乎一下子乐开了花。①

爱默生的"一个意志"更加接近他后来用的词汇"超灵",超灵表达了一种

---

① 爱默生:《爱默生随笔》,第 26—27 页。

对世界创造源头的信仰。万物与"一"的关系是"同心协力",共同创造,而不是创造者与被创造者的关系。阿瑟·维绿(Arthur Versluis)揭示了爱默生的宗教信仰中文学与哲学交叉形成的信仰,即通过一种永恒哲学包含了理性与感性于一体的信仰。永恒哲学对传统基督教的僵化与形式主义进行了改革。[①]文学用想象表现人的个体独特性,神学阐释了人类灵魂对永恒崇高的向往。爱默生在神学与文学的梦想之间徘徊,他渴望既是一个布道者,同时又是一个作家。爱默生致力于对《圣经》的彻底研究,只有精通《圣经》,才能对神学展开批判式的继承。与此同时,爱默生阅读柏拉图的《理想国》,阅读孔子的《大学》《中庸》和老子的《道德经》。爱默生是一个浪漫主义者,他时常对超验思想所着迷,他又从现实出发,探索一条适合当代美国人的精神法则。

中国世俗的宗教与西方传统宗教存在的差异并非是形式的不同,而是不同的超越观念。中国古典思想中的天道含有超越性倾向。天道一方面是超越的,另一方面又是内在于人的,这就使天道兼具宗教与道德的意义,因为宗教注重超越性,而道德注重内在性。[②] 中国古典思想家是以心灵体悟达到对"道"的崇敬。人可以通过修道体悟,"道"与生命是一种协同创造关系,这意味着人与"道"之间没有隔离,能够通过修养体验"道"的广阔境界。这需要人的真诚、尽心、忘己、纯粹的心灵,这样一来,德性与宗教、个体与世界之间的界限模糊,不再是分明而对立,避免了西方思想中的二元分离。爱默生相信世界出于同一个源头。

中国古典哲学关于心性与天道关系的论说启发了爱默生新的神学思路。爱默生相信,基督教对于人性的解释令人背负沉重的十字架。中国儒道超验思想把个体生命与最高真理结合起来。个体与更加普遍的能量的结合不仅能够激发力量,而且转化人的视角,因为通过回溯所发生的心灵事件与转变将构成创造的资源。在此意义上,救赎对于个体是超越之路。爱默生在《神学院致辞》中把道家思想中的生成的"道"与传统教义中的"上帝"进行了融通,因此而遭到教会的严厉拒斥。爱默生并不赞同中国思想所提出的"天人合一",因为

---

① Arthur Versluis, *American Transcendentalism and Asian Religion*, Oxford: Oxford University Press, 1993, p. 104.

② 牟宗三:《中国哲学的特质》,台北:中国台北学生书局,1963 年,第 20 页。

"天人合一"并不符合西方文化所崇尚的人的努斯精神,即征服与探索精神。但是,不得不承认,中国古典思想是爱默生希望获得"大恩大惠"而不是"小恩小惠"的力量路径,由此可以自发地行动创造。爱默生借助中国思想关于人、自然和神的亲缘关系,批判基督教通过中介实行神人分离与对立。爱默生以宽广的中国道实行宗教改革,并且远远超出了德国宗教观念。爱默生吸收中国道的超越论所要达到的目的不止是道德情感和生长的力量,他希望美国宗教具有自己的特点并通过新的精神方法引发对智能的邀请。

第八章 历史与重构

"历史"一词既有西方传统经典含义,又有非历史与超历史的含义。毫无疑问,爱默生让"历史"这个词语在多维视域中交汇,从而重新阐释历史对个人的影响,以及个人对历史的创造贡献。爱默生的《历史》(1841)运用超验主义的方法理解历史伟人,从而使历史收缩为心灵事件。在这一视域下,阅读历史纳入阅读自我与历史的关系,阅读构成双向行动:一方面,通过阅读行动获得对历史的一种新的理解;另一方面,阅读行动把历史文本视作不确定的想象事件。本章第一部分考察了爱默生历史的两个要素——灵魂与自然在构成历史中所起的不同作用。第二部分考察了爱默生主张"同一心灵写历史,同一心灵读历史"的话语所隐含的超验方法及其想象构建作用。第三部分考察了爱默生以"生命作文本,历史作注疏"的行动策略,揭示这种策略移植和重构的作用,即这一策略能够使意识从超验视角集合过去、现在和未来并生成新思。第四部分论述爱默生构想未来历史的出发点与可行性。

一、超验的历史观

通常理解历史的方法注重时间顺序与历史事件。历史呈现稳定的文化系统,比如神话、宗教、哲学、文学、法律等。但是,爱默生以超验主义的方式阐释灵魂创造了历史并且在《历史》(1841)开篇以一首诗表达了这一历史观念:

> 创造万物的灵魂,
>
> 心目中大小不分:
>
> 所到之处万物生,
>
> 五洲四海留行踪。

我拥有整个地球，

也把七星和太阳占有，

还有恺撒的手与柏拉图的头，

基督的心与莎士比亚的手稿。①

　　这首篇头诗概括了创造万物的世界灵魂对于历史伟人以及事件的主导作用。世界灵魂又被爱默生称为"超灵"。"超灵"创造万物，它作用于人的智力，表现为天赋才能，作用于道德，表现为意志，作用于艺术，表现为极高的品位。理查德·格罗斯曼认为爱默生的"超灵"同于中国老子的"道"。② 在超验视角下，所有时间与事件似乎都被收缩在灵魂里，谁拥有了世界灵魂，谁就"成为拥有全部财富的自由人"。我们可以看到"世界灵魂"或"道"高于个人的才能，它的奥妙在于创造万物而不远离万物。爱默生把"世界灵魂"或"道"作为阅读历史和书写历史的根本出发点，"根本"一词代表了先于个人才能，先于逻辑方法的东西。在爱默生眼里，每个人都分有这一本源上共同的心灵。因此"每个人都是一个入口，通向这同一个心灵，以及它的各个方面"。这种对待历史的方式不同于基于史料事实的考究方法，而是强调读史的人的主观能动性，强调察觉在阅读自然的时候一线光明掠过心中。心灵阅读自然凭借一种内在逻辑感知自然多样的丰富。这种阅读自然的方法也可运用到阅读历史的过程。在自然中怎样阅读，在历史中就怎样阅读。因为自然的表面有无限多样的事物；中心存在简单原因。爱默生告诉读者，阅读历史的方法就是把历史理解为两个要素：作为统一的心灵与作为多样的自然。

　　灵魂与自然两个要素就是两种方法。换句话说，从灵魂的角度阅读历史是一种方法，从自然的角度阅读历史是另一种方法。由于"世界灵魂"被理解为"共同的灵魂"，也被理解为创造万物的"超灵"或"道"，当从心灵角度阅读历史人物的时候，"超灵"或"道"就是过去的伟人和今天读者之间的灵魂媒介，一切理解和认识经由这一媒介开展，一切成果通过"超灵"或"道"分有。超验方法用以表达对潜在的、可能性的东西的信仰，因为它尚未存在确立，就在心灵

---

① 爱默生：《爱默生随笔》，第47—48页。

② Richard Grosssman，*The Tao of Emerson*，p. xxiv.

作为信仰而寄存。超验方法以推测和信仰的方式把知晓和见识的东西传送给意识。意识达到足够的强度就会传送出道说，虽然模糊，但是为精确思考做了预备。于是，爱默生说："柏拉图思考过的，他也可以思考；圣徒感受到的，他也可以感受；任何时候任何人的遭遇，他都能够理解。谁一旦进入这一普遍的心灵，谁就参与了一切现有的或可行的活动，因为这是独一无二的力量。历史是这一心灵工作的记录。"①基于心灵有着原始力量与思维把握能力的双重性，历史就被区分为作为结果的文字记载历史与等待被创造的历史。显然，爱默生强调历史构成的二个要素——灵魂与自然，目的是让知识分子从整体上综合看待既往历史，而不要陷入对历史伟人的盲目崇拜与自我泄气。在爱默生心中，西方与东方只是根据文化地理事实所做的划分，而从超验的视角来看待，人类差异性与共通性同时存在并且相济互补。在创造性"道"的视角下，划分的事物可以再次综合并且在时空转换中生成新的独特的内容。

然而，这绝非出于对历史事实的表达，而是超出历史事实的想象，甚至是面向未来的构想。由于美国历史短暂，采用"世界灵魂"的方法就是把其他国家的历史纳入视域中去审视，从而吸收优秀民族之精华，融入汇通到本民族的历史书写之中。爱默生用"世界灵魂"或"超灵"语词，不仅包含古希腊所追求的卓越"灵魂"的纯粹智能成分，同时也包含中国"道"的创生方法。由于中国古典思想把"道"视作万物的本源，"道"的方法就超出理性经验和感性经验，"道"的超验特征可以用来诠释本身经验意识现象的有与无的发生事件。"超灵"将"灵魂"包含在内，同时高于"灵魂"。这样，美国既延续了欧洲传统的存在之链，同时又吸收了中国的古典思想。爱默生希望美国拥抱欧洲与亚洲，这种兼容并蓄的特点就代表美国历史开端的独特精神面貌。因为美国文明的历史就是在寻找自我、发现自我和言说自我的过程中开始的，它既表现对欧洲文化的拒斥与吸收，又把中国古典思想用作抵御欧洲智能简化表面的深度力量。

事实上，爱默生既要向历史伟人学习，又要回避他们耀眼的锋芒。19世纪初叶美国超验主义者们之所以热衷于超验主义方法，在于它提供了平等的视角，在于它的始源深广区域高低差异未分的特性。用超验的视角阅读历史就

---

① 爱默生：《爱默生随笔》，第49页。

提供了一种全幅图景。一方面，存在一种超时空的观看，在这种方式下，时间与空间收缩凝聚为灵魂的焦点，而焦点之下呈现的图景是意识强度的最大化，即刹那中的世界图景的呈现和记录。但是，爱默生告诫美国学者："心灵为一，自然是心灵的伴随物，掌握这两点就够了。"此时，他把自然作为感性经验的因素纳入理解历史的基本要素之一，避免了仅仅从知性片面地理解历史。18世纪晚期与19世纪早期，在英国与德国开展的浪漫主义运动意在重新看待自然的审美和认识作用。自然并非仅仅是被治理和管辖的对象，自然的活力与整体的生机性无不应和着人的情感、欲望和意识。自然是人的精神的另一面，它与精神共同参与了历史的书写。所以，爱默生的历史观凸显了历史两个要素中的自然生机的成分，这符合美国作为时间中的延展和空间上的显现的后来者利益需要。基于美国自身历史开端的需要，爱默生从美国立场对待历史，提出新的历史学习主张，即学者阅读历史的过程，就是运用两种方法读取数据的过程。阅读历史人物的过程，就是阅读自我灵魂与自然经验两个方面的过程。于是，基于"世界灵魂"或"道"的共通性以及普遍性蕴含在个体独特性中的观念，读者阅读的不仅是史书记载的柏拉图，而且是被重新理解与阐释的柏拉图。爱默生坚定地相信，"历史必须如此，否则它就不值得一提。"[1]

理查德·格罗斯曼认为，尽管爱默生与老子相隔两千多年，但他们有着神秘的关联性。格罗斯曼发现他们具有相似的超验视角，即从超时间的视角理解历史，历史就有了主观的成分，同时，历史也具有了创造性的可能。[2] 然而，郝大维（David Hall）与安乐哲（Ames L.）对中国"道"与历史的关联研究更富有成果。他们认为超验的"道"反映了在原初场域意识发生的过程性事件，这真实地反映了思维从无到有的过程，思维过程并非受制于逻辑规范，也不完全属于主观的意识流动。道的视角使人获得全息纵观，在此基础上自身超出时间进入历史对话，郝大维与安乐哲把这种整体纵观之下的凝视概括为"场域与焦点"。"道"在人中，并且由人传递下去，而每一个人都以独特的方式吸取"道"和体现"道"。这是先于上帝创造宇宙的更古老的意识中的神秘世界。中

---

① 爱默生：《爱默生随笔》，第52页。
② Richard Grossman，*The Tao of Emerson*，p. xxiv.

国孔子相信人能够弘扬"道"而成就自我。[①] 爱默生主张读者以"生命作文本，以历史作注疏"，即是对场域焦点之观的应用，将"那时，那地"向"此时，此地"流动。"道"赋予人从传统文化中继承活的精神的本体依据，"道"使人俯仰天地，畅怀古今，同历史上的代表人物对话成为可能。"道"为爱默生大胆地突破西方理性框架，进入整体全息思想提供了依据。

在一种超验的视域下，爱默生激励他的读者说道：我们可以重现柏拉图的伟大理想、莎士比亚的文学世界、恺撒的辽阔疆域。这些话语给人以自大狂傲的感觉。然而不去仰视权威，才能激励学习天才的自信，仰视天才会因为过度崇拜而遮蔽自身的天赋，这是爱默生的信条。为了避免"天才是天才的敌人"，就需要一些实用的策略，弥补美国历史资源匮缺的短板。美国想要创造自己的历史，目标是超越欧洲文明，就需要通过灵魂的观察和审视，进行跨越历史的对话，发现天才作品对自我触动的东西，激活自身灵感才智的迸发。因此，爱默生发出向世界优秀文化学习、为我所用的理由是："世界呈现普遍灵魂，个人是进入普遍灵魂的入口。"爱默生以灵魂作读史的入口，历史就与心灵产生密切的关系，无论是古代希腊、罗马，还是文艺复兴时期的英国，近代的德国；无论是欧洲还是亚洲，历史伟人的心灵对于渴望学习者的心灵，在一种本体平等的视角下是敞开的。爱默生通过灵魂方法对待历史达到以下目的：首先，以我为主，以历史为辅，让彼时彼地向此时此地流入。实用主义者把激励人心的东西看作高于教条教义，正是看到了开创历史所需要的激情、活力与无限创意，这是在源头解放思想、打开视界。如果历史伟人的作品依然闪烁灼灼光辉，那么就证明了作品的永恒价值。其次，适当的领悟会产生适当的行动。主动积极地阅读历史伴随感觉触动与智能激活，从而形成写作冲动。爱默生相信以灵魂作为历史入口，以生命作为文本所产生的是主观能动性与创造性。

二、历 史 与 想 象

爱默生对未来充满乐观的理由正是历史的可塑性与可支配性。他认为美国空旷的荒野象征新的机遇，预示新的生长。荒野的环境将史前人类劳动和

---

① 郝大维、安乐哲：《孔子哲学思微》，第 87 页。

创造场景带到眼前,从而唤起记忆,回忆荒野与文明之间走过的历程,构成谱系学。历史与环境想象结合,想象对事件发生的地点和时间进行挪移、改造和重塑。爱默生认为美国人站在世界的角度看待整个人类历史,这样世界文明发展的历史也就是美国可学习可利用的历史资源。没有界限的东西是人类共享的资源,这是实用主义者采用的一种学习策略。[①] 人类共享资源通过一种被爱默生称之为"想象"的精神游历策略,实现对共享资源的利用、吸收和转化,例如:

> 一座哥特式教堂确认它是我们建造的,又不是我们建造的……我们潜心研究它的建造史。我们把自己摆在建造者的地位和状况上。我们回忆起森林里的居民、最初的寺庙,然后坚持最初的造型,后来,伴随着国家财富的增加而加上了装饰。木头一经雕刻就身价百倍,于是对一座教堂堆积如山的石头也加以雕琢。我们把这一过程考察过后,再加上天主教会、它的十字架、它的音乐、它的仪式队列、它的圣徒纪念日和偶像崇拜,这样一来,我们就可以说是建造那座大教堂的人了;我们已经看出了它能够怎样,必须怎样。我们有了充分的理由。[②]

这种看似无根据的话语意在用想象流动转化事实的坚硬,从而达到精神游历。一座哥特式教堂的演化经历了由最初的简陋到精细的装饰过程,对一座教堂的整个发展过程如果了然于胸,精神游历者就处于一个超验的高度对待研究对象,他把整个发展进程视作一个可供观察的地方。于是,他假设自己就是那座大教堂的建筑师,参与了这座教堂的设计,并且为它的可能方案或必然方案提出了自己的想法。爱默生以一座历史教堂为例,说明后来者如何通过想象进入历史情境,参与历史活动。这种想象参与历史学习的方法是一种综合行动。行动者通过参与,首先对对象的历程有了了解,此外,参与者发现对象可能性的发展空间。这种精神游历对于行动者具有以假乱真的可知感觉,它比单凭智能线性学习研究更富于成效,更能激发创意灵感。想象点燃热

---

① 超验主义作为一种世界性视角拒绝具体语言界定,这也为实用主义者提供了思想资源。
② 爱默生:《爱默生随笔》,第 54 页。

情,因为想象具有构图作用,预先让精神游历者看到了新的前景。

爱默生想象的策略源自超验的心灵观,由于它深度的超验性,心灵不被拥有,却可以发挥功能。爱默生提出"同一心灵写历史,同一心灵读历史",即表明共享资源的路径是从心灵入口进入历史。共同的心灵是共享的精神财富。每一个具有潜在天赋的人就会运用才智方法,为共同的精神财富添砖加瓦,做出贡献。他是美国人,就为美国做贡献。爱默生在《历史》开篇进行大胆想象:"对所有的个人来说,存在一个共同的心灵。每一个人都是一个入口,通向这同一个心灵,以及它的各个方面。一个人一旦获得了理性的权力,他就成为拥有全部财富的自由人。"①部分与整体的关系在此得到一种历史的说明。这是实用主义的思想。既然历史由心灵和自然构成,通过这同一的、共享的心灵的理念,美国的历史就处在人类历史之链的一个环节。一个学者阅读历史,通过想象参与历史文明的建设,这种想象可以被视为对历史资源的支配和利用。世界历史作为资源与美国有了联系,一种被动的接受转换为一种主动参与和学习,改变了普通人研究历史的方法,也缓解了知识分子对于历史资源匮乏的悲观情绪。

爱默生不仅以一座教堂作为综合建筑与宗教历史的例子,而且以思想历史为例说明"同一心灵写历史,同一心灵读历史"。爱默生举例说:"当柏拉图的一个思想成为我的一个思想——当点燃品达②灵魂的真理也点燃了我的灵魂时,时间就不复存在了。当我感到我俩的感知不谋而合,我俩的灵魂色彩一致,而且真可以说合二为一了时,为什么我还要测量纬度?为什么我还要计算埃及的年代呢?"一个学者研究历史时面临着学科的严谨治学和最大化受益的选择问题,显然,爱默生倾向于后者,而实用在19世纪初的美国更显得紧迫。爱默生的历史观和可操作的行动理念有助于把想象性的精神游历转化为一种超越的行动欲望,使智力与才能从"彼时彼地"向"此时此地"流动。历史伟人的智力可以重新支配,为现在服务,这样的谋划绝非一般的创造,它的效果就是站在巨人的肩膀继续前进,从而实现超越。

---

① 爱默生:《爱默生随笔》,第49页。
② 品达(公元前518年—公元前442年),古希腊抒情诗人,被后世的学者认为是九大抒情诗人之首。他的作品被汇编成册藏于亚历山大图书馆。

对于古希腊、古罗马历史，爱默生同样要求一种精神游历的行动方法，"把普通读史观点从罗马、雅典、伦敦移到自己身上"，仿佛不是在阅读史书，而是在亲历历史事件，阅读各个历史重要时期的思想演绎，了解历史发展规律，把历史事实减缩为精神发展的历史。爱默生为什么强调淡化事实，强调精神游历？因为对待历史的通常方法是以史料为主、尊重事实，但是爱默生认为美国人应该把历史看作精神发展的历史，这样领悟历史，把握精神主线，历史脉络显得清晰，呈现出存在之链。灵魂是贯穿历史的链接，造成历史更替的是人的观念与自然规律两个因素作用的结果。爱默生强调精神游历是用一种可行的行动方法把历史谱系在思想上经历与想象，从而最大可能地吸收历史经验。他吸收到的是人类整个思想历史的经验，这样，美国意识就不仅仅是一个国家的民族意识，而是站在世界历史的角度阅读人类历史故事的人。

三、历史与生命文本

爱默生在《历史》中表达的另外一层含义，那就是扎根命运，体验人的高度与深度同样的作用力，从而对整体的人做出陈述。历史需要真实的存在和意识经验。这意味着不仅需要去读文字记载的历史，更需要阅读心灵的历史，即意识从微茫到明亮的游历过程与体验活动。因此爱默生提出"历史怎么写，历史就应该怎么读"，在这种主张下是历史的过去、现在和未来的交汇与生成转化。

美国人要想通过阅读历史书籍获益，就需要改变传统历史的思路。通常写作与阅读的关系是先后发生的事情，但是，在一种超验的视角下先后发生的事情变成同时发生。借助于想象，读者首先让自己转换角色，即让自己站在作者的角度去领悟历史，而作者首先是掌握一手资料：历史事件经过作者个体经验与想象经验的转述，作者的历史书写综合了社会文化的普遍性与个体独特性的特征。因此，爱默生告诫读者"历史怎么写，历史就应该怎么读"，这实际是从根源处领悟历史文本，进入一种积极的阅读状态，避免了历史文本最终呈现的历史事件语言描述的不充分性。读者既站在作者的立场和角度阅读获取超文本的背景知识，凭借这些更丰富的知识，又从自身的立场和角度分析判断。这样，读者与作者发生真正的对话。因此，爱默生相信，"我能够在自己的心灵里发现希腊、亚洲、西班牙和英伦三岛——每个时代和所有时代的天才和创造原理。"爱默生根据灵魂的超验性来相信历史可被亲身体验,在灵魂的视角下,一切被还原为"闪光的以太",在永恒不变的理念下,万物又在变化着。①

　　根本上,爱默生主张读者反应优先于历史文本。引起读者反应的一定是具有活力的,不能促动心灵的是属于特定时代的东西。爱默生反复强调积极的阅读者就是要根据自己的心灵重新校准焦距,他会根据自己时代的特点去领悟文本作品,也会根据心灵的意愿重新阐释意义,在此意义上读者也是作者,因为他参与了文本的再创造过程,丰富和延伸了既有的意义,并且重新激活了原有的意义。灵魂的方法在于它的自发性和自主性。爱默生说,灵魂的体验不是发生在外部,而是"他必须足不出户,免受国王、帝国欺凌之苦,却知道他比世界上的一切地理、一切政府都要伟大"。这些话语听来有一种自大狂的感觉,但是爱默生通过"超灵"方法,一种近似"道"的视角进入历史深厚的档案,凭借"道"的广角视角,洞穿历史不变的规律和它自身的兴衰沉浮的运动轨迹,通过把历史经验与自身经验相结合,实现"从彼时彼地向此时此地"的过渡和转化:

　　　　他必须把普通读史的观点从罗马、雅典和伦敦转移到自己身上……他必须养成并保持那种高尚的见地,事实从此透露出它们秘密的含义,诗歌编年史也会如此。在我们利用重大历史记载的时候,心灵的本能、自然的目的就会暴露无遗。时间把事实峥嵘的棱角化为闪光的以太。没有一个巨缆、没有一个篱笆会使一个事实永远是一个事实。②

　　历史事件是外部的,但是最初是内部事件,焦点从外部向自身的切换,可以还原事件发生的顺序。心灵从"本能"与"自然目的"出发向着理想的目标超越。历史文本与心灵事件顺序只有经历颠倒,才能构成历史发展的一种动力因,尽管它并非见诸文字,自然的力量却不可忽视,历史事件一旦被文字记载,促发事件的自然目的隐没消退。这也是爱默生以超验的方法读史的重要原因

---

① 爱默生:《爱默生随笔》,第53页。
② 同上,第52页。

之一,把读史架构在心灵和自然两个要素上,读者借助心灵体验可以揭示语言隐藏的秘密,历史的单一原因被还原成复杂原因。文字成为观念与事件的媒介,而不是不假思索的教条。后人阅读古人的书,理解书的精髓就要从最原初的心灵萌发的观念和自然角度阐释历史并还原意义,于是阅读转变为一种经验行动。

最核心的阅读经验来自生命的参与,它先于智力理解。因为对历史深刻的理解关乎当事人的生命情调、欲望和意志,于是历史文本源自生命文本,反向阅读获得丰厚经验。爱默生以英国清教徒迁移到美国定居为例,解释历史事件、理念和生命本体关系的各自作用:

> 历史除了是观念的运作还能是什么?……是什么东西促使清教徒来到这里?一个人说,是民权自由;而另一个人说,是建立教堂的欲望;第三个人发现,动机力量来自庄园和贸易。但是如果清教徒们能够起死回生,他们不可能给你答案。因为答案藏在他们所是的存在之中,不在他们谋划之中。①

清教徒从欧洲迁移至北美洲的历史事件反映了观念与行动内在于存在的关系,观念好像是种子,行动就是实现种子生根、发芽、成长和结果的整个过程。观念在人的心灵最初呈现的是瞬间火花,实践的结果就是一次事件。那么,领悟历史就要从微小的源头去体验事件,从中体悟历史与观念的隐秘的关联。

这种颠倒呈现两方面意义:首先,它引发的不是对历史的崇拜,而是以我为主,历史为辅,以生命的通感吸收先辈的伟绩,弥补美国历史短暂的不足。其次,通过颠倒读史方法,改变以往盲目崇拜历史伟人的做法。历史伟人、不朽的业绩对于研究者呈现为高不可攀的权威形象。但是爱默生提醒"天才是天才的敌人",即对于伟人不必模仿,因为自我存在差异决定天才的独特性。但是爱默生相信,所有的天赋才华最终归属于上帝、超灵。既然天赋才华最终

---

① R. W. Emerson, *The Complete Writings*, p. 68.

归属于上帝、超灵,读者通过积极的自我阅读就可以分有超灵,使之成为心灵的一部分。至于个性气质,就是自然赋予每一个人的独特印记。而在历史人物与读者之间,灵魂作为第三种关系作用于所有向它敞开并等待天赐灵感降临的人,在这个意义上,爱默生断言:"同一灵魂写历史,同一灵魂读历史。"换句话说,在超验的灵魂视域下,伟人的心灵与自我的心灵是同一的,也是相通的。这样,历史伟人与今天的读者之间的差异就限定在个体自然禀赋与生存的时代之间的差异。由于历史与现在的关系是通过灵魂的同一连接,个人的独特性在建国初期亟须人才的时代变得珍贵而成为考虑的主题。这种提法的第二个意义结合以下认识途径:首先,爱默生认为美国学者的任务是体验存在,感知生命,从而书写自我。而书写自我首先扎根于真实的存在,它不同于始终在场的概念存在。爱默生认为过去历史是把人作为对象认识的历史,真正历史的人还没有诞生。因此,美国学者阅读历史也就面临重新认识作为整体人的存在的任务,认识整体人首先需要通过行动获得经验,行动经验与书本经验既相同又有差异。由于学者是带着书写本民族历史的任务去读史,"把生命作文本,把历史作注疏"是获取自我意识的一个方法。这样,一个完整的自我意识就可以通过积极的阅读和积极的行动来构建。其次,爱默生提出"一个人就是事实的百科全书"。这意味着脱离个人的知识是不能发挥效用的僵化的知识。而一个完整的人需要所有的知识来武装自我,在意识上需要经历各个历史时期的精神事件来丰富和成长自我。对历史知识的理解结合了对人的成长与成熟的理解。爱默生这个主张无疑在促进美国知识分子走向成熟方面起到了积极有效的作用。因此,爱默生主张一个人的意识也应该经历历史的发展过程,人类历史从原始到文明经历过"史前世界""黄金时代""耶稣的降临""黑暗时代""文艺复兴""宗教改革""新大陆的发现""新科学和人身上新领域的开发",这些历史时期代表着人类精神的发展和超越所走过的历程,人应该在学习历史的过程中想象经历这些历史过程。这种想象精神游历结合了心灵与自然两个要素的交互作用。历史既是延续了永恒心灵法则的存在之链主线,又体现了自然法则的更替运动。历史在人的法则和自然法则双重作用下进步和发展。爱默生认为读史应该结合个体体验和精神游历,这一主张使美国最大化地吸收了世界民族历史的精华,避免了沉浸在浩瀚历史事实中的被动局面。

爱默生运用辩证法看待历史问题,历史短暂只是从自身角度得出的结论,而这个新人承载世界历史的记忆,这个新人面对的是开创自己的思想历史的契机,资源共享是在手边的、可以支配的过去的历史。然而,创造历史首先是对自我的重新发现和识见。真正的自我意识是在一种危机中诞生。当神圣与世俗这两种时间模式不相协调时,即处于断裂的时候,一种真正的历史感才可能出现。这种崩溃曾经发生在希腊人头上,也许他们意识到自己的民族相对年轻而饱受两种时间意识的煎熬,因此通过将变化与永恒放在一个时间观念中,并赋予转瞬即逝的事件以范式意义。希腊思想克服了植根于有关时间的神秘态度中的二分。通过反思人与自然的关系,希腊哲学家形成了文化起源与发展过程的存在论阐释。柏拉图正是在阅读《荷马史诗》中和阅读赫拉克利特的流变哲学中产生了永恒的理性的思想,他用理性的思维代替了诗性叙述神话时代,从此开启了新的思想历史。[1] 两千多年后的美国依然行进在希腊人奠定的这一存在之链上,但是如果美国仅仅是沿着传统思想继续前进,它就将失去自己的独特性,而这个独特性就是它的自然天性的一面。现在我们发现爱默生对历史概念的创新解释以及一系列的实用主义策略完全是为书写本民族历史所进行的准备工作:历史双重要素的可支配性,阅读历史的行动,接受之前想象的发挥,从作者视角的全息理解,所有这些理解和策略围绕着新的历史的开端,只要还依靠传统,就将错失自我意识显现的时机。

爱默生告诫学者:历史由灵魂和伴随灵魂的自然构成,掌握这两点就够了。事实上,历史这两个要素是不平衡发展的,这意味着就人的自我意识的发现和认识而言,灵魂的要素得到了高度的重视而贯穿历史主线,人的定义总是在于人的超越自然的心灵和思想的一面。作为历史的要素,人的自然一面属于次要的,或者说属于被治理的对象。正是这一点成为未来历史书写的资源,因为过去的历史是由关于人的历史,即人是作为对象被理解、被认识而记载进入历史的。至于整体人的存在、时间中人的生存事件尚未受到重视和记载,而这是一个更大的课题,更具有挑战性。人不仅作为高于自然的有灵魂的生物

---

① 阿摩斯·冯肯斯坦:《神学与科学的想象》,北京:生活·读书·新知三联书店,2019 年,第 331 页。

被领悟,人首先被还原到生物界的层面被领悟,对此,爱默生以未知口吻表达了未来历史课题的方向:

> 对于这些生物界的随便哪一个生命,无论从感情上讲,还是从道德上讲,我知道什么呢? 这些动物像高加索人种一样古老。——历史对人的玄学史做了些什么记载呢? 历史对我们藏在死亡和不朽名义下的神秘世界投射了什么光芒呢?

> 我们所谓的"历史"只不过是一种肤浅的乡村故事,看到这种东西真叫人汗颜。
> ……
> 我们必须把我们的历史写得更加博大精深——从一种伦理改革出发,从灌输一种万古常新、疗效无穷的良心开始——如果我们要更加真实地表现我们广泛的中心性格,而不是表现我们着眼过久的这个记录自私与骄傲的陈旧年表的话。对我们来说,那一天已经存在,它的光辉照耀我们,只是我们不知不觉吧。然而科学与文学之路并不是进入自然的途径。与解剖学家或文物工作者相比,白痴、印第安人、儿童、未上过学的农家子弟,倒是站得离那借以阅读大自然的光照更近些。[1]

爱默生在《历史》结尾用"遗忘"消减深刻的理性模式镶嵌在历史存在之链中的记忆。遗忘的理由是过去历史对于思想的限制。从更广阔的视界来看,过去的"历史"被爱默生描述成"一种肤浅的乡村故事"。的确,爱默生从科学测量走向更加深奥的"人的玄学史",西方关于人的玄学史可以追溯到前苏格拉底时代的赫拉克利特。赫拉克利特认为"一切皆流,无物常驻"。他认为,宇宙处在永不停息的运动和变化之中,没有一件事物是长驻永恒的。这样就否定了米利都学派寻求万物单质同一的物质本原的可能性。在他看来,宇宙中唯一真实的就是这运动和变化本身。然而这位哲学家晦涩的思想残篇的火花相对于整个西方思想史是微弱的。"人的玄学史"暗示着中国的无方法的方

---

① 爱默生:《爱默生随笔》,第71页。

法——"道"的方法的玄奥超越人的理性把握,却一直在运作着。这个有关人的潜力的玄学被爱默生称为"博大精深"的历史,考查人意味着眼于人的潜力的生长与变化,这种尺度从精确测量转向天地万物之间,如同爱默生在《哲学家·柏拉图》一文解释统一时提到的天地尺度。爱默生从中国文化中吸收了大气的广阔无限,这使他不同于西方精英的喜好,他们厌恶"无限"的非限定的眩目字眼。然而爱默生却洞见到"无限"对于"有限"的消解与再生的好处:承认人的良心具有潜在"万古常新、疗效无穷"的自我更新功能,前提条件是从过去历史过度追求理性的方法下解放出来,与未知自然达成一种和谐平衡。最终,爱默生的历史观就从过去对当下的影响,转变成当下的真实存在对过去的修正和重新阐释,并且聚焦于未来到当下的新奇独特的创意火花。这是一种朝向未来视域的敞开的期待与预备行动。

第九章　永恒的方式

　　爱默生的《圆》引用圣奥古斯丁关于上帝的比喻，耐人寻味，"圆的中心无处不在，圆的边界无处可寻"，圆的双重性贯穿并主导全文。中外学者注意到爱默生散文《圆》象征的限定与无限之间的关系。美国哲学家斯坦利·卡维尔指出《圆》受中国道家影响，因为爱默生相信"'我们的生活遵循这样一条真理：在任何一个圆周外都可以画出另外一个圆。'……继续思考，上路，懂得如何继续上路是道的思想意象。"①卡维尔试图证明爱默生是一个直觉哲学家。同样，林语堂发现爱默生的《圆》隐含中西文化比较并指出："爱默生的两篇短文《圆》与《超灵》和道家主张有异曲同工之妙。"②本章第一部分简介爱默生两种圆形的含义。第二部分考察恒定的圆与无限循环之间的关系。第三部分考察两种永恒方式的实用价值。

一、圆——永恒的象征

　　"圆"是世界的最高象征，也是古今永恒之谜。爱默生在散文《圆》的开篇表达了无限知识和眼睛的联系：

　　　　眼睛是第一个圆，它所形成的视界是第二个圆；整个自然界里，这种基本图形没完没了地重复。它是世界的密码中最重要的符号。③

　　第一个分句揭示了真理最初是心灵对上帝无限知识的追问，通过某种权

---

① Stanley Cavell，*Emerson's Transcendental Edudies*，p. 18.
② 林语堂：《老子的智慧》，第 15 页。
③ 爱默生：《爱默生随笔》，第 169 页。

利成为客观真理。第二个分句说明人有着不断超越以往真理的能力，这种超越说明自然真理不可能被认识穷尽。第一个分句揭示了人的方法，第二个分句揭示了自然的方法。所以，圆是"世界密码中最重要的符号"。圆包含两种方法，人的认识方法与自然的行动方法被包含在两个分句构成的圆中，圆的符号包含未知之谜，其重要意义在于它象征完整、完美、全然。圆象征上帝无限知识的问题。所以，爱默生接着写道：

圣奥古斯丁把上帝的天性描绘成一个圆心无处不在，圆周却无处可寻的圆。我们终生都在解读这一首要圆形的丰富含义。[①]

爱默生引用圣奥古斯丁关于上帝的比喻，提出了形而上学与神学之间、有限知识与无限知识的辩证关系。如何理解"圆"的丰富意义？柏拉图创造的实体圆所象征的上帝无限形式对无限生成循环起到限定作用。限定的形式便于智识领悟抽象的上帝知识，因此引领并影响文明进步长达两千多年之久，直到18世纪晚期与19世纪早期的德国浪漫主义思想运动对之怀疑批判。爱默生引用圣奥古斯丁对上帝天性的比喻，意在重申"圆心无处不在，圆周却无处可寻"这个双关语包含的悖论的用途。斯坦利·卡维尔称"圆"是爱默生的根本哲学方法。卡维尔认为爱默生的句式充满悖论对反的双重性模式，并且认为每一个句式都可以单独拿来作为一个哲学命题。卡维尔据理力争，为爱默生的哲学家合法身份进行辩护，试图从他的悖论句式揭示一种修辞性批判。然而，正因为爱默生运用悖论句式导致专业哲学家拒绝接受他。卡维尔则认为，正因为爱默生没有跟从欧洲传统哲学模式，从而为美国超验主义和实用主义哲学奠定了基础。在此意义上，圆既是散文《圆》中主题，又作为一个结构贯穿全文并且主导全文，既代表着作为结果的开端，又象征着不断的开始。在结果与开端之间则是从隐到显的过渡与转化。表面上，《圆》的开篇所提到的"眼睛"与"视野"指向任何真理发生的来源，然而，就圆是世界之谜的最重要符号而言，它指涉柏拉图实体圆的观察与谋制的来源。柏拉图在《蒂迈欧篇》以天

① 爱默生：《爱默生随笔》，第169页。

文学家蒂迈欧的口吻叙述宇宙起源与开端的故事。柏拉图写道：

> 蒂迈欧：在我看来，我们必须从下述区别开始：什么是永久存在而没有变化，什么是变易而决无存在？前者要用理智来把握，包含一个合理的解释。它是没有变易的。后者要用意见来把握，包含非理性的感性知觉。它有生成和消失，但决无真正的存在。凡有生成的事物必定由某种原因的力量才产生，因为若无原因，任何事物的生成都是不可能的。所以，当造物主（造物者，创造主）用他的眼光注视那永恒不变的事物，并且以它为模型，构造出事物的外形和性质，那么，这样创造出来的作品必定是完美的。但若他注视的事物有生成，也以有生成的事物作模型，那么，他的作品就不完美。
>
> 关于那个天，或者宇宙秩序，有一个问题需要首先考虑。这个问题是一个人考察任何主题的起点。它始终存在吗？它的生成没有起源吗？或者说，它的生成有某个起源？它有生成。因为它既是可见的，又有身体——这一类事物是可感的……凡是有生成的事物必定要通过某些原因的力量而生成……所以，我们必须返回，提出关于这个宇宙的问题：这位创造者在宇宙创造时用的是两个模型中的哪一个模型？是那个没有变易，保持同一的模型，还是那个有生成的模型？嗯，如果我们的这个宇宙是美的，它的创造者是善的，那么很清楚，他注视的模型是永恒不变的。倘若不是这样（哪怕这样说也是对神明的亵渎），那么他注视的模型是有生成的。现在，事情确实清楚了，他注视的模型是永恒的，因为，在有生成的所有事物中，我们的宇宙是最美丽的，而在一切原因中，我们的造物主是最卓越的。所以，宇宙就是这样生成的：它是一种技艺的产物，它以不变的东西为模型，要用理性的解释来把握，也就说，要用智慧来把握。
>
> ……
>
> 但创世主必定注视着永恒。因为，这个宇宙是一切被造事物中最美的，创世主则是一切创造者中最完美的……①

---

① 柏拉图：《柏拉图全集》[增订版]，第764—768页。

着眼于善、完美、持久存在以及永久不变，这些重要因素通过预设实体圆象征喻体来实现。实体圆在空间占据第一因的位置，自从预设时候起，永恒理念模型的比喻实体就存在于西方人的意识，作为范式原理引导思维方式和话语方式。这个实体圆被视为神圣的范本，后来的则是摹本。这就是柏拉图主义的"伟大的存在之链"，它象征存在的真理。存在不动地局限在巨大的锁链之内，它无始无终，开始与终结的过程运动被赶出圆，离得很远，因此，圆的符号代表着真正的信念，象征着完满与永恒。在柏拉图的宇宙第一原则的谋制中，创造者的技艺以及凭借这一技艺达到的完美受到优选，而生成的事物被忽略或贬抑。

　　柏拉图相信一个神圣的实体制作成的形式比原生模式更具有神圣性。对于柏拉图与亚里士多德，缺少确定与形式是缺少完美。因此，上帝不是无限的。柏拉图与亚里士多德对上帝无限都不感兴趣。因为上帝不可能是无限的是更重要的推论主题。他们的权威足以在后来上帝无限的概念讨论中作为参照观点。尽管亚里士多德对上帝的无限不感兴趣，但是亚里士多德表明了量的无限和质的无限的区别：无限是量但无限并不实际存在。当无限指质性的时候，无限是不可穿越的物。这说明质性概念没有被他的无限所排除。有趣地问这样的问题：无限的主要缺陷是什么，以至于无限不能够实际存在，这与亚里士多德的原则相互矛盾。最重要的一点是定义。只有两个选择。潜在无限序列没有被穿越。那么，它就不能作为实际无限存在。但是它如果被穿越了，它在定义上就不是无限！① 所以，关于上帝的无限的思想有两大派别。根据柏拉图和亚里士多德，上帝不可能是无限的，因为这样会缺乏确定的形式，并且因此而缺乏完美。根据前苏格拉底与新柏拉图主义者的观点，上帝是无限的，并且这一无限性伴随消极神性。两个派别似乎都同意：具有纯粹形式、有精确定义概念的上帝不可能是无限的上帝。柏拉图与亚里士多德暗示了以下这句话："如果上帝是无限的，我们不可能认识上帝。"这对那些既想保持上帝的无限又想让上帝可被理解的人提出了有趣的任务。"不确定"的无限上帝

---

① Benedikt Paul Gocke and Christian Tapp eds. , *The Infinity of God*, Notre Dame：University of Notre Dame Press，2019，pp. 23 - 24.

如何能够被认识，或者如何是一个人，这绝不是清楚明白的事。①

康德拒绝任何试图建构形而上学的上帝理论。根据康德的观点，神性属于纯粹"超验的述谓词"，只有主观的有效性，没有外部可认识的超验的实体。所以，康德批判柏拉图形而上学的谬误在于把超验幻象实体化。对于康德，上帝的无限系统位置存在于我们有限的认识能力与无限超越有限认识能力的超验理想（上帝）之间。我们的知识局限于感觉和直觉，因此局限于表象。而知识总是超出对象存在的知识——它包含在我们总的经验中的对象的分类。②真正重要的是康德的如下主张：每一个宇宙论理念都导致了对无条件者的两个同样有竞争力的但相互矛盾的构想。康德引入了世界和自然两个概念的区分。世界意味着"一切现象的数学性的整体，意味着这些现象不论是在宏观上还是在微观上的综合，也就是不论是通过复合还是通过分割来进行的综合的总体性"；而自然指的则是这同一个世界，但世界被考虑为一个"力学性的整体"。这里，它就等于是两种整体之间的区分：一种（世界）是在诸要素或诸部分的一个完备集合意义上的整体；另一个（自然）是一个说明的整体，在这个整体中没有说明的鸿沟，因为它在根本上是连贯的。两种整体分别被区分为"数学性整体"和一个"力学性整体"。③

对于爱默生来说，康德对两种整体的区分为另一种思考方法做了预备，即如物本身的考虑方法，这不仅意味着逻辑分析方法不是唯一方法，而且意味着直觉感知的方法作为补偿方法开始进入思的范围。然而，感觉无限无法用概念定义，而是作为一种行动。所以，爱默生指出圆不是静止的，也不只是单一的，而是"围绕一个圆可以再画一个圆"，画圆寓意超越性的行动，它否定了一劳永逸的"永恒的模型"的唯一真理。因为生命逻辑对形式逻辑的否定，表明生命根据自身的方式行动。爱默生通过引用圣奥古斯丁关于上帝"圆的中心无处不在"与"圆的边界无处可寻"的比喻，强调了根本的实在具有过渡与转化的特点，而数理逻辑预设的实体缺少过渡：

---

① Benedikt Paul Gocke and Christian Tapp eds., *The Infinity of God*, p. 32.
② 同上，p. 97.
③ 亨利·E·阿利森：《康德的先验观念》，第 439 页。

我们在考虑每一个人类行动的圆形的或补偿的特征时,已经推出了一个寓意。现在,我们要探索另一个类似之处。每一个行动都有被超越的可能。我们一生都在学习这样的真理:围绕每一个圆可以再画一个圆;自然没有终结,而每一个终结都是一个开端;正午时分总有另一缕曙光升起,每一个深渊下面还有更深的深渊。[①]

实用主义者重视真理的效度胜过于恪守僵化的真理。爱默生强调生命理论高于被创造的真理就是从实用主义立场对待正确的真理。就世界是一个整体而言,存在"数学性的世界整体"与"力学性的世界整体"两种描述。柏拉图预设的形而上学实体圆象征世界的开端,但是,它是一个通过排除生命参与预设的神话世界。这个虚构的完美世界需要与生命经验的存在世界相结合,因此要求兼具包容性、融贯性以及可说明性。不难理解"行动的圆形的或补偿的特征"指涉行动道路与思想道路是不同的,行动是整体的,而思想则是局部的。换句话说,行动的道路综合智能、勇气、力量等多种要素协调运作,而思想只是遵循逻辑线性方法。就实在而言,认识上的实在是局部的,行动上的实在触及系统的复杂性。

二、圆——永恒的循环

当爱默生引用圣奥古斯丁的"圆心无处不在"与"圆周无处可寻"时,已经将一个圆形的结构置入全文中心。卡维尔指出《圆》受中国道家影响,因为爱默生相信"'我们的生活遵循这样一条真理:在任何一个圆周外都可以画出另外一个圆。'……从内部看人的成长基本方式是不连贯……继续思考,上路,懂得如何继续上路是道的思想意象。"[②]这里,爱默生不仅把自然的深渊力量视作打破僵化的边界的根源,而且自然被视作创新的根本力量,这就是生活的真理,而不是某个权威预设的真理。卡维尔认为爱默生引用中国道的思想批判西方文化。卡维尔的观点得到林语堂的印证。林语堂发现爱默生的《圆》隐含中西文化比较的特点并且提出:"爱默生的两篇短文《圆》与《超灵》和道家的主

---

① 爱默生:《爱默生随笔》,第169页。
② Stanley Cavell, *Emerson's Transcendental Edudies*, p. 18.

张有异曲同工之妙。"①

　　东西方对于最高真理与世界之谜推论的方法截然不同。中国古代哲人观察宇宙运动并且以太极图形推测运动的规律。曲线构成的圆圈代表天象和宇宙，圆圈内两条阴阳鱼头尾相交。阴阳鱼表示阴阳两极对立，又统一于宇宙之中，其中黑中的白圆圈和白中的黑圆圈，即阴阳鱼的鱼眼显示"阴中含阳，阳中含阴"。太极图表达了宇宙运动的基本模式，即阴阳两极之间动态相互作用和动态统一。② 相对于西方封闭的圆球，太极圆形被视为绝对运动，它是无边际与未完成的模态。圆并非决定于它的边沿，而是受其中心支配，这是呈辐射状的圆，圆的中心连绵不断地向圆外伸展。圆代表不断生成的世界"万物"，而不是一幅边界分明的大全图景。中国古典思想并没有在本体之外预设一个实体圆，而是把可见与不可见的东西用阴阳两极之间的动态关系加以呈现。从生命视角看世界，世界并非是一个封闭不动的永恒的实体圆。

　　原始性的自然作为终极根源呈现生成、转化与消逝过程。这一循环运动方式的复杂性要求观看方式的转换或者统摄。中国的阴阳太极图形不仅模拟了事物现象的更迭变化，而且指向三种观的方式。第一种观是对外显阳体部分的观看。第二种观是对内隐阴影部分的知觉或猜测。第三种观属于统观外显与内隐两个部分的过渡转换或并置现象。同时观察可视的与不可视的部分以及相互过渡转化的事态，这种观看绝非如观看一个几何球体那样简单。威廉·詹姆斯在《心理学原理》中描述了一种中性的纯粹直观，如此直观意识流动的场域为兴趣的专注提供了一个自由空间。詹姆斯认为意识的流动真实地表达了人的兴趣、逃避和停顿的过程，而不是点对点的主体思想。③ 威廉·詹姆斯的中性纯粹直观，类似于超验的道观或中观。其次，太极图形呈现的圆形客观地反映了意识在运动过程的动态关系，结束意味着新的开始，一如庄子所说的"始卒连环"，无始无终，意味许多条道路。而爱默生声称"我们处在事物的中间，对世界本原的所有命名将会受到自然的嘲弄。因此，需要终生体验来

---

① 林语堂：《老子的智慧》，第 15 页。
② 李承贵：《生生的传统——20 世纪中国传统哲学认知范式研究》，第 200 页。
③ Jonathan Levin, *The Poetics of Transition: Emerson, Pragmatism, and Amencan Literary Modernism*, Durham: Duke University Press, 1999, p. 51.

解读世界之谜'圆'的符号"。这是在运用无限延展的圆批判限定的圆。基于无限的圆形的世界是多元的、多模式的,同时也承认存在着内在的多元秩序的真实。显然,这是非希腊的单一的宇宙模式。在中国古典宇宙观中,世界最高之境是天人合一的境界,天道与人道的和谐共生是想象中最完美的世界。然而,它不是静止的"永恒"世界,它凸显了经验过程中的非同寻常以及卓越的时间中的时机。由于这一时机是与存在共生而不是分离,中国宇宙观的魅力就显现出亲身经历事件的过程,尽管这是主观的,但对于确定的观念性真理起到连接和贯通的协调作用。斯坦利·卡维尔指出爱默生运用中国道的宗教抵御西方简化的圆的模型,因为中国道的模式对应了思维与存在的相互作用以及相互影响的方式。相反,实体圆意味着在一个没有时间的连续运动中的永远的重复。人除了接受预先谋制的宇宙观,再无可供同意或反对的选择的时机了。在西方,世界以其预设的模型外在于人并且对人起到规范作用,理性就是这个世界国王,感性的位置被理性占有。①

爱默生站在新时代的十字路口,要为美国未来谋求一个方向道路作为新的开端,而开端奠基的问题涉及定位、选择与重新阐释。文化比较与实用主义的策略使他选择了从自然出发并且以自然的方式考察人。爱默生以逆反的口吻说道:"自然没有终结,而每一个终结都是一个开端。"②自然意味着整体和系统性,自然以无始无终的循环模式显示了其本身的连贯性以及新旧交替更迭的永恒变在的特性。永恒的变在的方式与永恒的模型的区别在于,后者规避了交替更迭,从而保证了持存的真理象征——一个实体圆的永恒存在,但是,这并不能改变实体圆是从自然中谋划制作完成的谋制品的属性。它在完成的那一刻失去了自然的能动性和自发生成的能力。能动性与自主创新的能力属于无限的上帝——自然。而中国庄子描述的自然运动是没有终点的运动,"始卒若环,莫得其伦,是谓天均。"③"在太极之先,而不为高,在六极之下,而不为深。"④这些思想表达了无限超越的想象之境,也体现了中国知识分子对于无限上帝——自然的敬畏。在庄子汪洋恣肆的无限想象中,宇宙扩大无边,显示了

---

① 柏拉图:柏拉图全集[增订版]·中卷《斐莱布篇》,第 696 页。
② 爱默生:《爱默生随笔》,第 169 页。
③ 邵汉明:《名家讲解:庄子》,长春:长春出版社,2007 年,第 315 页。
④ 同上,第 315 页。

想象力的触角和能力。这种超验的想象帮助打开视域并且激发创造力。爱默生在《圆》的开篇写道："黑夜之后必有黎明；大洋之下另有深渊。"这些句子彰显了自然的深邃辽阔，超越人类的认知。在对待自然的态度上，爱默生似乎很认同庄子的想象，想象使写作者犹如插上了神圣的翅膀。与此同时，爱默生骨子里有着欧洲传统的努斯精神，即人对自然的统领欲望。此刻，他仅仅是借鉴道家智慧来修订西方传统文化的僵化与以偏概全。他的目的不是任运自然或与万物同一，而是希望像古希腊贤哲那样开辟一条文化道路。开端总是从自然开始重新阐释，或者修订过去的思想真理，或者确立新的主张。爱默生顺服自然的主张带有明显的实用主义目的，因为不去占有自然，反能拥有自然真实的力量。爱默生渴望获得自然真实的力量"继续上路""听凭一个意志""任何思的到来是神的光临"。

欧洲传统思维方式过度夸大理性，理性就变成一种现成的工具力量。工具中心论的盛行阻挡了原始之思的力量。18世纪晚期以来的德国浪漫主义运动主张重新认识自然的价值。哲学上的超验主义对直觉之思进行肯定，从而纠正理性片面和夸大。爱默生强调"我们一生都在学习这样的真理：围绕一个圆可以再画一个圆"，一如他在《斯芬克斯之谜》中提到的"继续解释，永不停止追问"。西方把世界之谜定义为一个封闭的圆，爱默生借用庄子的思想解构了这个静止的圆，使其发生运动与变化，并倡导对世界之谜所呈现的新面孔做出新的阐释。方式转换必然引发从第一开端向另一开端过渡的争执。

> 自然界没有固定的状态。宇宙是流动的，易变的。永久只不过是一个表示程度的字眼……我们的文化突出了这样一种观念：它在身后拖着这样一串城市和制度。让我们上升到另一个观念上去：这一切是会消亡的。[1]

爱默生在此表达的宇宙循环观念与庄子宇宙观趋于一致。庄子把宇宙开端解释为一个永远的循环，在直观思维中宇宙呈现序列，这个变成那个，那个

---

[1] 爱默生：《爱默生随笔》，第169页。

又是另外一个。直观绝对的无限带来新的认识维度。爱默生运用自然法则批判人为设定的圆基于以下考察：首先，爱默生运用庄子思想解构柏拉图主义。[1] 把世界定义为封闭的圆的弊端是用理性否定了直觉，纯有排除了杂质，它是理想的愿景，而非真实存在。对于美国知识分子来说，"永恒的模型"无疑是在河流的上源筑起一条大坝，阻挡了后来者创造的源泉。相反，中国老庄以"道"为万物本原，从生命哲学解释"道"，即负阴抱阳的气，有与无统一的物质微粒，如此这般理解的宇宙遵守了宇宙本身运行的原理——一个变化的过程。当爱默生在《圆》的第一段说"我们终生都在解读这一首要图形'圆'的丰富含义"时，他的脑海里既有古希腊的本体论，又有中国的本体论，两种宇宙观都具有重要价值。但是，希腊思想的遗产是思维方法论，在此方法中，生命被排除在外。中国的本体论接近对宇宙本原的认识——自然之谜的解读与个体生命经验理解紧密相连。

其次，作为一个开放性的圆，"道"包含两种状态——有与无，有与无并不彼此独立，而是相反相成，相互决定，这是最朴素的辩证法。中国思想并没有发展出概念系统占有自然之方法的位置，原因是有与无构成的"实在"——"道"也存在于我们的生命经验之中，有与无的彼此互动表现出和谐、变化、生生不息的"实在"。因此，有与无被视为存在的两种形式，而"创造"则是中国人的经验和中国哲学的"实在"。[2] 对于苦于资源匮乏的爱默生来说，生命经验具有延续性和创造性的意义。创造性深深根植于生命本真与世界本原的契合而不是把人作为认识对象进行定义，此岸有限生命与彼岸无限统摄在"道"的东西里——一种明确的现实与神秘之天的结合共同运作。

爱默生认为希腊第一开端预设的实体圆代表着人在大千世界划出的一道圆，它是希腊的，也是欧洲的。但是哲学使我们太快成熟，并且它把我们在成熟的状态中固定成形。因而，如果不把自己"去哲学化"，怎么能够指望体验存在从崭新的形象、这些总是年轻存在的现象的形象中接受到震撼？[3] 爱默生以似是而非的修辞手段表明思想、艺术或情感都是在时间中展开的结构，它首先

---

① 郝大维、安乐哲：《期望中国：中西哲学文化比较》，第235页。
② 成中英：《成中英文集第一卷·论中西哲学精神》，李翔海编辑，湖北人民出版社，2006年，第279页。
③ 加斯东·巴什拉：《空间的诗学》，张逸婧译，上海：上海译文出版社，2013年，第306页。

是内心感知到缺失，进而欲求完美，从缺失到完美构成张力冲突。矛盾是生成内在条件。因此，爱默生批评永恒的模型作为终结性的开端，认为"自然没有终结，而每一个终结都是一个开端"，但是，新的开端需要勇气去面对不确定的风险。爱默生呼吁人们从习惯的思维范式中走出来，而这个行动也被称作"遗忘"或"离开"。

三、中心生命——永恒的创造者

爱默生站在新人新立场谋求方向道路，根据生命的方式重新考察"永恒"，从而得出"永恒是一个表示程度的字眼"。从生命中心考察宇宙，心灵是宇宙，立于本心看世界的主观推测抵消一种尺度对心灵能力的限定。[①]

文化强调的永恒具有目的论：真善美在永恒连续的运动中持久保留。但是，自然的永恒就是永恒的斗争与更新。爱默生以实用主义多元策略看待自然与文化的相互制约关系。自然循环被视作媒介用于文化批评，爱默生写道："心拒绝接受禁锢；在它最初最小的悸动中，它已经倾向于用一种巨大的力量向外进行无边无际的扩张。"[②]实用主义者根据经验的效度重新评估文化和自然的关系，重新焕发文化的力量需要新的阐释结合存在感知经验。例如，当爱默生描述"力量向外进行无边无际的扩张"不仅是对年轻美国人自由意志的表达，而且影射了18世纪欧洲文化呈现出对力量崇拜的特征。随着拿破仑1798年对埃及的入侵，拿破仑向西方显示了现代入侵是以一种文明作借口示范现代超人的勇气。这里，爱默生对自然力量的赞美显示其对强力意志的需求，新时代超人渴望强力意志行使反传统的自由意志。这一强大的野心同样出现在《自然的沉思》最后一段"前景"中，"懂得世界为你而存在，因为你就是完美的现象。我们是谁，只有我们懂得。亚当拥有的，恺撒拥有的，你也有并且能够拥有。"[③]实用主义者完整而适时地运用自然的力量与精神力量，这两种力量在时间和空间呈现建构与解构的圆形模式。当美国初建国度，一切百废待兴时，

---

① 爱默生：《爱默生随笔》，第179页。爱默生在《圆》的倒数第5段写道："那种中心生命比创造优越一点，比知识和思想也优越，所以把它所有的圆都包含进去了。它不断努力要创造一种像它自己一样广阔、一样优秀的生命和思想，却徒劳无功，因为已经创造的东西在指导怎样制造一个更好的。"
② 爱默生：《爱默生散文选》，第198页。
③ Ralph Waldo Emerson, *The Complete Writings*, p. 24.

一个新型的文化在广阔的视野下呼之欲出。欧洲精确界定的测量模式在爱默生看来显得"乡村式的狭隘"，打破概念定义的限制需要解放并且重新对待自然的循环对人产生的作用：

> 对我们来说，没有界限，没有围墙，没有圆周。人完成了他的故事——多么精彩！多么确定！这个故事怎样使万事万物旧貌换新颜！他顶天立地。看啊！那边也出现了一个人，我们刚刚宣布过一个圆的范围轮廓，他就围绕着那个圆又画了一个圆……有一种力量把你的信条，把各个国家的一切信条、一切文学都高高举起，并把你领向一个史诗的梦想从来没有描绘过的天堂，每个人与其说是世界上的工作者，还不如说他只不过在提示他应当成为什么。人们只是为下一个时代的预言行动着。
>
> 我们一级一级爬上这神秘的梯子：这些梯级就是行动，新的视野就是力量。各个结果都受到随后的结果的威胁和裁判。每一个结果似乎都受到新结果的反驳，它只不过受到新结果的限制而已。①

实用主义者从多元视角和多元策略考察方法的真值，发现一种方法产生一种真理。在超验主义者宽广无限的视角下，每一种真理都不可能概括整体的真理而显得相对局限。于是，实用主义者通过超验视角去接受各种真理，并且拿来实验，拒绝任何把局部真理当作总体真理的骄傲自大和武断。因此，在爱默生实用主义策略下，古希腊的宇宙观与中国的宇宙观可以提供两种不同的观察方法，并且发挥不同的作用。爱默生十分清楚，当下的美国学者所受到的专业训练是西方传统的思维模式和方法的技能训练，作为一种平整过的逻辑方法是没有自发的能动性的力量的，工具的力量不同于内在生命的天赋创造力。爱默生认为中国的过程宇宙论客观地体现了宇宙系统运行模态，突显了道之无极的深奥与玄妙，它超越可测量的尺度。爱默生吸收中国道无极的思想，运用道的超验性，即整体全息的视角考察西方思想，指出"各个结果都受

---

① 爱默生：《爱默生随笔》，第 171—172 页。

到随后的结果的威胁和裁判。每一个结果似乎都受到新结果的反驳,它只不过受到新结果的限制而已"。① 这是一个封闭的限定的圆,意味上帝的无限是形式的无限,一切为了认识,新异和创造被排除。爱默生的实用主义多视角与多元策略整合"限定的圆"与"延展的圆"两种经验。但是,首先需要"忘记"一种思维习惯。爱默生在散文最后一段肯定"忘记""热情"和"放弃":

> 我们贪婪地追求的一件事就是忘记我们自己,出其不意地使我们忘掉自己的特点,失去我们永久的记忆,去做某种事情,却不知道怎样做,为什么做;总而言之,就是画一个新的圆。伟大的事情没有热情是办不到的。生活的道路奇异无比,那就是依靠放弃。②

"忘记我们自己""失去我们永久的记忆""画一个新圆"都指向行动代替认识。爱默生要借助忘记冰冷的概念,依靠生命热情所产生的亮光对思维产生影响。忘记概念以便恢复自然赋予的潜能,避免严格的规定对人造成的思想无力。沉重的记忆使得文化后来者背负历史包袱,更为严重的是思想因贫瘠丧失创新力。爱默生指出对权威过度信赖使人形成依赖习惯,思想逐渐变得贫乏。而生活又是那样的顽强有力。也许对于新生美国人来说,当务之急不是继承遗产而是避开根深蒂固的习惯,避开主导性的逻辑思维模式,这意味着向世界本原——生命本来的样子回归,忘记作为首要的一种行动。③

比照《庄子·大宗师》中的"坐忘",或许读者能发现爱默生在《圆》中最后一段的深远意味。

> 仲尼蹴然曰:"何为坐忘?"颜回曰:"堕肢体,黜聪明,离形去知,同于大通,此为坐忘。"仲尼曰:"同则无好也,化则无常也,而果其贤乎? 丘也请从而后也。"④

---

① 爱默生:《爱默生随笔》,第172页。
② 同上,第181页。
③ 郝大维、安乐哲:《期望中国:中西哲学文化比较》,第204页。
④ 邵汉明:《名家讲解:庄子》,第72页。

庄子用"坐忘"消除社会文明对于个体精神变得僵化的影响。社会文明的日益发展促使条条框框日见繁复，使人远离素朴的自然本真，人逐渐丧失了自发的本性。庄子在《天地》中描写了知识与得道之间的紧张关系："纯白不备，则神生不定，神生不定者，道之所不载也。"①在庄子眼里，社会化的人是用知识与机心武装的人，也是失去纯朴、远离真知的人。庄子"坐忘"是通过"离形"和"去知"，不断地否定外化之物，最后回归本真状态，以此凭借人本身自发的能力去体认混而为一的"道"，让心灵从幽昧来到光明。

爱默生解释"忘记"的理由是"生命的方式奇妙无比：奇妙意味着放弃"。②他们共同运用否定方法来实现对生命的肯定。老庄运用"损、虚、无为"等词语来否定加之个体的外在思想；爱默生采用"忘记、放弃、离开"等词语批评逻各斯中心主义。其次，他们以个体生命本体的方式考察世界本来的样子，生命之流的自然有机方式显示物的境界、语词的修饰，以及动态平衡的真实，从而体悟世界本原不是语言定义的本原，也非理性认知的本原，"道"包含了可认识的与不可认识的东西。柏拉图主义的方法是严谨界定的科学方法，而老庄以"道"效法自然，"道"的方法高于一切方法的方法，"道"之高明在于它被扣住的秘密不能被逻各斯方法所把握。因为"道"作为创造的源头并不在遥远的天堂，"道"就在生命的过程中，它以遮蔽的方式显示自身。

《圆》中的否定最终服从生命的肯定，读者在散文倒数第六段终于找到了全文的核心支撑——"永恒创造者"。爱默生写道：

> 倘如不是同心灵固定或稳定的原则进行比较，我们也许永远察觉不出这种万事万物涉及其中的永恒的运动和发展。在圆永恒不断的延续过程中，永恒的创造者也在持续。那种中心的生命胜过创造，强过知识和思想，还包容了所有的圆，它永远致力于创造一个和它同样大小，同等优秀的生命和思想，却又往往不能如愿，因为已经创造的东西总会指导人们去创造更美好的事物。③

---

① 邵汉明：《名家讲解：庄子》，第 72 页。
② 爱默生：《爱默生散文选》，第 181 页。
③ 同上，第 172 页。

爱默生揭示了一种真正的创造者——"中心生命"，肯定它相对于被创造品的优先性，肯定它相对于知识与思想的超越性。为什么中心生命高于它的作品？这可以被视作实用主义不确定的立场观点。由于历史权威人物的过度影响，后人崇拜权威将会阻碍天才施展才华。揭示隐藏极深的"中心生命"可以使得读者看到创造者施展才华的源头。对深度"中心生命"的揭示就显示了超验性和能动性，每个个体与"中心生命"相连通，它并非专属于某个权威。什么是中心生命？中心代表怎样的位置？"中心生命"作为被肯定的东西同时又是看不见的，但是，一切可视的生命体与不可视见的生命相连通。爱默生的"中心生命"接近老子道论的玄奥，这一点被卡维尔与林语堂确认。爱默生在"同心灵固定或稳定的原则进行比较"时，察觉"永恒的创造者"就是生命的生命，"那种中心的生命胜过创造，强过知识和思想，还包容了所有的圆，它永远致力于创造一个和它同样大小，同等优秀的生命和思想，却又往往不能如愿"[1]，但同时起着指导人们不断追求完美的作用，这一完美显然是难以企及，但又给人以希望的。如果将"中心生命"与开篇谜一般的句子联系起来，就不难理解为什么爱默生称"眼睛是第一个圆，它所形成的视界是第二个圆；整个自然界里，这种基本图形没完没了地重复"。如果"中心生命"是一切观看的根源，眼睛的观看不仅仅是超时间的，而且包含时间中的超时间。"中心生命"与思维运动的关系就是整体中局部的凝视的强度。于是，"中心生命"不仅服从灵魂之眼的观看，还需要服从自然的情势。当爱默生从古希腊的永恒原则转向生命原则，过程哲学使得一劳永逸的真理成为一种理性的幻象。静止与过渡行动既相互排除又相互缠绕。瞬间的过渡反映审美与思的过程。爱默生用似是而非的方式解释了语言与实在的过渡关系：

　　不要对我所说的太重视，也不要对我没有说过的不予以重视，仿佛我假装确立了真理与虚假。我使一切变得不那么确定。对于我没有神圣事实；同样也没有平凡的事实；我仅仅是实验，一个永无止境的探索者，身后没有过去。[2]

----

[1] 爱默生：《爱默生散文选》，第179页。
[2] 同上，第179页。

对于爱默生，过程比结果重要。因为结果再无新异的事情发生，过程的价值在于新异或奇迹的出现。修辞语言可以起到汲取水源的作用，而不是限定它。任何作为结果的事件只是下一个过程的开始，只要人处于宇宙与想象的过程，他便获得与万物的创造性体认。这种以过程为中心的视角使他能够区别什么是形式，什么是充斥在形式之中的真正实在。形式是有限的，同时也是起限定作用的，而生命就是永无止境的过渡与转化的过程。爱默生相信"在自然中，每一个瞬间都是崭新的""过往总是被吞没与遗忘；即将来临的未来是神圣的。除了生命、过渡与能动的精神，没有什么是安稳不变的"。[1] 于是，瞬间始终是不可捉摸的、变动不居的一种时间。瞬间代表从过去向新的状态过渡的过程。在此过程中，自我敞开生命经验，关注情感与情绪的流动。情感瞬间的起伏并非无足轻重，它首先真实地存在于感觉的流动过程，而这样反差的情绪作为瞬间构成对位两极，形成的力量正是创造的原始动力，瞬间情动产生的力量正是创造力的源泉。

因此，在爱默生眼里，圆不仅是世界之谜的符号，更是思想从产生到构建的过程。从封闭的圆到开放的圆的运动需要忘记理性的惯性思维方式，在超验体验的瞬间感受"惊喜""陶醉""迷狂"。生命热情的推动力促使接受新的见识，写作是自己读取另一个自我信息并对之概括的行为。以此方式在精神的阶梯上自由地上下运动，时而下降，时而上升，这时一切又融合于太一，在上帝中看见自然，在自然中看见上帝。[2]

---

[1] 爱默生：《爱默生散文选》，第 180 页。
[2] F. W. J. 谢林：《布鲁诺对话——论事物的神性原理和本性原理》，邓安庆译，北京：商务印书馆，2008 年，第 156 页。爱默生认为谢林把思维与存在真实地统一于超验的绝对认识之中。

第十章　柏拉图与亚洲

爱默生在他的主要代表作品《自然》《经验》《超灵》《圆》和《美国学者》中提到古希腊哲人柏拉图。然而,爱默生对柏拉图的完美技艺表现出一种尊敬与逾越的双重心理。如何批判地吸收柏拉图思想成为爱默生持续不懈的课题。爱默生声称柏拉图集中了欧洲和亚洲两种精神。这种提法使爱默生与其他学者区别开来。此前,鲜有评论者把柏拉图与亚洲联系在一起。柏拉图思想代表欧洲精神并且影响了欧洲文明长达两千多年。那么,为什么爱默生把柏拉图与亚洲联系起来呢? 这样评论意在达到什么预期效果呢? 本章第一部分通过爱默生对柏拉图主要观点的评论,指出爱默生通过创意想象策略实现对传统文化的批判与吸收。第二部分论述爱默生对亚洲概念的误读,凸显两种方法的内在关联以及各自的优势。第三部分揭示爱默生创意想象的目的在于通过一种潜在自我的亚洲方法获得其力量和自我身份,从而拒斥单一的欧洲方法。

一、柏拉图的方法

爱默生借用比喻来形容柏拉图非同寻常的历史地位:"在浩瀚如烟的著作中,只有柏拉图够得上奥马尔给予《古兰经》的奇崛赞语:'把图书馆统统烧掉,因为它们的价值就在这一本书里。'"[①]爱默生以此表达柏拉图著作是学术界的《圣经》,两千多年来一直影响西方文化。柏拉图著作的核心概念是通过神话的诗意形象和严肃的哲学讨论在自然秩序之上创立了一种新的近乎神话的秩序。从自然秩序到谋制的秩序是柏拉图在《蒂迈欧篇》中构建宇宙开端时经过

---

① 爱默生:《爱默生随笔》,第 273 页。

权衡、遴选的结果。最终,一个象征永恒与完美的秩序战胜了自然秩序,它作为一种永恒的范式规范并引导着一切被称为自然而然的事物。神话之中蕴含着一种真理。柏拉图宏大叙事中的话语切中人类理想和命运的核心问题,因此一旦被认识到就很难忘记,西方学者视之为建立在理性基础上的一座思想高峰。柏拉图的学说指出了在可见世界之外存在不可见的永恒世界,这个永恒世界是以"善"的理念存在的,它是作为超越此在的变化世界的持存的世界。柏拉图的彼岸世界充满了一种来世观的完满性,它给不完满的此岸构建了相互参照的彼岸,这无异于宗教神学给人类困境所指出的一条救赎之路。柏拉图以对话的方式探讨严肃主题不仅减少了说教的沉闷,相反,给思想增添了戏剧张力。在开始叙述世界起源故事之前,柏拉图通过蒂迈欧说话:

> 让我们来说明那个构造了世界的神话何以要构造生成(Becoming)和万物的原因吧,这个原因是:他是善的,而且在一个善的东西之中,不会产生对任何别的事物的嫉妒。由于没有嫉妒,他希望一切都应该尽可能像他自己那样。因此,根据从智慧的人们那里接受来的思想,我们完全有理由把这视为生成和宇宙的首要的最高起源的原则。①

这里讨论的是世界起源于那个超现实的存在者"善"。"善"在古希腊词源里包含双重含义:"善"总是相对于"不善"而言。柏拉图对于灵魂与世界进行了精细二分,即完满自足的一方相对于不完满的另一方,"善"就被理解为自给自足的"最好的灵魂"。世界起源于最好的灵魂,然而,最优秀的灵魂又是什么呢?

> 在可被认识的领域里,美好的东西这一理念最后被人看到,而且这一过程又非常艰难。然而,当它被看到之后,我们一定会得出这样结论:对所有人来说,它是一切正确的和优秀的事物的起源,在可被看见的领域中,它生下了光和光的主人,在可被思维的领域中,它自己是主宰,为人提

---

① 转引自阿瑟·O·洛夫乔伊,《存在巨链》,北京:商务印书馆,2019年,第59页。

供真理和理性。

......

　　每一个灵魂的能力必须和整个灵魂一起转身，从仍在生成中的世界那边扭转过来，直到它面临世界的本质，并且忍耐目睹这一本质的最光辉灿烂的部分，由此而进行沉思，我们宣称，这就是善。①

　　被柏拉图称为"善"的东西也是灵魂所瞥见到的最美好的东西，这样的世界超出日常经验世界，美与善需要灵魂转身朝向更高之处观看。因此柏拉图"善的理念"不仅是万物的原因，而且是认识绝对所需要的一种纯粹直观的能力。于是，柏拉图学说以其独特的超验的辩证法让后人永远追忆和探讨。爱默生的赞语表达了对这位欧洲伟大哲人的深深崇拜，"柏拉图的广阔的人性超越了一切地域界限"②而成为普遍永恒的真理。然而，作为思想结果的真理一定在历史语境中产生，爱默生希望知道柏拉图的崇高理念从何而来，这意味着考察未表达的与秘而不宣的过渡东西：

　　我们无法得知柏拉图什么时候以诗人的沉思开始，什么时候以哲学家的清晰思辨结束，这是柏拉图语言的魅力。他在谈论至高真理的时候，诗意的修辞起到了暗示的作用，而探讨正义或教育等问题时则运用确定性的哲学话语分辨是非大事问题。③

　　爱默生意在指明哲学的思辨与诗意的暗示的相互关系。无疑，柏拉图思想汇聚了古希腊的赫拉克利特、巴门尼德和苏格拉底的智慧；没有赫拉克利特诗意哲思的智慧就没有柏拉图的超越性理念，哲人眼中的永恒与诗人眼中的永恒构成完整的永恒：恒定与变化。此外，爱默生还考察了柏拉图学说诞生的其他历史因素。公元前五世纪是古希腊雅典城危机四伏的时代——波斯帝国的入侵，城邦之间的战斗以及古老神话信仰的衰微。柏拉图的学说是应时

① 柏拉图：《理想国》，王扬译注，北京：华夏出版社，2017年，第254页。
② 爱默生：《爱默生随笔》，第274页。
③ 同上，第291页。

代要求所做的思想突围,正如爱默生在《自然的沉思》对"理想主义"所做出的概括:"理想主义是为有条件存在的事物寻找一个无条件的绝对基础。哲学建立在这个基础之上,即一切现象取决于一条基本的规律,认识了这条规律,即可预知一切。"①在爱默生眼里,柏拉图犹如神人转世般来到人间并以一种思辨方法传递真理,"如果天神肯降临人间,他将会以柏拉图的风格说话。"这些赞词不仅赋予柏拉图哲学以神话特征,而且也拓宽了文化批评的视野。

爱默生追问柏拉图如何从诗人转向哲人的结果是打开阐释空间:"他(柏拉图)把广阔无际、至高无上的东西留给亚洲,他就是精确和理智的到来。"②古希腊的柏拉图怎么会与亚洲关联呢? 根据史料记载,古希腊与古埃及有文化交流接触。此外,古希腊与波斯帝国(今伊朗)发生过交战,双方各有胜负。根据《柏拉图,或者哲学家》一文后来提到的中国与印度,爱默生的亚洲概念超出历史记载的埃及与波斯。显然,爱默生受到 19 世纪初思想氛围的影响。德国思想家谨慎地吸收亚洲思维方法阐释古典思想并且取得丰硕成果。然而,爱默生的步子迈得远比德国思想家的步子更大,声称柏拉图综合了欧亚精神。尽管这一创意想象的提法超出史实,但是如何阐释柏拉图对美国文化建设至关重要。柏拉图创立的宇宙第一原因标志着哲学范式思维的诞生,这是一次影响欧洲文明进程的思想方法的确立。柏拉图在一系列著作中表达了一种新型思辨方法,从《蒂迈欧篇》可以看出柏拉图对两种宇宙模型的权衡、遴选以及决断的事件:

> 那总是存在并不生成的东西是什么? 那总是生成并不存在的东西是什么? 那被理智和理性理解的东西总是处于同一状态,但是意见在感觉的帮助下不具有理性,它所感知的东西总是处于某种生成又毁灭的过程中,实际上从未存在。③

生成与永恒的问题成为宇宙开端的核心问题。如果说柏拉图在生成与永

---

① 爱默生:《爱默生散文选》,第 34 页。
② 爱默生:《爱默生随笔》,第 278 页。
③ 西蒙娜·薇依:《柏拉图对话中的神话》,吴雅凌译,北京:华夏出版社,2017 年,第 203 页。

恒的考察中遴选了永恒的模型,即以数学模型对世界一切作总体思考,那么自然的方式就是对应数学方式的基础。爱默生把这两种方式并置考察,追问柏拉图怎么成为一个哲学家的意图也明显起来。哲学作为一种形而上学,借助数学方法,以理念为实体,实现对自然方式的超越,而数学模型构建的宇宙提供了一个完美的可能世界。一种方法产生一种真理,也决定了一种世界观。生成与永恒的问题成为宇宙开端的核心问题,这也决定了柏拉图以什么方式思考的问题。符合知性理解的运行方式,要求对事物的观察从可测量的点开始,以数为点的连续运动构成一条直线,思维以线段的划分区分可感知与可见识的部分,从而排除了过渡的不确定性。一个思维层级经过考察遴选,最终确立了可测量的方式优于不可测的感性思维。柏拉图用"精确理智"的方式抵御自然的方式——多样性与不确定的无限性,在不完美的现实基础上预设了一个完美的世界,它不生不灭。牟中三称这种运动为"一现永现,一成永成",它排斥"在一个具体的强度里随时呈现,并且有不同程度的呈现"。①

19世纪初的美国思想氛围促发爱默生反思存在与超越的问题。当爱默生站在广袤森林边裸露的黄土上,开始了他的想象和超验的看,爱默生称自己的主体与浩瀚的世界万物等同,化为乌有,唯有"透明的眼球"在看。这个隐喻代表着爱默生在原初意义上第一次看,而不是通过先哲的眼睛看,他希望用自己的眼睛去重新看。② 然而,作为美国文化的先驱,围绕宇宙开端的有限与无限的问题重新思考与阐释,这势必造成后来者与先辈之间的分歧与争执。争执的焦点围绕"一"的可测量与不可测度展开。对于思想认识来说,"一"必须是可计量、可测算,从而可被把握的数。然而,这个"一"占据空域,也就是说,物质性的东西已经从理念的"一"中被排除。尽管数学模型对于思维认识极其重要,但是对于亟待解决思想创新和独立的美国人来说,生成比永恒更重要。换句话说,未规定的无限比限定的无限更宝贵,需要智能上有发生的事件出现才能进入思考,而技术手段并不能反映原创性的思想内容。这表明柏拉图主义的诞生有其历史条件和要求。历史进入19世纪,新人需要面对自身的实际历

---

① 李承贵:《生生的传统——20世纪中国传统哲学认知范式研究》,第525页。
② Cornel West, *The American Evasion of Philosophy—A Genealogy of Pragmatism*, Madison: The University of Wisconsin Press, 1989, p. 19. 康乃尔·韦斯特认为"透明的眼球"意象代表爱默生重新看前人没有看见的东西的欲望体现。

史境况回应时代提出的问题以便提出新的思想主张。但是，爱默生并没有把柏拉图与前苏格拉底时代联系起来，而是把亚洲精神与欧洲精神合并到柏拉图思想阐释中。这首先表明了爱默生在美国文化创造初期的强烈地理政治意识，通过提出柏拉图综合欧亚精神的主张，从文化上的有机联系实现美国对柏拉图哲学的重构。这种创意想象误读为日后美国超越欧洲做了思想预备。事实上，柏拉图主义代表欧洲思想并影响了欧洲文明进程。

爱默生应用跨文化视角重新阐释了柏拉图哲学的核心原则"一"——同一原则。由于亚洲印度或中国的宇宙观并没有以数预制，因此亚洲方法成为爱默生重新阐释柏拉图哲学的一条路径。于是，柏拉图哲学的核心概念"一"被爱默生这样解释："'同一''同一'：友与敌同属于一种质料；扶犁人、犁头和犁沟同属于一种质料；质料就是这样，又是这样众多，因此形式的变异就无关紧要了。"①爱默生把"一"降到事物存在的维度，改变了数字抽象的纯度，进入事物的本身统一状态。由于柏拉图走的是一条上升、再上升的路线，这使柏拉图的哲学思想在至高点脱离物质而近乎神灵。然而，自然万物遵循重力而回落。回落与上升构成动态循环关系。柏拉图理念预制的一个恒定的世界强调了自我同一中的思想。同一不可能产生新思想。新思想在异质相遇中碰撞出现，思想有偶然与神奇因素，思想创造需要天才般的神灵护佑。因此，爱默生称柏拉图汇聚了两种智慧，即"形而上学和自然哲学表现了欧洲的天才，他把亚洲精神用作基础"②。显然，亚洲思维方法被视作保持着人与自然相互依存与转化的内在力量，可以用以避免分析方法造成的思想贫瘠。

爱默生称柏拉图心灵综合了这两种思维方式。然而，学术上引介亚洲并非始于爱默生。18世纪欧洲思想家意识到理性认识方法的局限，从而把认识向着理性关联的无意识延伸。亚洲首先进入英国与法国的视野，然后是德国思想家对亚洲进行学术研究，成果领先于英法。③ 爱默生通过英国诗人柯勒律治了解到19世纪德国超验主义思想中的非欧洲成分。爱默生对柏拉图主义的批评凸显了亚洲精神的重要性，显然是受到这一时期超验主义思想的影响。

---

① 爱默生：《爱默生随笔》，第279页。
② 同上，第281页。
③ 爱德华·W·萨伊德：《东方学》，北京：生活·读书·新知·三联书店，2019年，第26页。

哈罗德·布鲁姆认为爱默生想象性地解读柏拉图，表现出后来者对前辈的一种焦虑，运用想象策略阐释历史伟人是故意误读，其作用在于实用目的：即古老思想重新焕发一种力量就是通过一种想象，想象使静止的东西动起来。① 这样阐释可以区分美国超验主义与德国唯心思想家的话语模式。由于爱默生向欧洲学习的目的是超越欧洲，对亚洲概念的理解和用途就值得细究。

二、亚洲作为方法

柏拉图主义立于欧洲精神的中心。在欧洲与东方的竞争历史上，东方主要是指地理位置上毗邻欧洲的近东。② 古希腊与东方接触的国家有埃及与古代波斯。古埃及文明早在柏拉图时代崛起之前就声名远扬，它影响着希腊文明的方式，促使希腊哲人思考被同化或竞争的可能性。波斯帝国对雅典的几度入侵也成为促使柏拉图思考新的超强方法的动因之一。根据爱默生传记作家小罗伯特·理查德，影响爱默生的诸多力量的"合流"中包含亚洲的波斯、中国孔子和老子以及印度的《薄伽梵歌》，理查德强调，"最深的、占中心地位而且决不会转为支流的是柏拉图。"③因此，理查德的评论有助于我们理解爱默生对柏拉图的误读与创意想象的目的。问题是：亚洲对于爱默生究竟有多重要？它对于美国又构成什么意义？

首先，亚洲具有一种有别于欧洲的思维方法。这一点可以通过柏拉图主义表现的哲学思辨方法看出。柏拉图哲学的方法是一种理性分析方法，它摆脱了感性认识中属于自然事物的纠缠和迷惑，把最有效的认识定位在理性的可测量与可把握的区域。然而，对理性的偏爱所付出的代价是思想的贫瘠，而能够促发思的东西来自直觉感知，直觉感知是未被规定的自发自在的理性能力。感性是理性思维必不可少的内容来源。19世纪德国唯心思想家的研究成果拓展了思想的空间，综合考察有限与无限的认识边界。爱默生在纪念柏拉图时引入亚洲概念是作为对欧洲过度注重智能的一种补充。欧洲人对逻辑思维的强调导致二元对立：感性与理性对立、身体与灵魂对立，个体与世界对

---

① Cornel West，*The American Evasion of Philosophy*，p. 50.
② 爱德华·W·萨伊德：《东方学》，第23页。
③ 小罗伯特·D·理查森：《爱默生：充满激情的思想家》，第261页。

立。我们通过柏拉图的《斐莱布篇》与《蒂迈欧篇》的姊妹关系可以了解一种技术被引入理性认识从而对付感觉认识的模糊性与复杂性。在《蒂迈欧篇》中，柏拉图权衡了自然方式与数学模型的真和善之后，遴选了永恒的、可把握的考察和测量方法。数理模型取代了自然模型而成为世界开端的思想原则。从永恒的形式出发，思维具有了神性特征：清晰、连贯、前后一致。所谓神性特征是相对于日常方式。这一新技术思维在《斐莱布篇》中也作了详细讨论。《斐莱布篇》围绕快乐与知识谁更好的辩题展开对话。困惑之中，柏拉图借苏格拉底之口引入一与多的模型作为这一辩题的新的观察点：

> 每一项考察都应当寻找一和多。因为当你以这种方法掌握这些事情的时候，你就在这里获得了技能……你就变得聪明。然而，内在于任何一事物中的无限的多使你落入无限的无知，使你不值一提，使你一文不值，因为你绝不可能找到任何事物的数量和数。①

这种技能具体被解释为认识和把握事物的技术或方法。掌握方法的要领在于"要把握这个一或那个一，不应该直接寻找无限的种类，而应当首先寻找某些数"。以数的方法助力思考获得认识。苏格拉底给出运用这种方法的理由是，"因为他要是从无限开始，那么他不应当直接寻找一，而应当在每个事例中把握某些决定了每一个多的数，然后再从所有这些多中最后抵达一。"②这种方法便于对事物认知，它从具体事务中把握抽象，再运用抽象的概念考察具体事物，概念与语言联手帮助对事物的认识。然而，由于这种方法着眼于清晰地理解分析，忽视了事物本身的矛盾和转化，因此这种认识方法尚未抵达事物本身。

实用主义的一大特点是注重融贯性、统一性和整体性。爱默生辩证地看待欧洲文明进步并指出，"如果东方热爱无限，西方就喜欢界限。欧洲文明是才能的胜利，是体系的延伸，是敏锐的理智，是适应的技艺，喜欢形式，喜欢显

---

① 柏拉图：《柏拉图全集》(增订版)中卷，第 682 页。
② 同上，第 682 页。

示,喜欢结果。"①在爱默生赞美的每一个词语中包含相对立的另一方：才能对应天赋、体系对应非体系、理智对应感觉、技艺对应本体、形式对应物质、结果对应原因。逻辑上，结果对应原因；事实上，结果对应根源。当爱默生言说欧洲精神象征胜利的特征时，他把另一方分配给了亚洲。这种重新配置代表实用主义的整体观。自从柏拉图主义诞生以来，欧洲强调技术思维范式的重要性，这种范式思维导致的精致也使思想因丧失生机活力变得贫瘠。无论如何，18世纪晚期，亚洲思维方式进入欧洲人的视野，以便焕发思想生机活力并且对柏拉图理论重新阐释和修订。但是，欧洲人对亚洲经验的吸收是从自身利益出发的，而且从欧洲人的视角看待亚洲，这显然不是客观上的亚洲。为了丰富自己并且装备自己的意识，爱默生代表的美国比欧洲的德国更加需要亚洲的经验方法。

首先，美国需要抵御欧洲偏向智能的思维范式以显示自身不同的思想特点。康德的超验观念以及他的追随者们的阐释使得爱默生找到了美国思想发展的立足点，因为根据郝奇对康德的超验观念的解释，自我是绝对理性的处所，是思想的资源库。德国超验主义观念显示了不同于古希腊哲人的超验观，在于新的超验观念扎根于生命经验的内核，它是超感觉经验的，由此得名"超验"。超验观念的提出是以与古希腊的超越观念作区分为目的，超越观念强调了主观上的客观性，因此也凌驾于经验之上。爱默生以超验主义为契机发展美国思想。超验主义需要立足点，爱默生借助亚洲的无限方式作为超验主义的立足点，他用"广大无际"象征亚洲方法，从而与"精确界定"的欧洲方法开展对话。亚洲方法被用来批判欧洲方法离开基础后的狭隘性与局部性。爱默生在《历史》的结尾指出了"我们所谓的'历史'只不过是一种肤浅的乡村故事……我们必须把我们的历史写得更加博大精深——从一种伦理改革出发，从灌输一种万古常新、疗效无穷的良心开始——如果我们要更加真实地表现我们关系广泛的中心性格，而不是表现我们着眼过久的这个记录自私与骄傲的陈旧年表的话"。② 由此可以看出爱默生引用亚洲方法，借以对欧洲方法实

---

① 爱默生：《爱默生随笔》，第280—281页。
② 同上，第71页。

现改造与重构。

其次,爱默生通过用亚洲词语言说柏拉图,把历史记载的欧洲与亚洲的关联转换到 19 世纪的远东印度与中国,从而从美国人视角对柏拉图的影响作创意表达。一个民族的个性表达属于言语行动。爱默生期望借助于亚洲的"广大无际"重新划定世界,这是美国眼中的世界,它是超出欧洲理性视角划分的世界。欧洲思维方式是通过逻各斯方法把事物划分为有限与无限,有限的可认识世界与无限的自然世界处于二元对立状态。欧洲的界定方法限制了思想空间。强调逻辑连贯意味着丧失深厚的基础。爱默生批评柏拉图选择逻辑秩序主导下的理性分析思维模式,这意味着一个不依赖时间的认识方法受到优先考虑。然而,美国的思想独立要求对真实与充实做优先考虑,这要求对个体独特经验的依赖,而不是对普遍经验的依赖。

再者,亚洲精神被概括为"广大无际",这是相对于"精确界定"而言的尚未确定的事物。如果说柏拉图引入了数理模型来认识无限多样的事物,从而使认识简化为线性的连贯运动,那么直觉认识包括人对物的感觉、通感,以及从物中获得的信息数据就超出线性思维所触及的范围。而这是未被数字填平的基础,它是不可测量的自在之物本身,对直觉感知的体认意味着接受潜意识、前意识或无意识的广大之域。亚洲思维方法呈现直觉、通感以及顿悟等超逻辑思维的特征。由于美国地理环境呈现"广大无际"——自然荒野的特征,它需要被经验认识与表达。爱默生认为美国首先需要感觉经验,它需要体验此时此地的感觉到达崇高之境。当爱默生考虑亚洲精神的"广大无际"特征时,他就在以一种亚洲方式修正欧洲方式的片面和狭隘。再次与认识的源头结合对于美国自我意识的认识是重要的,爱默生用亚洲方法表达否定和生成的未来历史,"我们所谓的'历史'只不过是一种肤浅的乡村故事,看到这种东西真叫人汗颜。"[①]爱默生期望美国未来的历史区别于欧洲历史,即书写人的历史,期望生产"深刻的世界故事",不仅希望美国超出"狭隘"的欧洲,而且希望把亚洲包含进来,实现帝国政治的野心。

最后,爱默生认为弥补欧洲精神所缺少的被动承受与忍耐精神就是接受

---

① 爱默生:《爱默生随笔》,第 71 页。

亚洲。18 世纪晚期,欧洲学界出现东方热,一时间涌现大量的有关东方的文学作品。亚洲作为与欧洲精神相对应的另一种精神来被言说,在诗人和文学家的笔下充满了异域风情和神秘色彩。但是,东方也被描述为缺乏逻辑、顺应自然、性情柔和。学术文献的影响给爱默生留下的印象是,欧洲人注重逻辑和表达,亚洲人注重敬畏自然和沉默认识。而爱默生把喜欢默识与女性特质联系起来。在哈佛读大学时,爱默生与玛丽姑妈的通信交流给年轻的他带来了温暖,加深了他对于亚洲思维与女性特质的认识。玛丽姑妈是爱默生家族中独身而博学睿智的成员,对于爱默生提出的任何问题,她的回答总令他心满意足。玛丽姑妈读书、写杂记却从不愿意发表,爱默生认为姑妈代表了传统女性选择的沉默方式,她拒绝披露自己的思想。姑妈给他的影响是读书加上一种直觉的见识,同时也是一种被动承受或忍耐的品格。爱默生经常把自然比作大地母亲,而把征服自然的精神比作父亲。思想仅仅依靠主动征服的男权精神是不够的,它还需要女性忍耐与承受顺应的特质。①

爱默生通过想象说明欧亚两种精神的内在关联,从而把历史进步归于柏拉图对事物可知的贡献,而亚洲的宗教则作为力量促进了理性方法的优先考虑。爱默生通过栩栩如生的描绘,再现了柏拉图面对思想抉择的场面,从而象征地还原了历史开端所发生的大抉择的场面:

> 柏拉图理解那些基本事实。他可以匍匐在地,蒙住双眼,崇拜那些不可数、不可量、不可知、不可名状的事物:那些可以肯定或否定任何事物的事物……从来没有一个人更加充分地承认过"不可表述的"东西。好像是替人类把"无限"顶礼膜拜过之后,他就站了起来,并且替人类断言,"事物是可知的!"——也就是说,在他的心里,亚洲首先受到衷心的尊敬——那爱和力量的海洋先于形式,先于意志,先于知识、"同""善""一";现在,由于这种崇拜被赋予了活力,欧洲的本能,即文化,又回归了;于是他喊道,事物是可知的!②

---

① Erik Ingvar Thurin, *Emerson As Priest of Pan: A Study in the Metaphysics of Sex*, Lawrence: University Press of Kansas, 1982, p. 249.
② 爱默生:《爱默生随笔》,第 286 页。

这里，爱默生用文学描述的手法栩栩如生地展示了柏拉图抉择的场面："他（柏拉图）匍匐在地，蒙住双眼，崇拜那些不可知"，这些词语的重要性在于通过想象描述再现柏拉图思想诞生的历史条件：洞察、感知、理性和超越，同时也反映了古希腊先哲选择智能提升认识力量，似乎以逃离自然无限的方法减少人的无知愚笨。当逻辑范式思维走到极端，过度主导人的思想时，人也就开始感到思想贫瘠与思想的无力。它需要返回哲学诞生的源头，追回本有而丢失的东西。爱默生需要亚洲思维中的"无限广大"，因为世界主要的宗教在亚洲。爱默生的策略是，将欧洲精神与亚洲的宗教联系起来获得审美经验的再分配。欧洲"精确界定"的方法论耗尽思想资源，也封闭了自然对于思想的生机活力。表面上，爱默生猜度柏拉图的思想构建过程，实际上是通过纪念柏拉图表达美国心声。爱默生对柏拉图活灵活现的描述即是显示两种方法在创造发明之际相互"碰撞"的关系。[①] 柏拉图被描述成宛若一个阿拉伯人进行信仰崇拜，他先"匍匐在地、蒙住双眼"，然后"站起来断言：事物可知"。爱默生用综合方法表达两种精神的不同作用——宗教与科学分别代表着爱的力量与理性的力量。爱默生描绘的柏拉图内心冲突和斗争意志比单纯崇拜真实可信。这段描绘不仅是增添阅读效果，更主要是显示两种不同认识尺度的作用：一种是柏拉图所代表的理性认识尺度；另一种是事物本身的变化过程带给知觉感知的力量冲击。知识作为认识力量与作为信仰力量是不同的。此外，爱默生还引向第三种认识尺度，"倒是有一种尺度：天和地的一致，物质与精神的一致，部分与整体的一致，就是我们的指南。"[②]爱默生将天地综合作为第三种认识尺度，超越了二元对立的尺度，重新审视物质与精神的关系以及部分与整体的关系。第三种认识尺度是非欧洲的提法。

事实上，爱默生的新尺度来自德国康德的"超验的辩证"。康德认为柏拉图的理念代表着理性上升到完美之境提出的策略，但是柏拉图把这一策略当作实体范型则是一个错误。于是，康德区分了思维中超验逻辑与超验审美两个方面，前者诉诸知性分析，后者诉诸直觉审美。而这两种思维方法具有不同

---

① 德国思想家费希特认为，"碰撞"是主宰一切经验的基本范畴。见以赛亚·柏林著《浪漫主义的根源》，吕梁等译，南京：译林出版社，2011 年，第 97 页。
② 爱默生：《爱默生随笔》，第 286 页。

的功能,也是处理问题的两种尺度。因此,爱默生的新尺度来自德国康德的"超验的辩证"一节中的两种超验方法比较。超验的逻辑理性起着规范与界定作用,而超验的直觉理性则起到扩大与延伸的作用。然而,爱默生灵活运用了德国思想家的理论成果,将思维中的超验逻辑与超验直觉审美归属于欧洲的"精确界定"与亚洲的"广大无际",最终又把思维的两个方面归入柏拉图一人的脑袋,这体现了爱默生避免语词的僵化导致生机活力丧失,而通过想象误读与话语重构就可以实现"我们的"话语模式。这种至广大而精深的视野聚合了东西文明成果并且为美国实用服务。

18世纪晚期到19世纪初期,思想家重新思考哲学母题,运用超验的方法考察对立双方的关系:物质与精神,部分与整体,在超验的视角下对立双方重新得到经验的配置。正如加达默尔(Gadamer)指出的:"在经验所及且可以追问其合法性的一切地方,去探寻那种超出科学方法论控制范围的对真理的经验。"①一种方法带来一种真理的产生。美国新人首先需要从感知、感情与生活经验体验自身处境与欧洲的区别,此外,美国新人需要与自然环境的互动关照,以此获得新的信息和环境的刺激力量。"天地一致,物质和精神一致"强调了一种自由和解放精神,从而摆脱主导性逻辑思维习惯。亚洲方法对于美国的重要性在于在广大无际中重新精确界定,重新界定的才是"我们的",即美国的意愿。

三、美国的实用道路

爱默生对柏拉图的解读进行了创意想象,从而预设了美国文化模态——实用的美学思想,即惧怕想象力的退化,促使心灵将它自己的雄辩应用,这被视作善的图式。② 这种模态表现出策略性地以亚洲为坐标,或以事物本身作为思想基础,对欧洲理性至上主义进行批判。因为爱默生指出柏拉图主义在预设理念为形而上学基础时跳过了原始基础,即在自然之上建立了人造的世界开端,这使得思想因为变得贫瘠而"进入黄昏"。美国构建自身文化首先需要思想资源,根据自身的意愿进行选择。爱默生试图用超验的方法摆脱从柏拉

---

① 汉斯-格奥尔格·加达默尔:《真理与方法》,上海:上海译文出版社,2004年,第18页。
② 哈罗德·布鲁姆:《误读图示》,朱立元译,天津:天津人民出版社,2005年,第177页。

图发展起来的辩证逻辑对思想创新的限定，并且试图在语词和概念真正成其为语词和概念的对话活动中寻求其立足之地。[①] 这一愿望和努力在《柏拉图，或哲学家》一文的结尾显得愈发明显。爱默生尖锐地批评柏拉图的人类中心主义的野心：

> 柏拉图也许很乐意有一种柏拉图主义，一种对世界的已知的准确的说明，它应当是准确的。然而现在秩序井然；不是自然，而是人工……他已经拥有了对世界的版权。这就是人类中心主义的野心。然而事实证明那一口饭量太大……他的企图完全错了，咬了一口被噎住了……他就在那里死去，未被征服的自然继续活下去，并且把他忘记。[②]

年轻的美国知识分子不愿服从权威，希望用自己的眼睛看并且用自己的声音表达。而重新看与表达不可能不依靠直觉感悟。把自然作为认识对象与凭借自然的方法去认识是 19 世纪初期美国超验主义者们的核心议题。爱默生用"煎锅的两个把柄"比喻两种方法，而且告诫"不要拿错了把柄"。这一比喻提示了技术方法与自然方法的实用价值。使用自然方法抵御技术方法的统领地位是实用主义的策略，正如威廉·詹姆斯所指出的："真是能被吸收、有效用的、能够确定的、能够实证的概念。反之为假。这就是我们实用主义认为的真理标准，这就是我们认为的真理的意义。"[③]威廉·詹姆斯表达了爱默生的真理观。这一真理观代表以美国立场检验过去的真理依靠自然方法。很大程度上，爱默生对柏拉图主义的批判围绕着数学真理与诗学真理的关系，前者强调真理的精确界定，后者注重心理感受的真实。柏拉图在《理想国》中围绕诗歌与哲学不同功能，考察了怎样能够培养优秀品质的城邦卫士，以及怎样使得城邦政府在治理中处于竞争优势。优秀品质与竞争优势成为柏拉图在考察数理模型优先于自然模型的首选动机。但是，19 世纪初的美国急迫需要思想文化资源，解放思想禁锢，打开视界获得思想的力量，这个时候就不能照搬欧洲传

---

① 汉斯-格奥尔格·加达默尔：《真理与方法》，第 13 页。加达默尔《真理与方法》的批评在作者看来是适用于爱默生对柏拉图的批评的。
② 爱默生：《爱默生随笔》，第 294 页。
③ 威廉·詹姆斯：《实用主义》，燕晓冬编译，重庆：重庆出版社，2006 年，第 143 页。

统文化模式。爱默生从实用主义的立场重新审视两种模型之间的关系,并且把眼光投向东方的印度与中国。在19世纪的思想家眼中,印度与中国的世界观显得既广大无限又充满神奇魅力。

爱默生在《柏拉图,或哲学家》第15段应用文化比较方法首先考察了印度经书《吠陀》《薄伽梵歌》和《毗湿奴经世书》,指出印度经书过度赞扬灵魂存在,忽视了现实实践精神:"印度灵魂观念所追求的就是转变存在,超越形式,脱离塔路斯(冥府),离开天国——从自然解放出来。"爱默生显然不赞同仅仅超脱尘世的一种解放。此外,印度经书过度赞扬灵魂存在,否定世俗存在的意义,这种观点不符合美国的务实进取精神。美国需要肯定世俗生活,同时需要一种超验方法引领人们超越世俗。既然欧洲柏拉图形而上学因追求精确而显得冰冷,美国就需要一种焕发热情的超验思想。在评论印度经文之后,爱默生论及了中国思想,笔墨不多,却从第一因的高度把中国思想与柏拉图相提并论,读来饶有意味。爱默生这样写道:

> 柏拉图是一位数学大师,认真研究一切自然法则和起因,因此觉得这些是次要起因,不能成为世界论,而是纯粹的清单。
>
> ……
>
> 在才智广博的地方,我们通常发现活人身上很容易结合,在描述中却显得相互矛盾的种种优点。柏拉图的心灵不是一份**中国人的清单**就可以展示清楚的,只有独具匠心、富于原创的心灵才是可以理解的。在他身上,最大的自由放任与几何学家的一丝不苟融合在一体。①

这一段的第一句从柏拉图的视角论世界第一因,在柏拉图以数学方法建构的世界第一因下,自然法则的起因退居为次要起因——"纯粹的清单"。根据下文提到的"中国人的清单",爱默生指涉中国人以自然法则为第一起因。怎么理解爱默生平行并置柏拉图的世界论与中国人的自然法则?爱默生真心赞美柏拉图用数学建构的世界第一因吗?我们不能忘记爱默生既是善于修辞

---

① 爱默生:《爱默生随笔》,第283页。

术的散文大师，又是实用主义哲学的肇始人。既然自然法则的起因与数学构建的起因并置比照，真值效度就不在数学建模的世界，而是倾向于自然法则的起因。数学建模的宇宙第一因是思想的方法技术与永恒的善的持存的完美结合。爱默生仿佛把两种文化视作两件艺术品，一件作品指派给柏拉图，另一件作品指派给中国人。两种文化追求两种自由——柏拉图追求心灵上的最大自由，而中国人追求博大精深的自由。两种世界观看似毫无关联，爱默生却将东西文化宇宙第一因综合在一起考察。虽然层级不同，方式方法不同，但两种方法各有价值。由于美国实用主义真理观追求真理的生长与真实，一个"真实性"的宇宙就不可能是固定不变的、静止的性质。真理发生在意识中，要有新的真理产生，不得不给予生产的环境和条件。所以，爱默生实用主义观念下的真实并不是指向确定的观念，它的真实性实际上是指向主观感受到的真理的真实效度，它的有效性就是使之生效的过程。这种真理必然不是超出经验的客观真理，而是如同威廉·詹姆斯对爱默生真理的概括："真理寄寓于经验之中。"①

　　由于实用主义者们追求融贯性、统一性与整体性，重新阐释第一因就变成一种艺术审美。因为中国宇宙观并没有在自然第一因背后预设谋制数学模型，这种世界论维护着经验的过程，真理与经验相互融贯统一。汉学家格雷汉姆（Graham）就中西两种宇宙观的思维方法作过中肯评价。他认为中国古典关联性思维方法与欧洲分析解释方法具有互补作用，他指出"仅仅以分析方法解释宇宙有失完整性，而直到 1600 年人们发现方法如何被发现的时候，（欧洲）分析方法才显示其严肃的前景"。②

　　爱默生通过文化比照在两种思维方法中过渡或调谐并从中受益。表面上，爱默生赞美柏拉图杰出的数学天分。然而，柏拉图的数学模式带来的精确界定的好处，也导致整体连贯性的丢失与充实性的匮乏。相对于柏拉图的第一因而言，中国宇宙观背后没有人为预设的秩序原则。中国人对于自然与人共存的宇宙要求一种整体观。这种宇宙观维护了自发自主性的真值。柏拉图

---

① 威廉·詹姆斯：《实用主义》，第 143 页。
② A. C. Graham, *Disputers of the Tao: Philosophical Argument in Ancient China*, La Salle, Illinois: Open Court Publishing Company, 1989, p. 322.

的第一因与中国的第一因代表两种逻辑：形式逻辑与辩证逻辑。完整连贯性与充实性要求两种不同逻辑被纳入统一体考察才能获得更科学的系统性真理。

爱默生提及中国人的清单应该是指老子论"道"生成数列。① "清单"的序列显示自然而然生成序列，它代表不同于分析思维的另一种关联思维，即老子描绘"道"的创生秩序："道生一，一生二，二生三，三生万物。"老子运用"道"的超验思维从直觉上把握宇宙万物生成的方式，而没有试图占有自然的企图。这种自然法则呈现给意识的方式显示其深度的充实与丰富，它不可言说，不被占有，也就维护自身的完整性和统一性，同时也维护了尚未被言说的人的独特性。事实上，爱默生把自然第一因作为力量、勇气和才华来信奉，而中国思想蕴含的自然神论暗示了在生命的创造中，人人秉持了未分的灵性，人可以在自我修道的转化之中感悟到真实的神性临在时候的美妙、快乐或迷醉。

爱默生把柏拉图的数学世界论与中国的自然论相提并论，实际上触及了永恒与生成的古老哲学问题。从这篇散文的第二段的首句来看，爱默生渴望的不是永恒，而是新生的创造的焦虑情绪。不过，爱默生在开篇的焦虑在文末找到了化解的方法，即对柏拉图征服自然的野心进行有力批判：

> 他已经拥有了对世界的版权。这就是人类中心主义的野心。然而事实证明那一口饭量太大……他的企图完全错了，咬了一口被噎住了……他就在那里死去，未被征服的自然继续活下去，并且把他忘记。②

想象误读柏拉图是消除焦虑的一个策略。哈罗德·布鲁姆捕捉到贯穿爱默生思想呈现的焦虑，从焦虑心理为出发点解释爱默生的想象误读：

---

① 小罗伯特·D·理查森：《爱默生：充满激情的思想家》，第145页。1830年，爱默生阅读了格兰多三卷本《哲学系统中的历史比较》，开始接触《道德经》并声称中国哲学提供的不是作为智力的综合，而是洞察力、力量的展现，对种种交错的联系的认知以及作为行动的出发点。爱默生认为这是真实宇宙的开端。
② 爱默生：《爱默生随笔》，第294页。

对先辈遗产影响的焦虑和需求的焦虑。在需求的焦虑下,是排遣不去的前辈的幽灵:他担心灵感消失……爱默生的灵感从来没有消失,其部分原因是,他根本没有全部得到过这种灵感,即使灵感来了,也是小心翼翼的,一般说来都进入了散文那样雄辩有力的境界。如果影响的焦虑是作为一种父亲的神话传下来的话,那么我们敢说,需求的焦虑很可能是通过母亲与缪斯隐藏的形象显示出来的。[1]

布鲁姆认为爱默生面临继往开来的双重压力:影响的焦虑与需求的焦虑。《柏拉图,或哲学家》显露了爱默生的模棱两可矛盾心态,也决定了爱默生钟摆式的思维方式。首先,爱默生面对欧洲分析式思维方式,用中国基于自然本体的关联思维来批评分析思维并得出结论:"柏拉图的野心大到一口想把自然吃掉,结果自己被噎死,而自然却活下来。"本质上,爱默生想要通过文化比较揭示欧洲文明进步是以征服自然为代价的。实际上,自然作为超出认知的总体不仅表现在认识的自发自主方面,也包含总体的神圣未知要求敬畏的方面。这种自然观念受到中国人的尊敬和维护,中国人相信自然中的天、地、神、人共生平衡的生态关系。而中国宇宙第一因选择了自然法则为起因,有效地维护了认识源头的关系与场域的交互力量。然而,这并不能代表爱默生青睐中国古典文化。在爱默生眼里,欧洲崇尚的无限针对自然而言,中国思想的无限针对人为而言。自然与人为设计的关系在某一创造时刻需要携手共谋,推进发展,而美国正处于这一历史时期。无疑,爱默生在评论柏拉图思想时对东西方文化进行了比较和选择。欧亚关于宇宙第一因的解释方法与路径的差异使这两种哲学呈现不同模式。爱默生并置互照"精确界定"与"广大无限",即把欧亚思维特征纳入超验视角下收获审美过渡的力量:

一切哲学,无论是东方哲学,还是西方哲学,都有着同一种向心作用。在一种相反的必然的促使下,心灵又从一返回到那不是一而是他者或多样的事物中来;从因回到了果;肯定了多样性的存在,二者的自我存在,因

---

① 哈罗德·布罗姆:《误读的图式》,第177页。

为彼此是互相牵连的。分离和调和这些混合的成分是思想的疑难问题。它们的存在是相互矛盾,相互排斥的;而每一个又很快滑入另一个之中,因此我们永远也说不上什么是一,什么不是一。当我们观照物质表面和极端中的一、真、善时,普洛透斯在最高的地方和最低的地方都一样灵活。①

爱默生对东西方哲学采用实用主义态度,即不选立场,实用为上的态度。而超验主义提供了广大无限的视野与灵活实用的真值,"我们永远也说不上什么是一,什么不是一。当我们观照物质表面和极端中的一、真、善时,普洛透斯②在最高的地方和最低的地方都一样灵活。"实用主义的立场是珍视一切引发感觉与智能的东西,因此,真值在实践行动中产生,而不是在语言中存留。爱默生的实用主义态度使他认识到柏拉图主义已经是作为一个思想结果的呈现,而促使思想的是激情和力量。产生天才的条件受到前所未有的重视:情感力量、未知情形,意志、勇气和方法。因此,亚洲与欧洲语词已经被爱默生挪用并篡改,从而满足"我们的"修辞需要。

爱默生运用欧亚精神来阐释柏拉图主义,恰恰凸显了爱默生的本土意识:亚洲灵魂的无限性可以消解欧洲对于界定的局限性,这显示美国对欧洲与亚洲全方位的拥抱。美国寻找一个新的开始需要从柏拉图主义哲学开端批判,并向一个新的阐释空间拓展。这个任务需要回到思想的起点,回到前哲学或者说自然的世界。人类选择制定一种意识形态范式,它就构成划时代的历史意义。爱默生从柏拉图思想中学到综合与平衡的辩证法,这种方法必须重新运用到实践中才能对美国构成意义:

> 一个人是这样成长的,他依靠历史所有时代塑型并成熟。创世的历史或古老的神话不断地在每一个孩子的成长过程重复自身,他被抛进某个混乱的情境,他可以是鬼,也可以是神,在此,他努力使事物从无

---

① 爱默生:《爱默生随笔》,第 278 页。
② 普洛透斯(Proteus)是希腊神话中的一个早期海神,荷马所称的"海洋老人"之一,他的名字有"最初"的含义。他有预知未来的能力,但他经常变化外形使人无法捉到他。他只向逮到他的人预言未来。

序变成有序。个体的灵魂就是通过一种力,把世界解读为他自己的独特语言。①

爱默生在此非常清晰地表达了一种心声,美国虽然没有自己的历史,但世界历史都可以成为美国成长的历史资源。美国被比作一个成长中的孩子,他需要神话故事的滋养长大,他需要知道自然可见之物来自不可见之物。思想历程需要从混乱开始出发抵达一种秩序,这意味着真理不是现成的,而是在追问、寻找与创造中产生的。基于这种从混沌到秩序的创造过程的宇宙第一因,中国古典道家的思想进入爱默生的视野也就顺理成章了。

中国道家的思想的可贵之处在于"道"开启人的沉思。而这种沉思是从自身生命与万物的结合之中开始的沉思,这种沉思将沉思者置入一种历史性的存在过程(非概念历史),这是沉思者经历从生命概念到生命创造的转换,进而意识到新知识产生的玄妙莫测。所以思想始于沉思,终于哲理。美国学者理查德·格罗斯曼认为爱默生作品隐含着老子"道"的精髓。他引用爱默生的《自然的方法》中的一段与《道德经》第十四章做了比照。老子在这一章用最简单的语言表达了神秘的自然起因——道。②

> 视之不见,名曰夷;听之不闻,名曰希;搏之不得,名曰微。此三者不可致诘,故混而为一。其上不皦,其下不昧,绳绳不可名,复归于无物。是谓无状之状,无物之象,是谓惚恍。迎之不见其首,随之不见其后。执古之道,以御今之有。能知古始,是谓道纪。③

老子在这里反复描述神秘的自然之道的不可言说、不可描述。道就是整体的"一",道保持着活力,这份活力自古至今不被占有,却创造万物。数学模式中的"一"已经失去了活力。那么,"惚恍"就是参悟道之作用的精神现象,老子认为"其中有象""其中有精""其中有神"这些句子表达了关联思维发生的连

---

① Ralph Waldo Emerson, *The Complete Writings*, p. 64.
② Richard Grossman, *The Tao of Emerson*, p. 14.
③ Roger T. Ames and David L. Hall, *Daodejing: Making This Life Significant*, p. 95.

续事件,意识中从无到有发生的过程中,意象丛对思想起到构成作用。写作正是通过来自深度的道说被作者听见。相对于古希腊逻各斯范式下的理念,道是思想构成的源头。[①] 道论强调整体和谐贯通,人就是天地神之间的一员;柏拉图的理念近乎神的境界,灵魂脱离了身体,进入不生不灭之永恒。爱默生认为中国思想的博大精深与西方思想的精确界定都有实用价值,但是否定了最终的真理。爱默生说:

> 一个人的智慧就是知道:所有的目的都是暂时的。
>
> ……
>
> 最著名的声音在所有的语言中发声,让所有的人服从,而没有一个人瞥见它的形状……如果他倾听道说而不知疲倦,丰富而伟大的智慧就会传授给他。
>
> 他是观念的傻瓜,过着天堂般的生活。而健康与伟大在于天地精神是通过他交通的。[②]

爱默生认为自然的作用在于自然的方式是永恒的开始。欧洲精确界定的方法封堵了自然的方法。相反,中国直觉体悟宇宙的过程与生成方法触发创造意识的开启。所以爱默生写过一篇不受欢迎的散文《自然的方法》,劝诫人们换种重新对待自然的方式,"你要换种方式追问,你要感受到自然并且热爱它,你要把自然作为存在凝视,方知自然法则"。[③] "热爱"和"凝视"成为认识"自然法则"的新的路径。爱默生创意想象柏拉图具有欧亚精神,其意图也清晰起来,作为美国文化的奠基者,他不可能步欧洲先哲的后尘,他想要像先人一样"直接面对上帝",选择自然法则为第一因意味着与先辈享有平等的权利,也是唯一的享受平等权利的路径。如果跟从柏拉图的世界论,美国就先于自身被谋制了。爱默生在他的《经验》一文谈到了"重生"对于尚未抵达的美利坚自我意识意味着思想的重生,经验对于年轻的美国人尤其重要,更重要的是需

---

① 汪冷:"本有"的"道"说——论海德格尔事件观,《南京邮电大学学报》(社会科学版),2020 年第 1 期,第 100 页。

② Ralph Waldo Emerson,*The Complete Writings*,p. 65.

③ 同上,p. 68.

要以自然作为媒介，重新看待传统遗产，自然的方法赋予这个新人以智慧力量，并且赠予思的东西。所以，爱默生听到柏拉图曾经说"唯一的好是知识，唯一的恶是无知"。自然的方法告诉他，"唯一的恶是限制"。因此，美国要求平等、民主、自由的权利，根植于自发自主的思想权利。

第十一章 超验主义来源与发展

　　美国 19 世纪初期的超验主义始于信仰的危机，始于对波士顿一神教的反抗。受 18 世纪启蒙思想的影响，一神教宣讲《圣经》可以像任何其他文本一样被理性地解读，而超验主义相信一个人仅仅需要向内寻求主观的信仰与真理的定义就可以形成精神与道德信仰。一神教相信完善个体的品德是人生在世的宿命，相信精神生活健康与知性生活有着关联性。而超验主义者开始把人的内在性作为精神真实的指南，并且把"超灵"观念看作宇宙的指导力量。这些都超越了经文中的上帝观念。在探索神学意义上的个人作用中，超验主义者们最终拒绝了基督教经文提倡的对外在上帝的信仰。

　　超验主义不是一个新的或独立的思想系统，而是各种传统与方法的综合，或者称作"大杂烩"。但是，由于超验主义思想的核心强调了哲学和人类学方面的宗教性与世俗性，这一思想极大地调动了人的主观能动性以及热情。在超验主义思想指导下的"认识你自己"与古希腊德尔菲神庙箴言"认识你自己"的训诫相比有着鲜明的当代特色。古希腊箴言"认识你自己"着眼于依据理性认识对待自己的无知和骄傲。而超验主义者重提"认识你自己"着眼于根据自我直觉理性重新理解古老箴言，从而通过揭示直觉理性为分析理性奠基，从更高视角看待局部真理，这是对理性主义启蒙运动的直接挑战，也是对权威机制的挑战，甚至是对作为真理的指南的经文的挑战。这一挑战的目的是关注个人宇宙的精神和道德中心，同时暗示心灵的关键是道德生命。无疑，爱默生超验主义思想之所以成为美国文化和传统意识中的重要成分，在于超验主义作为一种方法激活了人的自主创新意识。然而，爱默生超验思想的形成过程受到本国历史短暂、资源匮乏的窘迫的逼促，从而向德国的康德、费希特、谢林等思想家的唯心观念学习，同时向中国的孔子和老子的深邃哲学思想学习。通过超验主义的宽阔视角,通过对自我直觉的体悟和发现,对于涌现出的真理进行选择、决断与重构,超验主义者为美国后来的实用主义哲学奠定了基础。本章第一部分考察康德的超验观念如何令爱默生着迷与执着追求。第二部分考察谢林的超验理性生机能力如何让爱默生感到真实的同一。第三部分考察柯勒律治的中介影响。第四部分考察爱默生对中国道的深邃思想感兴趣的原因。第五部分考察超验主义的女性来源。

一、康德的超验观念——物自体概念

爱默生通过二手方式阅读康德并且了解到他的哲学批判方法路径,即直觉思维与理性思维的构成性关系。由于形式与非形式的知识包含在心智直觉的系统中,如果要生产新知识,直觉思维就不能被排除在思维系统之外。爱默生认为,康德的批判哲学发现了思想的"资源库",这是康德划时代的贡献。以往的既定真理仅仅是系统中的部分真理,而系统真理意味着意识的"资源库"蕴藏超认识的真理,属于不可测量、不可言说的知识。爱默生认为康德对知识来源和发生机理作考察时揭示了不可认识的物本身知识,并且通过区分"超验的观念"与"超验的形式"揭示了直觉认识的作用。尽管康德哲学读起来有点困难,但是爱默生认为弄清楚超验观念与超验形式的区别是有意义的,因为康德提出"物自体"概念和方法指向包含感性直觉与理性直觉相互作用与相互转让的共时互生的思维关系,因而显得表达上既语焉不详又熟悉亲切。

爱默生在《超验主义者》(1842)中描述了超验主义术语来源于康德,这段文字在全文中仅仅占据一小段,却道出了美国超验主义与康德的渊源和发展的关系。爱默生对超验观念的解释是文学修辞性的而不是哲学推论式的,但是他清晰地把握了康德思想的关键部分:知性与感性的关联;超验观念与超验形式的关联。

众所周知,当今的观念论是超验主义的,它的名称来源于康德哲学术语作为对洛克怀疑论哲学的回应。根据洛克,智能中的一切都与感性经验有着先验联系。康德认为知性之前无不受感性经验的影响。康德思想提出了重要观念,即必然形式并不来自经验,而是通过超验观念获得必然形式;超验观念是心智直觉到的客体;康德命名为超验的形式。这一深刻和精确地对人思维的表达使这一命名得以在欧美流行达到一种程度,即凡是属于直觉思维的一类人如今通常被称为超验的。①

这里可以看出,爱默生把握到康德思想的核心——超验术语,而超验术语的重要性在于它是必然知识与经验知识之间隐蔽的超越人的理性与感性理解的知识。爱默生并没有遵循康德推论仔细分辨超验究竟指什么,而是把"凡是直觉思维的一类人"归于"超验的"。超验术语是拒绝语言定义的概念,因此康德也没有对超验知识究竟是什么做出界定,而是指出了"超验观念是心智直觉到的客体",超验观念是建构必然形式的方法路径。康德从发生机理看必然形式——确立的客观真理,最初源于直觉,直觉经历了由感性直觉到知性直觉的历程进入意识。尽管康德对超验概念的解释语焉不详,爱默生感觉到超验术语指向的深度并且用"深刻和精确的对人的思维表达"来评价康德对超验术语的诠释。超验术语之所以在欧洲流行,在于超验指向了直觉思维中的东西,这引发了人们的兴趣。18 世纪的哲学家康德听见了语词背后物质的尖叫,写了《纯粹理性批判》,同时也宣告了哲学一贯崇尚的理性的局限性。爱默生感到了超验语词背面的火花,像闪电照亮心智般激励思维意识。因为超验观念关涉直觉自发自主的生产能力。而康德通过提出物自身不可知的概念,实现对纯粹理性的批判,开启了形而上学哲学认识论的转向。那么,康德是如何通过物自体概念揭示出超验的形式与直觉的关系的呢?

康德在《纯粹理性批判》一书不同的段落论述这个不可知的自在之物与理性认识的亲密关系:

1. 如果我们把感官的对象视为纯然的现象——那么,我们由此也就同时承认了,这些现象是以一个自在之物为基础的,尽管我们不知道该物自发地是怎么构成的,我们只知道它的现象,也就是说,只知道我们的感官被这个未知的某物所触发的方式。因此,恰恰由于知性承认了现象,它

---

① Ralph Waldo Emerson, *The Complete Writings*,p. 104.

也就承认了自在之物的实存,而且这样一来我们可以说:这些作为现象的基础的存在者的表象,从而单纯的理智的存在物的表象,就不仅是被允许的,而且还是不可避免的。

2. 尽管如此,以下这一保留必须得到充分注意:即便我们不能够认识作为自在之物的这些客体,但至少我们必须要能够把它们作为自在之物而加以思考。因为,否则的话,就会推导出这些荒谬的命题,即没有任何显现着的东西却有现象。

3. 感性学说同时就是关于消极意义上的本体的学说,也就是关于如下这样一些物的学说,知性必须撇开与我们直观的关系来思考这些物,因而不仅要把它思考为现象,还要把它们思考为自在之物。[①]

康德在第一段的引文说明了自在之物作为现象的基础,并不向感官显现自身,它是未知的某物,但是"我们的感官被这个未知的某物所触发","触发"的功能正是康德所强调的,它显示了不可知的某物在两个关系中的中介作用,"触发"也是作为动力因素来考察的,很多事情最初由某个因素的触发而导致事件的发生。由于"触发"在意识中不占据位置,因此不能被理性所识别。康德在第二段中提出,尽管自在之物不可认识,但是至少可以把它作为自在之物加以思考。这里就提出了两种不同的思考物的方式:第一种方式就是根据先验规范的条件思考物,即把物作为显现着的对象加以考虑。第二种方式是把物考虑为如同自在的,即超出我们认识能力之外的方式考察。事实上这两种方式包含了人为预设的限定方式和非人为预设的自然自发的方式,因此,康德提出只有用这两种方式考虑物才是合理的,否则仅仅把物考虑为显现着的对象,而不考虑自然自发的东西是荒谬的,或者说是片面的。康德通过提出物自体的认识方式对纯粹理性一统天下进行批判,目的是为形而上学寻找事实根据。这一揭示不仅区别逻辑原因的来源和实用,同时对以逻辑为根据的真理进行了批判。康德提出如其所是的考虑物的方式有什么意义呢?

[①] 阿利森:《康德先验观念论》,第83页。

如其所是地考虑物的方式的意义在于它自身的不可知的固有属性，吊诡的是，物自身的不可知性正是意义的根源，它的意义在于物自身的思考方式不同于理性把物作为对象的思考方式。首先，如物所是的方式考虑的意义是方法论的，它提供了避免形而上学错误的唯一手段，形而上学的错误在于把先验理念实在化或固定化。换句话说，先验理念是抽象的幻象，一旦把幻象视作实体并固化，这导致原本属于幻象的理念偏离实际存在的根据问题。康德通过提出物自体不可知的概念作为先验实在论的基础，从而想要挽救形而上学以偏概全的错误。其次，康德通过两种考虑物的方式对两种超验观念进行区分：先验的实在论与先验的观念论。[1] 于是，康德提供了两种认识的方法，第一种方法把物视作认识对象，而第二种方法把物视作如其自身的不可认识的东西。第二种方法为第一种方法提供了基础，从而区分了超感性的根据与逻辑的根据。用维特根斯坦的话说，康德并非企图说不可说的东西，而仅仅是在规定能够被言说或被追问的东西的界限。[2] 此外，由于物自身不可认识，不能向知性传递任何信息数据，物自身也就维护了自身的完整性而未受到分析破坏。康德对第二种认识方法的揭示突破了传统哲学强调的主体的人的边界，它使思想置入实际存在的根据中考察，而不是超越人的经验之上考察。于是，人的可能性与现实性处于相互交流的关系之中。[3] 由此引发了思想家们对"自我"的主格与宾格的重新考察与阐释，进而发现人是知识产生的场所。人是语言、思想、历史等诸多关系的总和，而不是知识的对象。

康德批判思想中语焉不详的"超验"部分吸引了爱默生的追问，尽管"超验"无法用概念明确定义，也无法通过知性理解，但是"超验"的"触发"作用，如闪电般划过心中，留下深刻而真实的印象，思想者懂得触发的作用，但是在作品被筹划酝酿与完成之后，作为媒介的"触发"机制就隐匿退去。当康德解释不可认识以及不可言说的"超验"概念时，哲学追求的清晰与连贯性变得有趣起来。康德的这一发现无异于掀开了意识的黑匣子，尽管意识的前端暗昧幽深，但是无意识与意识的相互关系与不同作用得到了承认，凡人所意识到的东

---

① 康德对"先验"与"超验"作了区分，但有时两个术语相互替换使用。
② 阿利森：《康德先验观念论》，第 73 页。
③ 同上，第 106 页。

西是无意识与意识共存并生与相互作用的结果。这无异于承认意识构建的世界最初依靠基础条件而谋制完成。对于爱默生来说，康德的"超验"术语所包含的两种认识方法给历史短暂的美国思想界指出一条道路：意识的构成通向意识的深渊——资源库。首先，超验方法作为一种批判方法的奇妙之处在于意识结构本身，即在思的初始结构中，意识并非一开始就有确定的方向，意识最初是一种沉思，沉思经历迷失、触发、醒悟、决断等诸多阶段，最后来到超越的确定的思想。超验方法体现思与存在共处于意识结构的过程，虽然不确定，却是理解确定性真理的必经之路。这对于美国知识分子进行重构与创新意义重大。超验主义者把以逻辑为根据转换到以"中心生命"为依据，这一提法是把注意力从谋制的逻辑工具移置转换到源头——中心生命。爱默生强调"中心生命"高于一切并且把"永恒的创造者"归因于"中心生命"，生命知识构成整体性也是超验主义者质疑既定真理的唯一性和总体性的依据。超验主义者把以逻辑为根据转换到以"中心生命"为依据，生命的独特性拒斥了真理的固定性。爱默生提供的理由是"生命的方式是奇妙的"，生命的方式超出简化的逻辑方法。某种程度上，爱默生的"中心生命"是对康德如物本身思考方式的替换表达。

其次，康德在《纯粹理性批判》中考察了必然知识、经验知识与超验知识的关系，暗示了理性能力的创造性是分析理性所不及的，而这种理性能力并非通过学习记忆能够掌握。爱默生认为"超验"术语所指向的理性能力和理性的辩证关系为重新阐释西方传统用语言建构的自我、世界和上帝提供了思路。对于爱默生来说，重新阐释传统文化的二元对立问题，意味着重新分配对理性能力与分析理性的关注。爱默生更进一步把开启思想的理性能力归因于中国"道"的思想，而不是希腊思想，也不是德国思想。因为在爱默生的观念中，德国与欧洲其他国家一样继承了古希腊思想的遗产。① 尽管康德的批判哲学突破了哲学同一律的核心原则，走向两种认识方法的道路，但是，康德的批判哲学并没有突破来自柏拉图主义的思维框架。爱默生接受康德的"超验"术语并

---

① 关于这部分的论述，见本章第五部分"爱默生预见海德格尔？"。根据斯坦利·卡维尔，爱默生与海德格尔的惊人相似点在于，他们两人都承认是中国"道"使他们"继续上路、继续思考"并使得他们能够说话。

且把超验主义推进到在卡维尔看来"不可估量"的一步,也就是说,爱默生摆脱了哲学第一原理的约束,直接面向了人与自然的原初关系。① 这对于奠定美国文化基础道路十分重要。首先,超验的方法是不确定的、宽泛的,根本上还属于主观的,但是这种宽广的视野相对于限定的视野提供了选择、比较、考察与决断的机会与权利,由于它还处于主观阶段,这些权利属于文化批评者,这一方法带给爱默生极大的创作自由和空间。再者,美国建国后亟待解决自身思想文化资源匮乏的问题,通过新的表达可以区别欧洲思想范型来实现身份确立。这也注定了美国作为欧洲文化的后来者与先辈遗产有着继承和超越的关系。发生在 18 世纪晚期与 19 世纪早期的德国思想家带着改革者的浪漫理想主义的特征,重新阐释古希腊思想遗产,证明德意志民族思想。某种程度上,美国历史处境与德国历史境况具有相同之处。受到黑格尔断言"开端是结果"的启发,②爱默生作为新人要求"像先辈一样直面自然",即要求经历从"起源"到"开端"的经验过程来检验真理的效度真值,对传统文化进行批判、转换、移植、删除、整合与重构。爱默生把生命视作超验场域,以"超灵"作为修辞手段,通过意识的双重或多重构成,进行思想实验与边界的探险。爱默生解释"超验"是一种前所未有的解放感觉和精神自由的能量体验:

> 我愿用一种如闪电般的信仰来换取连续的日光,用这种激越的红光换取温和的气候。这两种思想状态时刻岔开,截然不同。当他从灵魂启示的时刻看人生,他在这个世界上小心翼翼地行走,扮演着平庸的角色。所做的一切,不是自己的技能,所说的话,别人说过并且说得更好。他依靠外力,手上拿着一些东西,直到他获得灵魂启示。我们的阅读、我们的劳动似乎是一种等待:我们不是生来为了等待。这些作品很少与神圣的生活融汇贯通以至于我们做什么都没多大意义,无论是磨石、骑马、跑步,还是赚钱,或者从政。这种双重意识最糟糕的特点是我们过着两种生活,一种属于知性,另一种属于灵魂,彼此之间没有太多关系,从不交集,也不彼此相照:其中一个此时盛行起来,嗡嗡作响,黯淡无光;另一个彼时流

---

① 爱默生在《自然的沉思》开篇提出这一主张,代表了美国的非欧洲的一种姿态。
② 转引自海德格尔所著的《同一与差异》,孙周兴等译,北京:商务印书馆,2014 年,第 58 页。

行开来,显现无限朗朗的天堂;随着生命的进步,这两者没有找到好办法相互协调。可是,我相信什么呢? 我属于那一方呢? 难道不是宁静独立的沉思,仰望一片深沉的蓝色天空? 当下云层蔽日;可是我们保持这个信念,我编织的美丽网最终会蔚然成风,瞬间将长如白昼。那么,请耐心等待,为了我们(不是为了上帝),耐心,恒久耐心。当我们进入新的无限,从这个否定的冰之大地,想到这些就是我们的快乐,尽管我们因贫乏而德性并不充实,但是不再用虚伪对之修修补补。

然而,如果我们忽视补充他们是美的热爱者和崇拜者,就没有充分地描绘这一群超验主义者。在永恒的三位一体的真善美中,每一个包含着其他两个而完美具足,超验主义者宁愿把美的符号置于首位。

在这些嘲讽与批判的时代,我把美放在首位,因为美处于伪饰的善与无情的真的黄金分割线上。超验主义者还是热爱自然一族,他们在不可侵犯的世界秩序中为受侵犯的秩序发现了补偿与人的优雅。①

这里,爱默生比喻超验的东西犹如"闪电般的信仰""激越的红光",这些高光时刻都指向超验的瞬间直觉感悟到的能量强度。爱默生强调"从闪光的时刻看待人生",人就立于世界的中心。这是看待世界的直觉方式而不是理性的方式,这一看的方式表明存在审美的、非逻辑的视界。爱默生用文学方式表达康德超验哲学所揭示的新方法。揭示不确定的主观方法来自生命某个高光时刻,以此区别逻辑认识方法的冷峻和僵硬。超验主义者通过审美想象将分离的形式重归于整体视野对待,从而使对立双方统一在一个系统中获得融贯。审美经验强调主观感受和体验,并且重新对待被划分的双重关系,例如技术与生命、知性与灵魂、世界与自然,这些双重关系在审美经验中获得融贯性与整体性的理解,固化的东西重新被激活而焕发实用价值。

作为英国人的后裔,爱默生既有英国贵族的精致,又带着美国人的热情和坦诚。在他作为英国和德国的学徒过程中,他拒绝英国人的保守和德国人对

---

① Ralph Waldo Emerson, *The Complete Writings*, p.108.

概念的追求。爱默生通过向英国诗人柯勒律治、法国作家斯塔尔夫人、美籍德裔青年郝齐学习，认识康德思想的创意，但是他摒弃欧洲人对精确界定的偏好，选择宽广无限的实验以及实用价值。这也是为什么爱默生追求直觉上的真实，忽视逻辑的连贯，强调"瞬间的闪光""心中一线光明"的真实而深刻的内在经验，换句话说，虽然这种直觉感悟到的是即时的不确定内在经验，缺少客观上的可靠根据，但是却是属于"我们"的真实经验。所以，超验主义者表达了一种超经验的推测方法，它的缺陷是模糊、不明确的。但是，它关注存在与思考相伴而生并且亲历感知的内在"真实"。这种真实使经验各个层面上的感知连贯统一，当一样东西以整体形式出现时，我们就难以说清楚。而这个说不出的东西对于思想极具"诱惑"，迷醉在于自我直觉的生产能力。爱默生用"深刻和精确"评价超验构成形式在思维中所扮演的角色。显然，这种"深刻和精确"与逻辑精确不同，它是直觉感受到的深度和准确，它在知性生命与灵魂生命交集中扮演媒介和触发智能潜力的作用。"触发"作用被爱默生比作"火""激越的红光""闪光的时刻"。19世纪思想氛围注重审美趣味经验，唤醒内在主观的感觉，以此纠正冰冷的理性带来的虚无感。由于超验主义者的方法是扎根生命，而不是根据逻辑，因此，对这一方法的领悟要求不是习得技术，不是重视现成工具，而是扎根生命本能，耐心等待灵魂事件的初现。超验主义者认为技术绝不可能取代生命之火的作用，正是火向思想馈赠它的礼物，技术是谋制的工具方法。事实上，爱默生强调超验思想的瞬间闪光与过渡，也就是对康德所强调如物本身认识方式的创意表达。

如果把根据如物本身的认识方法称作第二种认识方法，它就修正了逻辑方法作为主导方法对其他认识方法的阻碍。第一种认识方式是经过古希腊柏拉图发明，经由亚里士多德的推进发展成的理性认识方法——神逻辑方法，这种认识方法肯定限定的必然知识的优越引导。因此，一直以来，人的真实经验的认识方法受到忽视。德国思想家通过探索克服逻辑方法的统治地位开启了一条新的思想道路。早在康德之前，莱布尼茨就提出逻辑原因并非真正的根源，他把判断句的谓词归属于主词，因而把主词视作判断的根据。康德又将莱布尼茨的根据律进一步推进，指出主词中的主体是聚集了人的所有认识能力的综合统一，其中包含不可通达的物本身，康德极大地充实了主体的主体性，由此开启新的认识方法——超验的认识方法。费希特不再像康德那样恪守哲学推论，而是大胆想象自我如何浮现的可能情况。费希特认为宾格的"我"是观察的对象、学习的对象，是心理学、社会学的研究对象。但是，主格的"我"是在受到"碰撞"之后被认识到的。费希特认为"碰撞"是主格的"我"浮现的条件，也是主宰一切经验的基本范畴。"碰撞"这一术语蕴含思想内在的矛盾冲突，它先于统一的"我"的出现，意识概念的"我"是对一种差异化多元的前意识"我"的管理、约束和抗拒。这样，内在于费希特的自我中存在一个意识与意识本身的结构，该结构提供了原初的、不可规约的基础依据，这个依据超出理性和感性认识，它存在于无感的地下根基中。费希特的超验思想拓展了"自我"的整个视域下的图景。这一思想随后主导了浪漫主义的想象。于是，"自我"真正有了生命血肉与灵魂气息的结合。"自我"成为创造性活动始发者、能动者。[1]

如果说德国思想家通过对物本身的概念提出另一种认识方法，目的是摆脱逻辑方法的统领地位，从而走向一条独立自由的思想道路，超验的认识方法作为区别于逻辑认识的方法具有不可替代的功能在于它面向构成生命的基本原理。康德的学生赫尔德（Herder）提出世界主义的观念旨在破除对柏拉图主义的理性框架过度信仰。赫尔德表达了德国在欧洲的历史处境以及民族振兴的迫切愿望，表达了民族心声。18 世纪的德国是一个由三百个王宫和一千二百个领主统治的国家。权力分散的结果使其遭遇法国以及其他国家军队入侵，战争持续长达三十年。血腥和死亡摧毁了德国精神。当时的德国文化没有中心，没有活力。没有民族自豪感就难以改变现状。拿破仑于 19 世纪初入侵德国彻底点燃了德国的民族主义情绪。[2] 德国思想家应时代和民族存亡的要求，通过另一种认识方法路径，重新阐释自我，解放自我，以此取得丰富成果证明民族的优秀品质。

不难解释爱默生对康德语焉不详的"超验"术语怀有浓厚兴趣的初衷类似于德国对于民族振兴的迫切需求。然而，美国与德国处境不同。由于美国诞生于英国，它的身份不可避免地打上英国以及欧洲文化的特征。此外，美国与

---

① 以赛亚·伯林：《浪漫主义的根源》，吕梁等译，南京：译林出版社，2011 年，第 98 页。
② 同上，第 94 页。

德国的不同之处在于美国历史短暂，或者说没有历史。这使得美国的身份话语缺少根基。美国知识分子不仅需要摆脱逻辑方法的统领地位，而且需要寻找思想资源以区别于欧洲的文化模式。于是，超验观念对爱默生来说是弥补历史短暂与资源匮乏的入口。首先，超验观念作为哲学概念指向不可认识的物自身，作为意识构成，物自身的方法表现为物与意识的交互性，物与意识生成的个体独特性过程发生在转换与重构的过程。因此，如物自身的方法或者超验的方法为直觉自我与识别自我提供了路径。爱默生看到了超验主义方法的实用价值，它为表达潜在的神圣自我提供了浪漫的想象空间：瞬间的闪光、不确定的感悟，这些都满足了心理对真实感的需求。爱默生称这是属于"我们"的认识，属于"我们"的认识方法，这些都是对潜在自我的表达。尽管与此认识方法相对的逻辑方法作为在场的方法为思考提供了便捷性，超验的方式包含尚未显现的潜在东西，这一宽泛视域为生产知识腾出了空间。爱默生看到了一个思想创新时代的到来，他把超验主义方法作为美国思想发展的突破口，它的可行性在生命深度的某个闪光时刻，自我意识与深度生命捆绑在一起，一种生成的思想来自深度的生命核心，它并非手边现成的技术，而是在时间等待过程中来到的一种强烈的感觉并且触发意识对其识别。爱默生相信等待的重要性在于灵魂经历自身的自发自为过程才出现新异或奇迹，其原理就在这里，伟大的思想不是现成的。爱默生呼吁"请耐心等待，为了我们（不是为了上帝），耐心，恒久耐心。当我们进入新的无限，从这个否定的冰之大地，想到这些就是我们的快乐，尽管我们因贫乏而德性并不充实，但是不再用虚伪对之修修补补"。超验主义是对理性主义的纠偏，也是基于生命本体对理性主义的修订与扩展。以生命为本体考察不同于以理念为本体考察，前者是基于实际存在的复杂情况，后者是通过排除杂多达到认识的简化。从认识论为本向以生命为本的转化，考察的视角首先是对人的情感和欲望的承认，所以爱默生称"快乐"是这个时代的人感受到的真实快乐。然而，爱默生不止是快乐，因为他发现了思想的"储藏室"，浪漫主义者所热衷的迷醉。德国天才谢林对康德超验思想推进解释。在崇尚理性至上的西方学者看来，谢林的思想增添了梦幻式的迷醉。

二、谢林的超验理性——内生性机能概念

爱默生从康德的批判哲学发现了"超验"术语作为打开思维空间的秘密通道,尽管康德提出的超验认识路径区别于逻辑认识路径,具有划时代的认识论转向意义,但是康德批判哲学留下了二元对立的问题。康德的追随者谢林提出了超验的理性生机能力使"自我"与"非我"融贯统一。在谢林看来,不可能存在比理想和现实表达的对立更高的对立,只有反过来把最高的统一置于理想根据与现实根据的统一性之中。而最高的统一体现在超验的理性能力。于是,谢林把康德的超验的感性作为理性本身加以考虑,即超感属于更高理性能力。谢林给出的理由是,超越特定知识形式的只能是知识的能力,即理性最总体和最高层面的知识能力。谢林认为康德把知识能力的批判称作理性批判。由于康德相信理性作为超验观念能力的基础,一旦理性进入超验层级,就不再局限于经验,因此而作为超验的理性本身而存在。在此,理性作为理性自身显现,就感性而言,理性受感性的调适。谢林对超验理性进行这样追问,"如果不是从理性,永恒的普遍性与理性的概念的持续必然性又是源自何处?"这一追问令人信服,即超验理性包含了多个层级的思维,最根本的是内生性机能原因,这种超验理性又被称作绝对理性,它将二元对立的关系进行统一融贯。谢林似乎努力解决康德的两难困境,并将这一困境在绝对理性中获得统一。[①] 谢林这样描述理性生机能力的特点:

> 在人类精神发展的某个时间节点,精神需要以这样方式表达自身,以便触及存在的根底。但是,问题是"存在的根底"是什么意思? 它不是存在,存在停留在这个问题的表面,于是,这个问题变成:如果我想对这个问题刨根问底地追问,例如,一个事件,然后这个问题——在这个例子中,事件——一定已经被给了。因此,这个问题的根底不再是存在概念,而是本质、机能、原因(这些词都有相同的概念)。因此,在精神发展的最高点,深深嵌入人性并且难以逾越的知性倾向要求探问不是这个或那个问题的

---

① F. W. J. Scheling, *The Grounding of Positive Philosophy*, p. 142.

根源,而是整个存在问题的根源。这是一个完全不同的概念,不能看以上的概念,而只需要看存在的另一边。用这个方法,人就必定来到这一点,他不仅从启示中解放出来,而且从一切现实中解放出来,以便逃向没有存在概念的荒原,在此遭遇无有,遭遇存在的无限机能,并且与如在以太中活动的思想相遇。可是,在这里,理性还是有能力给这些思想活动提供先在的位置的,理性不仅从中辨识总体的存在状态,而且辨识到它的渐进过程。因为在无限中,不确定的理性机能随时显露的不是偶然而是必然,这种内在连续的机能组织占有了存在的核心以及理性机能本身。揭示理性机能是理性哲学的任务。

......

这个机能(理性当下内容)是不确定的,它才可能成为机能、主体、物,或者甚至是存在。结果,只要人没有从存在中排除物或潜能,人就没有占有存在本身,机能是一种不同于概念的存在。[①]

从这一段的最后两句话可以看出,谢林指出机能的存在与概念的存在是不同的存在。认识的机能与认识方法不同在于,机能是嵌入存在本身的整体协调运作的能力,而概念的存在是诉诸知性理解的语言命题。谢林揭示机能因不占有存在空间,处于不确定的隐没状态而被忽略。传统哲学过度强调可被认识和把握的存在概念,原因是存在概念能够被理性认识,然而这带来二元对立的问题。谢林通过对理性生机能力的揭示使二元对立的双方相互通达:它反映了存在与思维的真正关联;它指向了精神与生命冲突的关系;它暗示了审美艺术的调谐作用。于是,谢林的超验系统哲学似乎跳出哲学逻辑框架而呈现生物遗传的解释向度,即把时间中的存在与概念的存在一并作综合考察的特点。谢林说:

鉴于经验发生的一切事情,它不可能是理性科学要证明它存在的问题。确切地说,现在存在的,将要存在的(因为从混合而来的存在关系到

---

① F. W. J. Scheling, *The Grounding of Positive Philosophy*, pp. 141-142.

将来的存在到来；因此，这个混力的角度，我可以问将会发生什么，什么将存在，如果有存在的话）是理性科学的任务并允许它本身作为先在。但存在并非跟从，存在是无。有存在，尤其是这个确定的东西在世界中存在，永远不可能不通过经验的理性所认识到并说出有存在的先在。[1]

谢林的超验哲学从存在经验理解和批判哲学指定的"有存在"，从而揭示了形而上学哲学超越并离开了基础条件。哲学形而上学倡导的实体理念以及通过数学建构的宇宙开端是脱离了基础建构的模型，它作为"有存在"的稳定实体，作为先验的范式指导与原初的未建构的世界区别开来。这里，谢林想要表达的是事实上的存在经验遵循超验的原理，即生命的原理。谢林用"存在不跟从"的"无"来指向比"有存在"更加复杂宽广的系统性存在。自古希腊柏拉图以来的哲学奠基于存在基础之上并且超越或者飞跃于存在的经验。重提无的存在方式意味着面对存在本身重新理解建构的模式与事物本身之间的关系。

此外，谢林指出理性内生性机能在直觉认识中的作用。谢林认为"直觉"是一种能力，该能力"通过原始的力量的手段通过自身进行生产"。这些理性生产运作是前意识的，也是自发自主的活动，这些自发活动"超出通常意识"之外。谢林称赞直觉能力，就它被意识实现而言，它是"人类精神的最高能力"。它的至高在于这一事实：它能够使得思的活动被直觉看见，并且生产出一个客观世界的再现。换句话说，知性在意识到自身的过程从无意识到意识的合法性经历了直觉化的过程，知性以原初的、即时的方式生产出客体的客观性。谢林的这一观点是基于斯宾诺莎的能动的自然概念的表达，即把自然视作全能的创造过程。自然神论也奠定了知识的基础。在这个意义上，自我-直觉是"生产性的"。谢林为这一直觉概念提供了令人信服的揭示：首先，直觉在展示自身的"能量"的一系列步骤中揭示了自身是什么；其次，直觉以表达形式实现自身。于是，谢林进一步指出："正是诗学能力是原初直觉的第一力量；反过

---

① F. W. J. Scheling, *The Grounding of Positive Philosophy*，p. 130.

来讲,我们把诗学力量称作最高的力量。"①

18 世纪晚期与 19 世纪早期的德国思想家从哲学源头阐释自我、非我与超验的自我的关系,从而通过超验媒介的过渡和转换拓展思想图景。谢林对开端隐含的艺术与哲学的相互关系所作的精辟阐释还原了哲学起源真相,同时影响了英美浪漫主义文学的表达方式:

> 整个哲学都是发端于、并且必须发端于一个作为绝对同一体而完全不客观的本原。但是,如果这个绝对不客观的东西是理解整个哲学的条件,我们应该怎样对它作必要的认识和理解呢? 无需证明,这个绝对不客观的东西既不能用概念来理解,也不能用概念来表现。因此,剩下的唯一方法就是在一种直接的直观中表现这个绝对不客观的东西;不过,这种直观本身又是不可理解的,并且由于本来应以某种完全不客观的东西为其对象,所以甚至于显得自相矛盾。然而,假如终究有这样一种直观,它以绝对的同一体,以本身既不主观也不客观的东西为对象,假如我们为了这种只能是理智直观的直观而诉诸直接经验,那么,这种直观在没有一种普遍的、公认的客观性时,究竟又何以能客观地、无可置疑地确立起来,而不使人觉得是以纯粹主观的幻想为依据的呢? 理智直观的这种普遍承认的、无可否认的客观性,就是艺术本身。因为美感直观也已变为客观的理智直观。艺术作品唯独向我反映出其他任何产物都反映不出来的东西,即那种在自我中就已经分离的绝对同一体;因此,哲学家在最初的意识活动中使之分离开的东西是通过艺术奇迹从艺术作品中反映出来的,这是其他任何直观都办不到的。②

谢林用浪漫的方式言说作为事件的哲学开端的发生条件,指出哲学开端最初与"不客观的东西"和"不可理解的东西"共处于一体,揭示了哲学活动最初以纯粹主观的幻象为依据,通过主观决断而确立客观世界,这无疑在指明西

① Werner Marx, *The Philosophy of F. W. J. Schelling: History, System and Freedom*, Trans. by Thomas Nenon, Bloomington: Indiana University Press, 1984, pp. 37 - 39.
② 谢林:《先验唯心论体系》,梁志学、石泉译,北京:商务印书馆,1997 年,第 273—274 页。

方历史是如何从纯粹自我意识发展而来，揭示了智能从低阶能量向高阶能量进行连贯运行的超验唯心主义原理重构的秘密。[①] 谢林在《作为总体的系统的总论》中写道："超验哲学的整个内在连贯不断地依赖自我直觉，把自己提升到一种力量，从自我意识的最初力量上升到最高、审美的力量。"[②] 这里强调了审美在哲学活动中的重要意义。审美直觉是如此这般以至于"自我在一与同一的直觉中本身同时既是无意识的又是意识的"。这的确是超验哲学所追求的同一，同时也揭示了艺术与哲学原初的共存互生的关系，即世界与个体心灵同时存在，都有无限的发展空间。超验哲学通过展现创造性的直觉，继而为克服理想世界与现实世界的对立提供了一个融贯相通的视域。

爱默生在谢林的绝对同一的理论中感到自我与自我之间真正同一。谢林指出在绝对理性或超验理性的视域下，哲学与艺术是相通的，这一理论为文学批评打开了新思路，哲学因为艺术的重新介入而富于生命气息，而传统哲学所强调的目的论不得不面向生活经验实现哲学的新任务。谢林对自我直觉自发能力的揭示指出了切身的思想的源头——思想并非从遥远的地方开启，而是从切身的自我直觉中被激发而来。这是一个宽广的视域，蕴藏着有待重构和言说的内容。超验主义者们看到事物重新聚合并且通过二次想象获得创造力。[③] 谢林的超验思想不仅揭示了直觉自发创造的能力，而且指出了思想与实际存在的亲缘与相通的关系。爱默生在 1844 年写的《诗人》带有谢林的超验思想的融贯色彩。

首先，让我们来看爱默生在这篇散文中对诗人的定义，他声称"诗人是思想者、解放者与命名者"。诗人词语在 19 世纪的美国承载了新时代的使命和特征。爱默生在散文开篇指出古希腊思想家恩培多克勒、赫拉克利特、柏拉图被归入重新定义的诗人。爱默生想要通过置换诗人概念，说明在哲学开端诗与思的相通。选择、移植、转换与重构的活动是思想艺术。这说明了诗人与哲人自古希腊以来就是一对双生伙计关系。以诗人的名义谈论哲学，其主要目的是呼吁诗歌与理论的交流，因为哲学发展成专业社会科学，出现了自己独特

---

① Werner Marx, *The Philosophy of F. W. J. Schelling: History, System and Freedom*, p. 43.
② 同上，p. 39。
③ 小罗伯特·D·理查德：《爱默生：充满激情的思想家》，第 574 页。

的专业用语,起着范导或疗愈作用,同时表现出冰冷、固化的特征。哲学的出现是随着历史境况的召唤以及与诗歌对话、批判和重构的结果。爱默生从超验的视角对待继承与创造的关系。《诗人》开篇对"运火者"与"火的孩子"的区分显示了作者的意图:

> 我们不是运火者和举火把者,而是火的孩子,是用火造成的,只不过是同一种变了质的神性,相隔两三代,在我们对此几乎一无所知的时候就离开了。这条时间之川及其造物从中流出的那些源泉本质上是完美的,这一隐藏的真理引导我们去考虑诗人或美的发现者的本性和功能,引导我们去接近他运用的手段和材料,引导我们去认识当前艺术的概念。①

从"火"的隐喻可以发现爱默生思想的引线。"火"的隐喻首先将我们引向普罗米修斯神话寓言中人与神分享创造力的斗争。爱默生也钟情于赫拉克利特对火的解释:"永恒的活火,在适当的时候燃起,又在适当的时候熄灭。""火"预示着天才带着至高神性来到人间完成他的使命。借用寓言,爱默生肯定自己属于"火的孩子",否定自己是"火的传递者"。这一不服从权威的根据是相信自己禀赋潜在神性,倚靠"时间之川及其造物从中流出的那些源泉",这一"源泉"的完美理念被爱默生称作灵魂的灵魂——超灵,爱默生谋制的这一术语综合了神性、人性和超验的东西。哈罗德·布鲁姆在《影响的焦虑》中曾指出,爱默生文化批评的核心是通过超验灵魂的优先特权,获得对先辈修正的权利。例如,对于柏拉图哲学线段喻,爱默生并不止步于接受他的观点,而是用自己的方式批判,"柏拉图给线下的定义是'流动的点';给图形的定义是'立体的范围'"②这一批评从线段喻的思维方法向着立体纵深的思想源头探察。由于意识的纵深是无意识的深渊,它在逻辑理性工具视角下不可测定,因此爱默生把线段上点对点的思维方式与线下无数流动的点并置看待,以此喻指总体思想不可能来到穷尽的终端。于是,爱默生的文化批评方法经常处于对立两极中间的位置,这个位置可以观测任一边情况,从而通过综合观看进行判断。

---

① 爱默生:《爱默生随笔》,第186页。
② 同上,第201页。

这一方法也被爱默生在《历史》中称为理性方法。对这种理性能力的相信使爱默生说出,如果"一个人一旦获得了理性的权力,他就成为拥有全部财富的自由人。柏拉图思考过的,他也可以思考"。[①] 什么是理性的权利? 爱默生所指的理性权利相当于谢林所说的"超验理性的生机能力",此理性远远高于分析理性。但是,传统哲学对于两种理性实行了颠倒与重构。围绕理性的权力之争关涉哲学与艺术的古老之争,而现代哲学与诗学再次相互鉴照并趋向于揭示两者在根源相互通达的真理。这就揭示了哲学意识中的艺术旨趣的功能。哲学意识远非哲学方法,前者为后者出现提供了包容的条件。

不难理解爱默生超验主义哲学对艺术的偏爱。这一点可以从爱默生对艺术的定义得到证明。爱默生在《诗人》中把艺术比作"神道""永葆青春的神水"、知识的"汪洋"以及大自然的秘密,这些观点颇有谢林艺术观的意蕴。18世纪晚期与19世纪早期的浪漫主义思潮再现了艺术与哲学相通的超验真理性。爱默生这样定义艺术:

> 艺术是创造者通向他的作品的道路,这些道路或方法是完美的,永恒的,不过看见它们的人寥寥无几,不要说艺术家本人看不见,就是一辈子也看不见,除非他进入那种境界。
>
> ……
>
> 一旦品尝到这种永葆青春的神水,就永远不会感到餍足,因为在这些智慧中蕴藏着一种令人欣赏的创造力,因此把它们说出来是至关重要的大事。我们知道的东西被说出来的只不过是一星半点! 从我们知识的汪洋中舀出的水也只是点点滴滴! 这么多秘密沉睡在大自然中,什么风把这些东西刮了出来! 因此就有了讲话、歌唱的必要,因此就有了演说家在集会门口的悸动,目的无非是思想可以像"神道"和"圣言"一样脱口而出。[②]

对艺术的定义已经从方法技艺回溯到生产的条件。强调艺术是道路与境

---

① 爱默生:《爱默生随笔》,第49页。
② 同上,第206—207页。

界而不是强调技艺,显示了创作发生的条件比创作作品本身重要,即创造力的重要意义。所以,爱默生提出从事艺术者"品尝到神水"才拥有"令人欣赏的创造力""有了讲话、歌唱的必要",思想可以像"神道"和"圣言"一样脱口而出。显然,爱默生的艺术观受到谢林的超验观念的影响,也受到英国诗人柯勒律治艺术观的引导。他们关注生机活力对于思想者具有不可或缺的重要意义。然而,爱默生对美国与欧洲竞争表现得更加激进。

三、柯勒律治的影响

斯坦利·卡维尔在考察美国超验主义与柯勒律治和康德的关联性时指出,爱默生通过柯勒律治的文学批评转向康德及其德国超验主义哲学。① 爱默生学习英国与德国并不局限于榜样的作用,而是处在忠实与不忠之间的立场。这种基于超验主义的实用策略带给爱默生大写的"艺术"。

1833年8月,爱默生在考察了意大利和法国的古遗址后乘船到英国去拜访大诗人兼哲学家柯勒律治。在相会的两个小时期间,爱默生几乎全程像一个学生在听老师上课。柯勒律治回忆自己在1797至1798年去德国研究哲学期间遇到的老师,谈撰写《文学传记》的思想历程。对于爱默生来说,柯勒律治的思想历程有其独特魅力,它反映了哲学与诗歌如何被一个人同时接受并且用于思考和写作。而柯勒律治介绍自己如何从经验主义、理性主义转向超验主义和神秘主义的思想历程,这对于爱默生理解康德哲学起到了直接引介作用。柯勒律治提出,理性与感性的分离可以通过诗的想象练习得以弥合,尤其可以通过想象力创造象征的力量得以弥合。柯勒律治相信,诗人有能力"通过瞬间和在瞬间表现永恒的半透明",它不仅弥合了永恒的绵延,而且也使主体和客体、一般和特殊融为一体。然而,爱默生对拜访柯勒律并没有太多的好感,相反,加深了自己对英国人的批判:保守而机智,敏锐而拘谨。事实上,爱默生的不满另有原因。柯勒律治与华兹华斯(Wordsworth)引领了浪漫主义文学与批评的潮流,但是在爱默生看来,他们缺乏德国思想家们的英雄气概,也缺少美国人进取竞争的意识。但是,卡维尔认为柯勒律治对爱默生的影响

---

① Stanley Cavell, *Emerson's Transcendental Edudies*, p. 73.

不可小视。首先,柯勒律治的《文学传记》巧妙地结合了文学与哲学并发展出文学批评的哲学方法,这对爱默生的写作风格产生了一定示范影响。其次,柯勒律治的批评理论说明了德国超验观念在文学批评中的价值:外部世界与内部世界是平等的;对立两极具有重要意义;想象聚合有机的象征。柯勒律治的有机思想对爱默生极具吸引力。有机思想抵御传统僵化教条,揭示了生长与流动的真理与既定必然性真理的过渡诗学的关系。爱默生在散文《诗人》中开篇谈论哲学家柏拉图与赫拉克利特,这本身就是从哲学与诗学的起源视角谈论何为诗人以及诗人何为的问题。其中一段对象征理论的解释,无疑来自柯勒律治的批评方法:

> 世界被置于下意识中寻找动词和名词,诗人就是能够把它明确表达出来的那种人……我们就是象征,并且占据着象征;工人、工作、工具、词与物、生与死,统统都是符号……我们昏头昏脑地迷恋事物的经济用途,却不知道它们就是思想。诗人通过一种秘而不宣的智力知觉,赋予事物一种力量,使他们原来的用途被人遗忘,使暗哑的无生物变得眼明嘴巧。他发现思想独立于象征,看到了思想的稳固性、象征的偶然性与短暂性。据说林扣斯的眼睛能看穿地球。[①] 同样,诗人能把地球变成玻璃球,向我们展示处在自己适当的序列中的万物。因为通过那种更好的知觉,他就向事物靠近了一步,看见了流动和变形,发现思想是多种多样的,每一种造物的形态里都有一种力量,迫使这种造物升入更高一级的形态。生命追随诗人的目光,利用、表现那种生命的形态,因此他的言谈也随着自然的流动而流动。[②]

此处"流动""变形"体现了爱默生对柯勒律治有机诗学的运用。"流动"诗学把僵化的真理与心理事实重新结合起来。诗人与哲人都用语言构建世界。不同的是如何运用语词。当"世界被置于下意识中寻找动词和名词"会发生什么? 新奇? 幻象? 爱默生在此透露了无意识对于诗人的作用。诗人"通过一

---

① 希腊神话中寻取羊毛的英雄乘的阿耳戈船的舵手,外号"锐眼者"。
② 爱默生:《爱默生随笔》,第195页。

种秘而不宣的智力知觉,赋予事物一种力量,使他们原来的用途被人遗忘",无意识所具有的自发性的生产力量被诗人敏锐地把握并产生语词的新用法。爱默生在《诗人》的开篇列举的柏拉图与赫拉克利特哲学思想的诞生也都离不开诗学的力量——"向物靠近,看见流动和变形,发现思想是多种多样的,每一种造物的形态里都有一种力量,迫使这种造物升入更高一级的形态。"爱默生揭示创造所经历的"取消"与"聚合"的过程。诗人重新感知象征的固定性、偶然性与短暂性,从而发现适当的语词表达象征,从而"取消"象征的固定性。这反映了谢林超验的艺术哲学观对 19 世纪浪漫主义文学批评的影响,用自然之"多"挑战哲学王权所强调的同一。

　　虽然柯勒律治先于爱默生强调文学批评的两极对立方法,但是,他们应用两极对立的目的却不尽相同。柯勒律治是在欧洲语境下应用两极对立和谐理论方法,欧洲语境一直以来受哲学主导,呈现象征的固化。象征的瞬间与短暂代表着诗人的想象力。固化语词映射灰死的世界,想象语词产生生命丰盈的世界。柯勒律治认为对立两极思想相互补益,宗旨是哲学与诗歌可以相互拯救,保持文化生命的延续。然而,爱默生在美国语境下运用两极对立思想并且将这一对立思想作为写作结构模式。此外,爱默生创意地吸收两极对立思想并不是像柯勒律治那样为拯救哲学,而是通过两极对立的有机相通重新定位人、自然和神的关系,这样就体现了美国对传统哲学的发展而不是拯救。因为爱默生的超验主义定位在中心生命,这就改写了传统哲学关于自由的定义。自由概念自柏拉图时代一直被定义在人的理性对自然的控制,这一自由观念延续到康德时代。然而,爱默生的散文则显示命运与自由联手行动给人立法的权利。换句话说,命运既承诺自由又拒斥自由。问题的关键是,命运是什么?爱默生把命运理解为性格。性格包含并超出语言教化的东西。这也就表明性格有其天生不可教的能力——潜力和天赋,这些超验的东西不但不可被教育,根本是后来教育的资源。后来成为教育的东西最初出自天才的超验能力的创造,最终确立为一种知识。爱默生通过命运与自由两极对立相通,重新定位并转换自由概念。爱默生结合实际玩转两极对立,信奉命运既承诺自由又拒斥自由,即在生命超验场检验自由,就有知性概念的自由与切身感到的实际自由。显然,爱默生运用两级对立相互通达的方法来实现另一种思想自由,这意味着索回自主自发的思想权利,从而取消以往承诺的自由。这也就不难理解为什么爱默生会写出"思想既是自由;思想又是牢笼"这类似是而非的句子。爱默生从对立两极的碰撞声中听到了真实的属于自己的声音。正如卡维尔所言,爱默生用命运与自由双重性的机能活动,"取消"传统强加给自己的债务和信条,也就是说,通过两极对立方法表现生存境况的两极对立。于是,语言的实用力量与政治力量被重新定位。这是爱默生学习并超越柯勒律治的地方,[①]也代表爱默生通过语言表达超验的理性能力,从而彰显民族身份。

四、玛 丽 姑 妈

爱默生称玛丽姑妈是自己超验主义思想的源头之一。此外,爱默生还称姑妈是他的"女英雄""时代的代表人物"。为什么玛丽姑妈在爱默生心中有如此高的地位?爱默生在回顾一生的事业时认识到,1820 年新英格兰知识圈出现了保守派和超验主义派两个阵营。"这一时期的关键是思想意识到本身现象……年轻人生来带有思想刀锋,对各种动机进行反思、剖析。"[②]这一年,在哈佛大学二年级读书的爱默生刚满 16 岁,姑妈日记中的一句话几乎奠定了他一生的事业方向。日记这样写道:"认识你知性上的自我是人类心智的实验哲学。"爱默生当时不太理解,但是自我具有普遍性以及自我是做哲学的实验地给青年爱默生留下了深刻印象,这个印象变成声音在其一生追求真理的过程中回响与召唤。19 世纪的思想氛围是对自我的无限与自我的同一的探索。语言是青年爱默生通向知识与追求真理的道路,但是语言有时候又阻挡认识的深度理解。玛丽姑妈的关爱给爱默生以直接的引导。

玛丽姑妈属于超验主义流派。尽管她经常为一些传统思想据理力争,但是她不懈地追求新思想。她的书单上有她最喜爱的英国作家弥尔顿、柯勒律治、拜伦;有欧洲哲学家柏拉图、亚里士多德、休谟和康德;有新英格兰神学家爱德华兹和钱宁。1820 年,玛丽几乎接触了超验主义源头力量的每一种形式。其中法国女作家斯塔尔夫人写的畅销书《论德意志》使玛丽的信仰从卡尔文教转向新人文主义。在几百封书信和一本经过五十年记载的日记中,玛丽用自

---

① Stanly Cavell, *Emerson's Transcendental Etudes*, p.73.
② R. W. Emerson, *The Complete Writings*, pp.326 - 329.

己的知性和独特口音，记载了一种超验思想和独居生活，以及从自然和想象中体验到的神性启示。

爱默生选择1820年作为超验主义的起点，是因为这一年在姑妈的指导下，爱默生开始定期记日记，持续长达五十年。玛丽姑妈将坚持记日记作为与自己对话的方式。记日记的习惯使知性自我观察自己日常经验的思想火花，把自我当作文本阅读，书写将碎片自我重新布设与安排，这是一种以自我为现象的实验哲学。与传统自我概念不同，日记追随时间轴线串联自我感性、知性以及综合触发，在日记中，自我呈现多重现象，时而肯定，时而否定，时而怀疑，时而发现与回忆。记录的自我为爱默生的写作提供了验证过的经验素材，正如爱默生在《圆》中所说：

> 我们的情绪彼此都不信任。今天我浮想联翩，想写什么就写什么。我看没有理由明天我就没有同样想法，同样的表现力。我写的时候，我所写的东西似乎是天下最顺理成章的事情。然而昨天，我却在现在我频频观望的这个方向看见过一种可怕的空虚；一个月后，我毫不怀疑，我将会诧异是谁一连写了这么多东西。呜呼，这种不坚定的信仰，这种不奋发的意志，一股巨大涨潮中的巨大落潮！其实我就是自然界的上帝，我也是墙边的一株野草。[1]

爱默生记日记的过程是自我观察自我现象的过程，日记暴露了真实自我潮起潮落的情况。而每日记录的自我与观察到的自我呈现并非前后连贯一致，相互抵触、相互冲突或相互和解时有发生。记录自我的真实现象的意义何在？自我的真实与自我的超越成为一种构成关系：相互依存、相互转化、互鉴互照与相互说明。玛丽姑妈无疑教给青年爱默生践行超验主义的一种方法：自己是哲学的试验场。爱默生大量阅读并且坚持记日记，把自我意识活动作为哲学实验的场所，体验内在直觉与思想的关联过程，这一活动加深了对当时流行的超验主义的理解，同时也激发了年轻人的思想刀锋，瞬间火花转变成写

---

① 爱默生：《爱默生随笔》，第172页。

作活动。记日记呈现的真实自我为日后撰写一系列散文名篇佳作《自助》《美国学者》《经验》《诗人》《圆》等准备了原始可靠的资料。

　　玛丽姑妈代表爱默生家族截然不同的女性视角。爱默生从小在世传牧师家庭氛围中长大,接受正统的教育,感受冰冷的教诲,缺乏母爱的温情,玛丽姑妈填补了这一空缺。独身的玛丽姑妈不仅博学聪慧,而且主动承担侄儿学业与未来牧师职业的指导工作,这使爱默生倍感亲切温暖。姑妈不仅会做甜点蛋糕,而且能够一边做甜点,一边回答爱默生的任何提问。爱默生从玛丽姑妈的通信与日记中听见不一样的女性声音与知性声音。她鼓励侄儿在继承牧师职业中注入时代的鲜活思想。爱默生从姑妈的书信日记中感觉到一种"活的智慧",这一点远远超出在哈佛图书馆读到的书本知识。[①]"活的智慧"在青年爱默生看来是一种激发情感和触发思想的活力,这与书本文字形成鲜明对照。作家写作需要激情和语言的双重作用。但是一旦成书,激情就会隐退。在崇尚理性高于感性的文化氛围下,姑妈的书信让爱默生感受到"活的智慧"带来的愉悦和自在。爱默生与姑妈在一次通信中谈论自己的信仰,他告诉姑妈,"对于我来说,我坚持自己古老的信仰。"爱默生指向比基督教信仰更古老的东方人富于深沉情感的信仰。相反,基督教信仰由于"庄严的洞察抑制人的激情,应该退出,允许物的可怕真实进来"。[②]爱默生与姑妈讨论了内在信仰的真实与近两千年基督教信仰僵化的不同。姑妈在一封回复爱默生的信中表达了自己独特的神学见解。她认为"自然形式可怕又可爱,它打开了永恒的本能,留下的图景则是人的命运"。[③]姑妈对信仰的解释是超然的,她认为信仰是在自然双重性基础上的理性架构。姑妈用一句比喻表达这种双重关系:自然的女牧师是自然主人的牺牲者。这是一种新颖的解释,她把自然与宗教关联起来,赋予了解释的性别特征。姑妈的女性视角打开了爱默生对宗教信仰缺乏激情的心结,增进了他对阅读和写作的领悟。情感或者情绪是构成写作的重要的因素,换句话说,写作是受情感事件触发的行为。爱默生从姑妈来信读到了她对自然深刻与优美的表达:

----

① 爱默生:《爱默生随笔》,第 172 页。
② 同上,第 177 页。
③ 同上,第 168 页。

我们热爱自然——以便在她狂野的情绪中感受我们自己的情绪；惊叹自然无限的延展，喜欢自然的多姿多彩，带着自然的羽翼飞翔；但是，我们更爱抛弃自然，依靠永恒不灭的东西。[1]

姑妈在信中指出人的双重性：与自然的亲缘性以及对自然的掌控欲。对人的双重性解读远比以概念定义人更让爱默生能够感受到"活的智慧"。爱默生的创作活力正是从自然的源头汩汩流出，而不是借助概念定义产生写作的灵感冲动。爱默生把姑妈"活的智慧"整合成一种表达方式写进《自然的沉思》中，指出古人运用完整的力量生活与思考，即自然太阳象征的男性力量与月亮象征的女性力量，而现代人仅仅用整体力量的一半生活思考，导致贫瘠无力与倦怠感。

在浪漫主义哲学与文学运动中，自然成为自我与世界关系最核心的概念。在爱默生所接触到的浪漫主义文学作品中，姑妈的书信与日记展现了女性对自然的细腻理解与优美表达。女性的被动与忍耐像极了自然的沉默。被动承受是孕育生产的准备，主动抗争是生产孕育达到了一个临界点的行动。因此，自然"无常"构成爱默生思想的资源之一。文化是相对于自然的超越并且通过语言建构的确立。然而，要刺激新的思想，接受新的东西，人的情绪表现自然的"无常"，"无常"与文化呈现整体关系。真实只会通过整体浮现。爱默生把"无常"的呼召与"上帝"的呼召对照来写。爱默生在《自助》中写道："当'无常'召唤的时候，你应该追寻无常召唤的声音，放弃上帝之言。原因是这一感觉是命运召唤，上帝之言是来自智能的呼召。"我们可以把它视作年轻的美国人对抵御欧洲过度影响的策略，为自己找到一个切入点，重新看文化构建的模式。因为人属于命运又属于精神的自由，从整体的中心看待两者，无常与神性都不占据固定的位置，但是命运的无常"触发"了神性的呼召。然而，当一种从神性视角看世界的理论确立，其命运的力量扮演的作用的隐匿则导致理论的真实性与有效性减弱。从超验的视角看命运的无常，经受不确定的煎熬，等待转机，这就是超验主义的实用方法。超验主义者没有具体的技术方法作依靠，依

---

① Phyllis Cole, *Mary Moody Emerson and the Origins of Transcendentalism*, New York: Oxford University Press, 1998, p. 168.

靠的是忍耐或耐性,等待无常之感向神性的启示的转换。通过忍耐来到超验之观就是一种方法。超验主义者超出理论框限,在荒凉的沙漠寻找生命泉水,期盼在荒芜岩石上开出精神之花。中性的超验主义与至高的道德情感联系在一起。

爱默生有时把玛丽姑妈比作亚洲的心灵,并切身感受到两种思维方式的相通互济。所以,爱默生把"沉思的东方人的心灵深处"与"欧洲的神圣冲动"综合起来思考与写作。他写道:

> 人从来没有完全失去对道德情感的想象。同样,对这种情感的种种表达的神圣永久对我们的影响比别的种种作品更深、更大。上古时代的语句,凡是喷发这种虔诚的,至今仍然新鲜芳香。这种思想过去总是藏在热忱、沉思的东方人的心灵的最深处;不仅仅在巴勒斯坦,尽管它在那里达到了最纯正的表达,而且在埃及,在印度,在中国。欧洲的神圣冲动一直受益于东方天才。这些神圣诗人的话,凡是心智健全的人都能同意是真言。①

爱默生在这段话中把道德情感归于东方,把神圣冲动归于欧洲。这是他从格兰多《哲学历史三卷本》中得出的结论。有时,他把女性特质归于东方——神秘、顺应与中性。保持写日记的习惯使他把读书与阅读自我结合起来,即观察阅读使自我心智所受到的触动。感触作为第一手资料,而作用的场所是自我意识场域。卡维尔认为爱默生的《自助》尤其构成一种写作与阅读的理论,写作充分地提供了自身的证明。《自助》在日后的美国写作中发挥了很大的"触动"作用,没有《自助》的激发和触动,难以想象美国写作者宣称自身是自己存在的基础。爱默生从笛卡尔的"我思故我在"的命题读到作为认识方法的自我,即思想与存在的亲密关系。自我作为一种方法批判现实社会中人不敢面对自己的存在,小心翼翼,唯唯诺诺服从社会,生怕前后不一致,这些被爱默生视为"小格局里的人"。实际上,如果一个人没有找到原本的自我,他不可

---

① 爱默生:《爱默生随笔》,第28页。

能获得来自存在的思想馈赠。反过来，真正的思想总是真实地面对存在的问题：不确定，不稳定，不一致，与永恒相比，这些特质不是人心里所想要的而受到忽视。但是，"不"性是生命存在的基本特性。个体经受存在"不"性，才会真正开启思想之门，叩问确定性的真理。思想就是个体经历存在过程并穿越存在的结果。生命之火燃烧的激情最终被转化成冷峻的思想形式。没有激情办不成大事。爱默生在《自助》中写道："相互逆转：大多数要求的德行是服从。依靠自我是不服从。"爱默生的写作是自我与社会无尽的争辩，相互之间无尽地背离与携手同行。

玛丽姑妈对神性的阐释带有神秘的力量，这给予爱默生的哲学神学思想以极大的启示。爱默生曾经在一次演讲中称姑妈是"德尔菲的神谕"。① 但是，对于玛丽来说，这一称呼是一种缺少善意的玩笑。她认为神性只有作为整体出现时才会产生，而文字是整体关联流动的凝结。她在一封信中对爱默生说："守护自然的无常，如果事实就是这样，请你不要把我比作一个怪女子，我祈求你饶了我的年龄和事业。"②玛丽姑妈拒绝被冠以"德尔菲的神谕"之名让爱默生感觉玛丽的思想中存在的神秘力量难以理解。神性走的道路是非智能的道路，正如"自然无常"一样。正是通过与姑妈的通信交流，爱默生发现自然、女性与神性的秘密关系。姑妈对于信仰有一种女性独到的理解，她从整体上理解宗教教义宣讲的德行，她坚持认为一个爱德行的人立即会吸收伟大的精神，就像身体器官自然而然吸收各种养分一样。所以她确信，抵抗世俗局限的灵魂就会认识到上帝在人的心中。玛丽姑妈从斯塔尔夫人的书《论德意志》中感受到一种新人文思想正在取代流传了近两千多年的宗教信仰。在新人文思想中，人受到尊重。在一种超出个体世俗视角的关照下，上帝就在人的心中临至，这是一种扩大的超越感。相对于智能划分灵魂与身体、理性与感觉，一种整体视角就是超验主义的视角，这一视角方法"显示了事情如何真正地向我们显示的方式，这是它们构成现象的现实方式，与单纯主观性的、

---

① 德尔菲是古希腊人占卜的神庙。占卜者遇事前来祈求神谕的指导和启示。玛丽姑妈拒绝了这一比喻，更显示了她作为女性恪守的自知之明。

② Phyllis Coleman, *Mary Moody Emerson and the Origins of Transcendentalism*, p.181.

假想的表象相对。"①

爱默生曾经把超验主义者定义成"火的收集者"。玛丽姑妈推荐的斯塔尔夫人写的《论德意志》(1813)可以看作点燃激情的一把火。这部书在当时风靡新英格兰知识圈。书的很大一部分是关于新人文宗教信仰在德国的兴盛。书中最精彩而且富有价值的部分是介绍康德和他的追随者的部分。不到二十岁的爱默生读完这本书,感觉到新人文信仰的"无穷感觉"。这种信仰将地球上的人的视角推向遥远的星空唤起人的无限感觉,"心被未知敲动着,被宇宙撞击着,我们感觉到在尘世经历的另一面,我们的生活才会真正开始。"②斯塔尔夫人把康德的崇高宗教感描述为一种解放禁锢的无限感觉。最主要的是,这种信仰发乎内心,指向遥远的星空,给人以极大震撼。斯塔尔夫人把这种信仰理解为"自然而不做作",因为"生活中无时无刻不是一种祈祷行为"。

尽管斯塔尔夫人出生于严格的加尔文教家庭,她却以激情四射的方式书写德国哲学家的新人文信仰的核心——"无穷感觉"。她对"无穷感觉"与"无限"作了区分,指出"无穷感觉如同想象和内心的经历,积极而富有创造力。这是一种来自内心的激情"。斯塔尔夫人认为没有激情就做不成大事,"激情是德意志民族杰出的品质,是使这个民族在文学、宗教和哲学上取得伟大成就的动力。"斯塔尔夫人把激情与宗教的无穷感情联系起来,无疑给传统宗教冰冷的教条形式注入了生命活力。这正是玛丽姑妈极力推荐这本书的理由,也是青年爱默生极力寻找的东西。爱默生反复阅读斯塔尔夫人写的《论德意志》。她是他写作早期除了姑妈以外经常参考的作家。爱默生洞见到这种激情的神圣之火来自生命本源,正如斯塔尔夫人所指出的那样,激情意味着"神在吾心"。

尽管斯塔尔夫人把握到康德哲学中超验主义信仰以人心中神圣的道德律为指导,因此对康德超验主义转向审美想象力给予热情的描述,但是真实的康德超验主义思想绝非斯塔尔夫人描述的如此易于理解。爱默生既被康德的新

① 齐泽克:《无身体的器官:论德勒兹及其推论》,吴静译,南京:南京大学出版社,2019年,第72页。齐泽克在本书中用拉康精神分析法解释德勒兹的存在与潜在的关键议题,触及隐显动态的整体关联。
② 小罗伯特·D·理查德:《爱默生:充满激情的思想家》,第76页。

人文信仰所吸引，又感到其严谨的哲学方式的艰涩。1833年，爱默生被哈佛神学院的德国年轻人郝奇评论柯勒律治的文章所吸引，从而再次接触康德的超验主义。郝奇的评论文章纠正了柯勒律治对康德思想的翻译和解释，指出康德超验主义思想的关键之处并非是康德提出的理性新解，而是康德对哲学提出了新的方法："既然那种认为我们的直觉依赖于外部世界的本质的推测不成立，让我们假设外部世界依赖于我们直觉的本质。"郝奇认为，"整个批判哲学的关键，其核心要点在于主张一种绝对自我作为无条件的存在。"[①]爱默生通过郝奇还认识到，这是一种离心力量，离心力量是不好的，需要一种向心力的平衡，而这正是郝奇对柯勒律治的批评。柯勒律治缺乏关键的平衡点。爱默生思想的热情火花被点燃，同时注意到超验主义的微妙的双重力量。爱默生从斯塔尔夫人的书中了解到德国思想家阅读自然的两种方法："一种是通过人的灵魂构建宇宙模型的方法；另一种是从部分中见整体以及从整体中见部分的宇宙观方法。"[②]贯通于部分与整体之间的是审美直观方法，它与第一种方法有着根本区别。

　　"火的收集者"是以生命的方式看待"激情"与理性。爱默生从与玛丽姑妈的通信中看到永恒真理的"活的智慧"，而从斯塔尔夫人的书中感受到德国民族新人文信仰的热情。"火的种子"来自无名的生命能量并寻找合适的词语表达。无疑，女性视角、女性声音为爱默生超验主义事业点燃了原始火花。因此，爱默生通过玛丽姑妈与斯塔尔夫人更进一步理解到超验主义的过渡诗学。

五、爱默生预见海德格尔？

　　斯坦利·卡维尔声称爱默生与海德格尔有着极高的相似度，并且对这一发现感到十分惊讶。[③] 爱默生是美国超验主义哲学的倡导者，他通过英国诗人柯勒律治的引介，转向德国思想家康德以及康德的追随者们，从而发展了美国超验主义。超验主义成为爱默生的思想标签，围绕爱默生是哲学家还是散文家的争议不断，原因是超验主义反抗语言定义，反对逻辑系统对思想自发性的

---

① 小罗伯特·D·理查德：《爱默生：充满激情的思想家》，第234页。
② Phyllis Coleman, *Mary Moody Emerson and the Origins of Transcendentalism*, p. 167.
③ Stanly Cavell, *Emerson's Transcendental Etudes*, p. 144.

框限。卡维尔认为否定爱默生是哲学家应该是一件好事,因为正是这一否定,才能够肯定什么是美国哲学。卡维尔这一定位准确把握了爱默生思想对欧洲哲学的刻意回避,通过直觉思维倾向于"流动"和"过渡"的特点,抵御传统哲学讲究逻辑思辨的方法。因此,卡维尔称爱默生是"美国哲学家""直觉哲学家",换句话说,爱默生的直觉哲学以文学方式表现哲学主题,从而区别于欧洲哲学,为美国实用主义哲学奠定了基础。然而,卡维尔这样确立爱默生哲学家的地位超出了欧洲传统哲学追求的范式,声称爱默生与海德格尔极为相似是矛盾的和不可思议的。爱默生与海德格尔的思维方法明显不同。爱默生运思依靠直觉而不是逻辑思辨,依靠修辞说服而不是以理性论证取得效果。相反,海德格尔以哲学思辨和推理方法探讨传统哲学尚未考察的日常存在问题。卡维尔依据什么认为爱默生与海德格尔有着惊人的相似?难道爱默生通过诗与思的辩证关系,影响了海德格尔存在主义哲学?先让我们读一段卡维尔在《思考爱默生》中提到的爱默生与海德格尔的相似之处。

　　我并非在声称是海德格尔确认了爱默生与梭罗的思想;相反的看法倒是真实的,即爱默生与梭罗确认了我们对海德格尔的兴趣。接下来的问题是每一个作家思想与诗的关系。海德格尔的思想归功于赫尔德林,不仅是思想,而且是阅读。在我看来,思想与阅读并非不同,或者可以说思想与阅读和哲学与诗歌存在一个基础,在此相交与分离……爱默生和梭罗与诗歌的关系内在于他们对于自己写作的兴趣中;他们就是他们自己的荷尔德林。我的意思不是说他们对被称作诗歌的东西感兴趣,而是对这一事实感兴趣,即他们筑造的是写作,那样写作,经由他们的手的每日劳作实现。通过写出句子又回避句子,实现栖居的完善,使栖居发生,使栖居富有诗意。他们的散文是斗争,用尼采的话说,不是成为诗歌——表面上是与自己对话,响应自身的争辩。(所以最终,他们写的是对话,而不是独白。)

　　这样的写作采取与阅读和思考相同的模式,即自己与自己的关系,称之为自我依靠。那么,拥有自我所要求的就同样在思考、阅读与写作中被要求。拥有(自我)意味拥有的反面——不占有(自我);我已经暗示了,在创造行动中,它是接受,而不是主导。那么,问题是:根据什么接受自我?①

卡维尔在这段话里指出爱默生与海德格尔的第一个相似点:他们的写作与诗的关系。海德格尔热衷于荷尔德林诗歌呈现的现代思想,②因为荷尔德林提出"神本是人的尺度,/充满劳绩,然而人诗意地/栖居在大地上"。正是诗意栖居构建了人与神关系的尺度,这一尺度不可测度,具有终极归属的作用。荷尔德林的诗揭示了存在的神性维度,同时把人的劳作与之联系,这一观点对海德格尔的思具有引导作用。海德格尔认为当今世界被统一在同质的形式结构之中,一种可供认识把握的线性思维取代了多维的诗性思维。但是,海德格尔关切诗意的栖居的主要目的是让思想事件发生。再看爱默生和梭罗与诗歌的关系,卡维尔认为这一关系"内在于他们对于自己写作兴趣中;他们就是他们自己的荷尔德林"。怎么理解"他们就是他们自己的荷尔德林"?卡维尔解释他们的写作模式是诗意地筑居,写作转换成诗意的存在行动,写作通过语言在场与取消,揭示存在的神圣维度,正如卡维尔描述的:"那样写作,经由他们的手的每日劳作实现。通过写出句子又回避句子,实现栖居的完善,使栖居发生,使栖居富有诗意。"爱默生与梭罗内在的诗人激发着他们写作:语言不是存在的工具,而是存在的家园。在此,人与神共处一体多维度空间之中。语言在开端扮演的作用又在起源中受到高于语言的未知神秘力量的消解。爱默生的写作通过写出句子同时回避句子的方式,揭示语言与存在的原始未分以及相互激荡的紧密关系,于是通过这种写作模式,实现真实地还乡。难道爱默生与海德格尔的意图仅仅是还乡吗?最真实的自我写作发生在返乡路上。

卡维尔指出了爱默生与海德格尔的第二个相似点:"他们的写作采取了与阅读和思考相同的模式,即自己与自己的关系,称之为自我依靠。拥有自己等于放弃或接受自己。"这种悖论式的表述不可能是在逻辑范式下的表述,而是沉入逻辑基础——不连贯造成悖论表述。逻辑技术是用以摆脱悖论的工具方

---

① Stanly Cavell, *Emerson's Transcendental Etudes*, pp. 17 - 18.
② 荷尔德林(1770—1843):德国浪漫派先驱、诗人,被史学家称为他那个时代"最高尚、最优雅的心灵之一"。

法。因为写作要有东西可写,确立的外部内容不足以代替意识到有东西进来,写作一定要有东西让它出去。此时的自我就是生命事件与思想发生的舞台。阅读意味着把自我当作文本,作为文本的自我从逻辑思维下沉到沉思感知,意识需要放弃或离开意志的控制,才能接受自然而然的无意识呈现给意识的东西。因此,写作是自我阅读自我的过程,"在创造活动中,它是接受,而不是主导。"它是对高于个人意志的意志的顺从。但是,由于意志判断是对经验检查的最高法庭,放弃意志控制意味着风险。所以,卡维尔的提问是关于依据或原则的问题,"那么,问题是:根据什么接受自我?"或者说接受自我的原则是什么? 卡维尔这样回答自己的问题:"关系到爱默生与后期海德格尔思想的相似,那个被爱默生称作'继续思考的东西',而海德格尔把思看作让我们'上路'的事情。"自我依靠的根据涉及"继续思考的东西",涉及让我们"上路"的事情。简而言之,自我依靠的根据是让你思考的东西。这种根据绝不同于逻辑根据。它是什么? 卡维尔揭示了"道"的宗教观念的意向是那个"继续思考的东西",让我们"上路"的事情:

......

　　继续思考,在路上,懂得如何继续,这当然是"道"的宗教观念的意象,道的意象尤其否认我们的道路有一个终点。哲学就是承认这样一个地方,预先可知向何处出发,哲学就是承认它的自主自发性。[①]

　　卡维尔揭示了爱默生与海德格尔的第三个相似点,他们把"道"作为原初的开端。"继续思考的东西"与"上路"的事情是"'道'的宗教观念的意象,道的意象尤其否认我们的道路有一个终点"。现在,卡维尔指出爱默生与海德格尔发现了"道"的意象对于写作者来说是让其"继续思考",让"上路",而这种让"上路"的事情不是停留在空洞的语词,而是有内容让你"继续思考",让思维开始行动。为什么说"道"的意象有让思想继续的功能? 卡维尔的回答简单却不明确:"哲学就是承认这样一个地方,预先可知向何处出发,哲学就是承认它的

----

① Stanly Cavell: *Emerson's Transcendental Eludies*, pp. 17 - 18.

自主自发性。"显然,这样一种哲学并非古希腊哲学的承诺,也不是卡维尔的哲学训练所学习的方法。中国的"道"在层级上,相当于古希腊的逻各斯以及海德格尔发明的本有(Erignis)。

古希腊自柏拉图以来建立的宇宙是通过数理模式预设的本体。它是作为思想事件并且影响着西方人思维模式的理念实体。这种理念实体飞跃存在于基础之上,因此与原初之思分离切割,不再纠缠。然而,作为范型的逻辑思维也丧失了思的力量。相比较希腊哲学对于智能技艺的强调,中国古典哲学用超出自身含义的语词"道"维护亲在与超验的真实,它不可言说,它让人通过沉思去听它的闪电似的道说。此外,道不远人,问道思道之人,通过沉思冥想,凭借去除概念,与生命深度对话,与万物交流,以至于身感气流化育:升降、开合、转化,顺服超出意志的意志,服从宇宙生命的引导,超出任何由人所规定的法则。在道之境界,自然法则与人定法则相遇并且相互激荡。中国古典道学的魅力在于:道从隐蔽中来,向意识显现。海德格尔称之为"本有","'本有'的原初意义是'看见',在观看中唤醒自己,据有。"在海德格尔看来,"我们必须面向沉醉而不醒的事实",即是面向生活本身,让"上路"的事情发生,并从沉醉中醒来。海德格尔创制的语词"本有"与希腊的"逻各斯"和中文的"道"处于同样高的层级,一样几不可译。[①] 作为为思想服务的主导词语来说话,海德格尔这样描述不可描述的"道":

> "道路"很可能是一个语言中古老而原初的词,它向深思着的人发话。在老子的诗意的思想中,主导的词在原文里是"道"(Tao)。它的"原本的"或"真正切身的"含义就是"道路"。
>
> ……
>
> 可是此"道"能够是那为一切开出道路之道域。在它那里,我们才第一次能够思索什么是理性、精神、意义、逻各斯这些词所真正切身地要说出的东西。很可能,在"道路"即"道"这个词中隐藏着思想者说的全部秘密之所在(玄之又玄者),如果我们让这名称回返到它未被说出的状态,而

---

① 海德格尔:《同一与差异》,第42页。

且使此"让返回"本身可能的话。今天在方法的统治中存在的令人费解的力量可能正是来自这样一个事实,即这些方法,不管其如何有效,也只是隐藏着的巨大湍流的分支而已;此湍流驱动并造成一切,并作为此湍急之道为一切开出它们的路径。一切都是道。[①]

哲学是对实际存在的思考和超越,更是对思想极限的探险。在西方追求思维方法同一原则之后,哲学因离开了最初产生的条件而走向贫瘠之地。海德格尔对于"本有"、大"道"的青睐只能说明西方哲学走到了"山穷水尽"的地步,思想家感觉到思想的无力。中国思想的魅力体现在用"道"来表达从隐蔽到显现的真实,从显现的薄弱向隐蔽的厚实返回的真实。由于"道"体现了意识向自身的呈现与消失,人抓住真理的瞬间是心灵的火焰照亮心智,心智从沉睡不醒向瞬间醒来的过渡状态。这是亲身体验的整体过程,也是天堂与大地联姻的过程。海德格尔通过"道"与"本有"找到了返回与联姻的道路。

卡维尔发现了爱默生与海德格尔的第四个相似点。首先,爱默生与海德格尔都从中国思想发现了思想的秘密,这个秘密暗示着一种思想和写作的力量。卡维尔同样受益于这样一种写作力量。写作是什么? 写作是阅读,阅读内在自我的声音,发现一个陌生的自我与熟悉的自我交谈。大我的生成是与天地万物的交流转换。其次,把写作首先视作阅读自我,自我处于居中观看如此的方式,即"中观如此",它是一种过渡的诗学,瞬间的观看,对时间的时机性的把握。思想从"永恒地抓取"过渡到这一时间中的时机性的把握,获得一种新的观看,收获新的认识,写作通过阅读自我获得经验信息。再者,作为爱默生超验思想的研究专家,卡维尔称爱默生"预见"海德格尔,这无疑是为爱默生哲学家地位增加砝码,突显美国哲学的贡献。卡维尔替爱默生代言,与强大的欧洲哲学竞争。这似乎是欧美思想家之间的竞争。然而,卡维尔指出爱默生与海德格尔的相似在于他们从古希腊的哲学转向一种能够使思想"继续上路"的哲学。这种欧美思想渊源关系的比较与发现并不仅仅是欧美之间的事情,而且涉及非西方的中国古典思想成为两者相似点的核心源头。一方面,这说

---

① 海德格尔:《在通向语言的道路上》,孙周兴译,北京:商务印书馆,2005 年,第 198 页。

明了中国道的思想在爱默生超验主义思想中所起到的作用；另一方面，这还表明了中国道的思想对于海德格尔作为事件的"本有"思想的作用："继续思考的东西"与"上路"的事情是"'道'的宗教观念的意象，'道'的意象尤其否认了我们的道路有一个终点"。柏拉图用数学线段比喻发明了思想从端点抵达终点的思辨方法，又将此方法用于宇宙开端并且将其视作实体的圆形。为此，柏拉图这一思想受到康德和他的追随者们的批判，他们指出数学构建的模型所象征的总体不同于原初的整体本身。难道爱默生与海德格尔真的认为中国古典"道"的思想超出柏拉图思想吗？

西方的优越感来自对原理思维高于诗性之思的偏见。然而，原理思维排除了物本身的方法，这样的思想始终在人的掌控中。康德指出仅仅依据理性方法构建世界是荒谬的，只有结合物本身的方法与人的认识方法才可能获得对世界的整体认识。正是康德提出物自体的概念，从而打开了认识的第二种方式——如物本身所是的方式认识物。然而，康德所用的术语"物自体"并非首创。"物自体"这一表达出现在柏拉图的《第七封信》中。这一表达作为一个关于思考的原因和哲学任务的表达，依然如此地具有决定性。它像一个暗号一样，从康德传到黑格尔，继而又传到胡塞尔和海德格尔。海德格尔写道："我没有，也不会有，任何论述这东西的论文。因为它根本就不像其他学科那样容许言语的表达。但是，在一个人与那物自体长期比邻而居并交流往来之后，它就突然在灵魂中诞生了，就像被一个跳跃的火花点燃的光一样；而后它便滋养着自身。"①这段话被当作柏拉图的隐秘阐释的证据。这段话还揭示了不可说的物自体的重要性在于它作为思想的物虽然不可知，但是却有用途，最大的用途是触发思想，使思想继续上路。然而，柏拉图在神秘的《第七封信》中仅仅提到物自体与四种知识的关系，称物自体是当时力所不能及的哲学任务而被飞跃过去并尚未被探究。

原理思维与创造性思维走的是不同的路线方法，原理思维依据预设的认识路线方法运思，而创造性思维需要触发激情和想象，但是首先需要从僵化的形式中解放出来。激情之火点燃追求真谛者的勇气，想象才能使思想探险者

①乔吉奥·阿甘本：《我、眼睛、声音》，王立秋等译，桂林：漓江出版社，第4页。

探察深度或飞向高地。

卡维尔的比较研究揭示了美国超验主义在康德超验观念上迈出的一大步，即从遵循同一律的哲学向着承诺自主性和能动的哲学的推进，这是非西方的哲学方法。而他在发现爱默生与海德格尔的惊人相似时，明确指出了道的宗教意向是指引他们思想方向和道路的共同点。卡维尔论证了爱默生的哲学家——直觉哲学家的地位，同时也指涉了中国思想对爱默生思想的价值作用，这一作用通过海德格尔对于逻格斯、"道"与本有的关联追问，揭示了西方哲学与非西方中国哲学的关系。爱默生通过超验主义开启了多视角、多策略的实用主义道路，而海德格尔通过"本有"之道开启了存在主义以及后现代思想道路，证明了思想既非现成的，也非静止不变的，哲学在路上始终面对实际生活中的问题。当哲学面向存在问题时，它所恪守的永恒理念现实化了，即超时间的"有"与时间中的混沌"无"的相遇与相互激荡产生了思。显然，卡维尔关于爱默生与海德格尔惊人相似的提法指向非西方的中国古典思想。虽然这不是卡维尔的研究重点，但是通过他的关联性比较暗示了中国道对于思想继续上路的生发力量以及说话的能力。中国道的深邃与亲缘证明了一种非西方哲学的永恒价值：其一，道之深不会枯竭，它作为源流滋润着思想者运思；其二，道与人的邻近意味着思想与本体存在亲缘性和陌异性，这表明所有思想最初来自超验的道——与人亲缘的神圣的启示。这是希腊人没有教会的深度。

附录　爱默生散文：《圆》

汪　冷　译

　　眼睛是第一个圆；眼睛所形成的视界是第二个圆；整个自然中，这种基本图形没完没了地重复着。圆是世界密码中最高的象征。圣奥古斯丁把上帝的本质描述成一个圆，其圆心无处不在，而圆周无处可寻。我们毕生都在解读这一首要形式的丰富意义。我们在考虑人的每一个行动的迂回性与补偿性的特征时，已经推导出道德寓意。现在，我们将探究另一种类比的意义，即每一种行动都有被超越的可能。我们生活就是学习这样的真理：围绕每一个圆可以再画一个圆；自然没有终结，因为每一个终结就是开端；日上中午总有另一道曙光升起，每个深渊下面隐藏着更深的深渊。

　　就圆所象征的道德事实而言，圆既激励又谴责成功，因为人的双手永远不能企及"无法抵达、转瞬即逝的完美"，单凭这一事实就可以帮助我们把人的各方面所表现出来的能力联系起来看。

　　自然没有固定的事物。宇宙是流动的，变幻的，"永恒"只是代表程度的词。我们的星球在上帝的眼里只是一个透明的法则，而不是大量事实。法则消解事实并且使事实流动起来。我们的文化受一种观念的主宰，观念主宰无数的城市与机构的运作。如果我们上升到另一种观念来看，这一切都将消亡。希腊的雕塑像冰雕融化一样不复存在。有些地方还遗留一些孤独的塑像和残片，就像六七月间山谷石缝遗留的残雪。曾经创造它的天才现在创造别的东西。希腊的文学要持久一些，但也遭遇同样不可避免的厄运，正在跌入新思想为一切旧的东西打开的深渊。新大陆在古老的星球废墟上拔地而起；新种族在先祖的腐体上孕育而生；新工艺取代了旧工艺；液压装置的出现使得先前的导水管作废；火药的发明使得堡垒不堪一击；铁路的修建使得公路与运河相形见绌;蒸汽机取代了帆船;而电动机又取代了蒸汽机。

你赞叹花岗岩石塔历经岁月沧桑而屹立不倒,可是修建巨大城墙依靠的是劳动的手,建造者比被建造者更强大。但是建造的手可以更迅速地推倒墙。比手更高明、更灵敏的是通过手实施的看不见的思想。因此,在粗糙的结果背后隐藏着精细的因,仔细考察这个因,它本身是另一个更精细的原因的结果。在我们参悟秘密之前,一切看上去永恒持久。一处庄园在妇人眼里是永久不变的地产;对于商人,庄园可以轻易用任何材质建造,也可以轻易地摧毁。对一个市民来说,一片耕作良好的果园看似像一座金矿、一条河流一样固定不变,但是在一个大型农场主看来,这一切不会比庄稼更持久。自然看上去长久稳定得令人心烦,然而自然也像别的一切有其起因;一旦我理解了这些,这些田野还会一动不动地绵延千里吗? 这些绿叶还会繁茂稠密地悬于树枝上吗?永恒是一个表示不同程度的词。任何事物都是居间的。对于精神力量而言,月亮像棒球一样没有界限。

人的关键在于人的思想。尽管他看似冥顽不驯,他仍然有要遵循的舵轮,这就是他借以分类事实的观念。只有向他展示统帅个人的新观念才能改造他。人的生命是一个自我进化的圆,它从一个小的不起眼的圆圈开始,向四面八方延展生成一个新的更大的圆,这是一个无始无终的进程。圆的生产持续不断、向外延展的程度取决于个体灵魂的力量或真诚度。因为每一种思想经历缓慢的努力,运动的波浪就形成一个圆的界限,例如,一个帝国、一种艺术法则、一种地方习俗、一种宗教仪式都经历波浪冲击、成型与固定。于是,心灵接纳生活,又固化了生活。然而,如果心灵敏捷有力,它从各方面突破界限,从深渊处升起巨大的波浪,划出新的轨迹范围,尔后再次平息并且固化。但是,心拒绝接受禁锢;心从最初最小的悸动发展成巨大的力量,向外无限地扩张。

每一个最终的事实不过是新序列的开端。每一个普遍法则不过是即将揭示自身作为更普遍规律的一个特例。对我们而言,没有外面,没有封闭的围墙,没有圆周。人完成了他的故事——多么完美! 多么确定! 这个故事让人以崭新的面貌貌视万物! 他接近天神。看啊! 那边也出现一个人,在宣布过的圆球外也画了一个圆。这样一来,我们的第一个发言者并非人,仅仅是一个发言者。他唯一的补救措施就是立即在他的对手外面画一个圆。人们自己动手这么做。今天的结果萦绕心头,令人无法逃避,它不久被压缩成一个词。解释自然的原理将在更大胆的总结原理中成为一个例子。在明天的思想中,有一种力量把你的信条、所有的信条、各民族的文学高高举起,并且把你领向一个史诗梦想从未描述过的天堂。与其说每一个人是一个劳动者,不如说每个人都暗示了他应当成为的那个人。人们只是作为下一个时代的预言者在行动。

我们一步一步攀登这神秘的梯子:步履是行动,新的前景是力量。每个结果受到随后的结果的威胁与评判。每个结果似乎都与新结果相抵牾并且受新结果的限定。新观念总是遭到旧观念的憎恶,它对于那些死守旧观念者来说无异于怀疑主义的深渊。然而,眼睛很快就习惯了新事物,因为眼睛与新事物都是同一因的结果;之后显现新观念的纯洁与好处,不久,它能量耗尽,在新时辰的启示面前变得苍白无力。不要畏惧新的概括。该事实看上去粗俗市侩,令你的精神理论有降格的危险吗?不要与之对抗,它将把你提升到精致的唯物理论。

如果我们求助意识,那么对于人来说没有固定不变的东西。每一个人都认为自己没有得到充分理解;如果他身上有什么真理,如果他栖居在圣灵,我也看不出究竟有什么不同。他一定感到最后的密室从未打开过,意识总是存有某种未知的、不可分析的残留物。也就是说,每一个人都相信自己有更大的可能性。

我们的各种情绪也是相互矛盾。今天我文思泉涌,信笔由缰。我不明白为何翌日,我却思想枯竭,语言贫乏。当我写作时,笔端流出的是世界上最自然而然的东西,但是就在昨天,在我今天看见如此丰富的东西的同一个方向,我看见的是可怕的虚无。自此一个月期间,我都在寻思,是谁写了这么多页的文章?啊!对于这种不坚定的信仰,不够昂扬的意志,这种潮起潮落的情绪,我称自己既是自然中的神,又是墙边的一株小草。

人类试图不断超越自己,想要在现有的高度更上一层楼,但是人的努力也暴露了人的关系。我们渴望受到认同,却不能宽恕认同者。爱是自然甜美的,可是,当我有了朋友,我却饱受自身缺陷的折磨。我的爱变成指责对方。倘若他足够高贵让我自叹不如,我才可能爱他,凭借感情使我上升到新的高度。一个人在不断择友的过程中成长。假如他为了真理而失去一个友人，他就会觉得更好的知音。当我在树林中散步，思索我的朋友，我想我为什么要与他玩偶像崇拜的游戏呢？当我不是故意视而不见，我就会迅速识别那些所谓高尚和有价值的人的局限。无论我们如何巧言赞美，称他们富有、高尚和伟大，然而，真相却是可悲的。呵，神圣的灵魂，我为了这些美誉而抛弃你，可它们根本配不上你！任何带有私心的考虑都会让我们丧失天国的荣光。为了换取短暂的狂欢，我们出售了天使的宝座。

我们要怎样温习这一教训呢？一旦我们发现人的局限，他就不再令我感兴趣。世上唯一的罪过就是局限。一旦你发现一个人的局限，这个人的魅力光环随之而消退。他有才华吗？他有事业心吗？他知识丰富吗？这些都不重要。昨天，他还魅力无限、引人注意，给你带来巨大的希望，供你遨游的大海，而今天，你发现了他有岸边，他只是一水池塘，你已经不在乎是否永远不见这一水池塘。

根据某种法则，我们在思想上每迈出一步都要调和二十个看似矛盾的事实。亚里士多德与柏拉图被视作两大学派的代表人物。而智慧之人看出亚里士多德对柏拉图思想的继承和发展。通过后退一步思考，才能看出不和谐的争辩源自同一个原理的两种对立观念。我们永远不会后退到排除更高景观的地步。

注意，当伟大的上帝让一个思想家来到这个星球时，一切将变得岌岌可危，犹如一座城市爆发一场大火，没有人知道哪里安全，或者说大火在哪里熄灭。任何一种科学定论都可能在明日被推翻，任何文学声名，甚至于那些所谓不朽的大家的名字都有可能受到修订或者批判。人的希望、心中思想、民族宗教、人类习俗道德都将受到新规律的支配。而规律永远是神性重新流入心灵并且被我们看见后所引发的兴奋。

勇气在于人的自我恢复能力，人不可能被驳倒，不可能超出规律之外，因为勇气使人处在意志所向的地方。做到这一点只有依靠他喜欢真理胜过过去对真理的理解，依靠他对什么地方来的真理的警惕接受，依靠他勇敢地相信：法律、社会关系、基督教、世界，任何时候都有被取代和终止的可能。

理想主义的程度不同。起初，我们从学术上琢磨理想主义的概念，正如磁铁曾经是一种玩具一样。之后，我们在青春盛年和诗意盎然时看见理想主义真实闪光的瞬间。之后，理想主义的面容变得庄严肃穆，我们明白它必定是真实的。现在，它表现得合乎伦理，切实可行。我们认识到上帝存在着；上帝就在我的存在中；万物都是上帝的影子。伯克莱的唯心主义只不过是对耶稣唯心主义的粗糙说明。他表达了这一事实：整个自然是自我调节、自我组织的善流。很明显，任何时期的历史与世界状况直接依靠存在于人的头脑的知识分类。此时此刻人们看到的珍贵事物起初来自浮现在人的头脑中的观念，观念是现在有序事物的原因，就像苹果树结出了苹果一样。一种崭新的文化迅速促使人们对理想追求的整个系统发生根本变化。

交谈是一种圆的游戏。在交谈中，我们拔去双方沉默地上的界碑。交谈双方不受精神的裁判，甚至在圣灵降临节自由表达。明天，他们将从崇高之处退去，你会发现他们附身在古老的驮鞍。可是，让我们为那尚处于墙上的火焰而欢欣鼓舞吧。每当一个新的发言人点亮内心之光，把我们从上一个发言者的压迫中解放出来之际，就会以其自己思想的伟大与排斥性令我们感到压迫，之后，我们就会屈从于另一个改革者带来的解放感。我们似乎想要恢复我们成为人的权力。哦，每一个真理是在某一时代对圆形球体渊深知识的揭示！平时，社会像一座冰冷的雕塑般坐着。我们都站着等待，内心空虚——但是我们知道自己可以受到环绕四周的强大象征背后的事物充实，并且知道这些象征是一些平凡的小玩具。然后神性降临了，把那些雕像变成热情似火的人，凭借神性如炬的目光，烧毁环绕一切的面纱，显现日常家具、茶杯、碟子、椅子、时钟与检测器的意义。在昨天的迷雾中还显得如此重大的事情——财产、气候、生育、个人美这一类事情，今天看来已经奇怪地改变了比例。我们过去认为确立的一切，现在在摇晃，嘎嘎作响；文学、城市、气候、宗教已经离开了原来的基础，在我们眼前舞蹈。可是在这里，我们又看到迅速的划界！言语是银，沉默是金，沉默令巧言黯然失色。谈话人的长度表明了说者与听者之间的思想距离。倘若他们交谈时在某一方面心领神会，那一部分就没有必要借助语言交流。如果他们交谈在各个方面都意见一致，那就无需赘言费舌了。

文学是我们现在的圆之外的一个点，通过它可以画一个新圆。文学的作用是给我们提供一个平台，通过文学平台，我们观察到现实生活，通过挪用文学，我们可以改变现实生活。我们用古代的学识充实我们自己，最好是用希腊人、迦太基人、罗马人的房屋安顿我们自己。更智慧一点的是了解法国人、英国人与美国人的房屋样式和生活模式。我们可以用同样的方式看文学，最好的方式是从狂野自然中，或者从喧嚣事物中，或者从至高宗教中看文学。身在田野，观察不到田野全景。宇航员想必是以地球轨道直径作为发现任何星体视差的基础。

因此，我们珍视诗人。一切辩论和智慧都不在百科全书中，不在形而上学论述中，也不在神学学说中，而是在十四行诗和戏剧里。我在日常工作中倾向于循规蹈矩，并不相信变化改革的补偿力量。然而某个彼特拉克或阿里奥斯托饱饮了想象的美酒，为我写了颂歌和轻松的传奇，充满大胆思想和行动。他用尖锐的音调震撼并激发我，打断我的习惯之链，我睁开眼睛，看见各种可能性。他向着世界上一切笨重古旧的杂物拍动翅膀，于是，我又能够在理论和实践中选择一条笔直的道路。

我们同样需要考察世界上的宗教。我们永远不可能从教义手册上领会基督教精神——但是，从无边的牧场、湖中的小舟和林中鸟儿的歌声中，我们倒有可能体悟神谕。受自然风光的净化，沉浸在田野赋予的美丽图景，我们偶尔能正确地瞥见传记是怎么写的。基督教受人类精英重视并无过错；可是从未有有教养的年轻哲学家进教堂而不赞美保罗勇敢的经文："既然圣父凌驾于万物之上，那么就让圣子顺服于他，神是一切中的一切。"不要把人类的美德宣讲得如此伟大动听，人的本能会热切地滑向非人和无限，并且乐意用书本语言武装自己，来反对顽固派的教条主义。

我们可以把自然构想成一系列同心圆的组合。我们不时地察觉到自然中稍微的错位现象。这一现象告诉我们，脚下的地表不是固定的，而是在滑动。这些多样和坚韧的品质、化学和植物学、金属和动物，看似只是为自身的存在而存在，其实它们是手段和方法——是上帝的语言，像语词一样充满寓意。尽管那些自然学家和化学家测出了原子引力和电子亲和力，他们还没有学会从更深的法则察觉这只是部分或近似的真理，他们学会掌握这种技艺了吗？即物以类聚，属于你的东西吸引你，而不必花费痛苦代价去追求。可是，这种表达也还是近似真理，而不是终极真理。无处不在是一种更高深的事实。这并非意味着朋友和事实要通过地下隐秘的渠道吸引到对应的方面,而是意味经过正确思考,这些东西从心灵的永恒生成能力衍生出来。原因与结果是一个事实的两面。

永恒进程的同一法则包含我们称之为美德的东西,遵循优胜劣汰的规律。伟人并非按照世俗意义谨言慎行,而是从宏大高贵的思想推理出谨慎的必要。但是每个人应当看到,他把谨慎献祭给上帝;倘若出于安逸快乐,他最好还是谨慎为妙;假如他追求伟大信仰,他极可能放弃骡子和驮篮,改乘带羽翼的双轮马车。杰弗里套上靴子穿越森林,免遭蛇咬伤脚。而亚伦从未考虑过这样危险。多年来,他也从未遭遇过这般厄运。然而在我看来,你千方百计地防止厄运,你将自己落入厄运的掌心。我认为至高的谨慎是最少的谨慎。这难道不是从中心突然跑到我们轨道的边沿上去了吗?试想多少次未等伟大激情消退,未将今天的新圆画出边界来,我们就退缩到可怜的各种谨慎算计之中。而你最勇敢的情感对于最卑微的民众再熟悉不过。穷人和底层人也有和你一样的哲学表达理论,"贫穷便是福""事情越糟越妙",这些都表达了普通生活中的超验主义思想。

假如你站在更高处观察,事物没有什么差别。一个人的正义是另一个人的不公;一个人的美是另外一个人的丑;一个人的智慧是另一个人的愚蠢。一个人认为公正体现在清偿债务上,因此对推卸责任,让债主左催右等的债务人深恶痛绝;可是另一个人有自己看问题的方式,他问自己,应该先偿还哪一笔债?先还富人的债,还是先还穷人的债?是还清钱债呢,还是偿还人类思想的债,或者自然天才的债?对于你,经纪人,你心中除了算计再无其他原则。对于我,商业不过是追逐蝇头小利;爱情、信仰、真实性格、人的希望,这些是神圣的。

我不会像你一样,把一项事务从所有其他事务中分离开来,把全部精力机械地消耗在钱财上面。让我升华;你会发现,尽管很慢,但我的性格日臻完美,消融掉所有债务,却不会对更高的要求有任何不公。倘若一个人全身心地投入支付偿债,这对于他难道不是太不公平了吗?他所欠下的除了钱没有其他债吗?难道对他的一切要求要推迟到偿还地主或银行家的债务之后吗?

没有终极的美德,一切都是新生的。社会美德在圣徒看来都是罪孽。人们之所以惧怕改革,是因为发现了这个事实,我们必须抛弃我们的美德和那些我们顶礼膜拜的东西,把它们扔进接纳更严重罪恶的深渊中去:

宽恕他的罪恶,也宽容他的美德,

那些小错误,一半转向了正确。

正是神圣时刻的最高力量消除了我们忏悔心理。我自责自己一天一天变得懒散和无用。可是,当上帝的波浪涌入我的身心,我不再为岁月流逝懊恼,也不再为剩下的岁月算计可能取得的成就;因为这些时刻赋予了全在与全能,它不需要任何持久的东西,而只是要求心灵的力量与要做的工作相称,不考虑时间问题。

因此,循环论证的哲学家啊,我听见某个读者宣称,你已经掌握了一种高明的皮浪主义,等同和无所谓地看待所有行动,并且欣然教导我们,如果我们是真诚的,我们的罪恶可以成为建造真神庙宇的基石。

我并不刻意为自己辩护,我高兴地看到糖的原则在整个植物界中占了主导。同样,我高兴地看到道德不受固定约束而遵循起伏原理,善流进自私留下的每一个裂缝和漏洞,流进了自私和罪恶本身;所以没有纯粹的恶,地狱本身不是没有它本身极端的乐趣。我唯恐自己的主观和一时的狂想误导读者。我在此要提醒读者,我不过是一个实验者,不要丝毫拔高我的所作所为,也丝毫不要贬低我无为之事,仿佛我在装模作样地评判是非。我对所有的事情都没有定论。对于我来说,不存在神圣的事实;也不存在亵渎神灵;我只是一个实验者,不背历史包袱的奋斗不息的探索者。

可是,倘若不是通过心灵固定或稳定的原理对照观察,我们永远察觉不到万事万物参与其中的永恒运动和发展。当圆永远不断地持续前行,那永恒的创造者也在持续进步。那种中心生命胜过创造,比知识和思想还优秀,一切的圆都被包含在生命中。它永远致力于创造和它同样大小、同等优秀的生命和思想,却往往事不如愿。因为被造的东西教导我们如何创造更好的出来。

因此,没有睡眠、没有停顿、没有保存,只有万物的更新、萌芽和生长。为什么要在新的时间里引进破烂和遗物? 自然厌恶衰老的事务,衰老似乎是唯一的疾病,其他一切都依附在它的名下,我们赋予它许多名称——狂热、放纵、精神病、愚蠢和罪恶;它们都是衰老的各种形式;它们是静止、保守、挪用、惰性;不是新颖,不是向前。我们每天牢骚满腹。我看没有这个必要。当我们与高于我们的东西交谈时,我们就不会衰老,只会变得年轻。幼儿和青年勇于接受、充满志向,以虔诚的眼光向上看,并不把自己当回事,而是让自己沉浸于四方来的指教。然而,古稀之年的男人和女人认为自己无所不知,他们把希望转让给老年,谴责伟大志向,把现实当作必然来接受,大声说话驳斥年轻人。那就让他们变成圣灵的喉舌吧;让他们成为恋人吧;让他们看见真理吧;这样,他们的目光就会朝上,他们额头的皱纹就会熨平,他们身上会因希望和能量再次洋溢芳香。这种老年病不应悄悄爬上人的心头。自然界中的每一时刻都是崭新的;过去已经被吞没和遗忘;只有未来才是神圣的。除了生命、过渡、奋发精神,没有什么是安全的。爱情不会受契约和誓言的约束而阻挡人们对更高爱情的追求。再崇高的真理在明天新思想的光芒中也会显得暗淡而不重要。人们总是希望安定;然而,他们只有处在不安分中,生命才会有希望。

生活是一连串的惊喜事件。我们扎实地存在着,埋头于今天的生活时,没有猜出明天会快乐和充满力量。我们能够讲出几分低落的情状、惯常行动和感觉,却讲不清上帝的杰作、心灵的成长与普遍的运动。上帝隐藏了秘密;它们是不可测度的。我可以知道真理是神圣的,而且有助于我;但是要弄清它是如何有助于我,我却无从知晓,因为如此存在就是如此认识的唯一途径。前进的人所处的位置拥有旧的位置的所有力量,并且以全新的方式拥有这些力量。它胸怀过去一切的能量,可是它本身却是清晨的一缕气息。在这全新的时刻,我抛弃了以往积累的所有知识,觉得它们虚无缥缈。现在,有生以来第一次,我正确地看待事务。最简朴的语词——我们只有通过爱和追求,才懂得它们的意义。

在维护过去行走过的道路,拥有力量和勇气开辟新的道路,奔向新的更好的目标方面,才能与性格的区别在于灵活性不同。性格让现在压倒一切;一个欢乐坚定的时刻,它就加强了团结,因为他们看见一切皆有可能,卓越并非只是思想。性格使个别事件变得暗淡失色。当我们看见征服者时,我们不大考虑任何一场战斗或胜利。我们看见我们过去夸大了困难。对于征服者来说,这是轻而易举的事。伟人的性格坚强而不受痛苦折磨；事情过去了，不会造成太大印象。有时，人们会说："看看我已经战胜了什么；看看我现在有多开心；看看我怎样彻底战胜了这些倒霉的事情。"假如他们不再让我想起这些倒霉的事情就好了。真正的胜利是制止灾难的发生，使它在广袤发展的历史中显得像晨雾一样无足轻重。

我们孜孜以求的一件事就是忘记自己，从自得其乐的圈子里走出来，丧失永久的记忆，去做一些无目的、无计划的事情，简而言之，就是去画一个新的圆。没有热情就办不成大事。活着之所以美丽，就是因为有了遗弃。历史上的重大时刻都是借助观念力量的表现，就像天才和宗教的作品。奥利弗·克伦威尔曾经说过："如果一个人不知道自己的目标，他就得以最大的升华。"梦幻和醉酒、鸦片和酒精都是这个玄妙天才的相似物和复制品，也正因为如此，它们对人类造成了致命的诱惑。基于同样的原因，人们求助于狂热的激情，如同狩猎和战争，并且通过这些方式来模仿心灵的火焰和慷慨。

索 引

176，188，199

个人主义 4，5，8，23，90，93－96，
100，107，110

根据 3，13，16，23，26，29，35，36，
43，47，52－54，77，80，81，85，87，
110，113，118，121，124，133，134，
140，147，149，152，154，158，160，
168，169，171－173，176，179，184，
197，199，207

功能 4，5，9，18，20，22，35，38，
44，51，64，95，98，105，113，122，
129，157，159，171，177，184，185，
199

共存互生 183

共时性 87

共享资源 121，122

固定 5，11－13，18，22，33，39，
47，58，60，64，65，102，109，111，
138，139，143，144，161，172，173，
188，192，204－206，209，211

关联性思维方法 161

光明 27，37，45，62，93，95，117，
143，176

过渡 7，8，12，15，33－35，43，48，
49，60，64，76，79，83，87，93，95，
99，106，112，124，131，134，136，
138，144，145，148，150，161，163，
176，182，187，196，197，201，212

H

荷尔德林 197，198

赫拉克利特 28，56，64，127，128，
148，183，184，187，188

恒常 68，69，97，100

怀疑 7，14，21，46，48，49，56，60，
81，90，94，95，97，98，100，106，
131，169，190，206

幻象 45，134，144，172，182，187

荒野 62，71，72，76，120，121，155

混沌 78，165，203

活火 184

活力 47，51，58，70，100，119，
120，124，154，156－158，165，177，
186，191，192，195

火 1，40，50，51，62，72，77，79，
80，125，128，129，170，176，184，
190，194－196，201，202，204，207，
208，213

J

基督教 8，24，25，28，29，32，34，
36，44，97，101－105，108，110－
115，168，191，207，209

集合 116，134

记忆 4，81，82，121，127，128，
142，173，213

技艺 36，37，85，132，133，146，
153，154，185，186，200，209

无神论　108,111

无限　2,4,14,19,25,27,30,35,
36,38,48,50－52,56,65,69,88,
96,98,99,102－106,108,109,
117,120,129－131,133,134,137,
139,141,142,150,152－157,160,
163,164,175,176,178,180,183,
189,192,195,205,207,209

无限感觉　111,195

无知　20,36,56－58,94,95,99,
153,157,167,168

物自体　169－172,202

误读　26,72,146,151,152,158,
162,163

X

希腊　3,7,9,24,31,35,37,41,
52－54,56－59,61－64,67,76,
78,84－86,93,94,109,118,120,
122－124,127,137－139,141,
144,146－149,152,154,157,164,
166,168,173,174,176,181,183,
187,194,200,201,203,204,209

现象　12－14,16,36,43,47,48,
54,58,59,62,63,65,69,76,77,
79,94,102,118,134,136,139,
140,149,165,170,171,188－190,
194,209

限制　8,14,18,26,30,31,37,51,

86,89,101,128,141,142,155,167

相互作用　46,47,83,136,137,
169,173

想象　8,9,22,45,51,77,92,96,
99,100,102,103,114,116,118,
121－123,126,127,137,138,145,
146,149－152,156－158,162,
166,175,177,178,183,186－188,
190,193,195,202,209

消极　133,171

谢林　9,10,66,96,112,145,168,
169,178－183,185,186,188

心理学　70,136,177

心灵的历史　123

信仰　1,3,4,8,24,25,27,29,30,
32,37,66,68,89,91,93－95,97－
100,102－114,117,118,148,157,
168,174,175,177,189－191,
194－196,206,210

形而上学　18,28,50,57,61,66,
74,76,85,94,131,134,135,150,
151,158,160,170－172,181,209

形式　1,3,6,20,29,30,39,40,
49,51,59,62,66,70－72,75－77,
81,88,91,96,97,101－108,111,
114,131,133,134,139,142,145,
151,153,154,156,160,162,169,
170,175,176,179,181,189,191,
194,195,198,202,204,212